NZZ **LIBRO**

Für Franziska Jelena. Sie pflegte ein besonders enges Verhältnis mit ihren Schwiegereltern. Fränzi verschönert mein Leben täglich. Ich liebe sie deshalb bis ans Ende meiner Tage.

[Hansjürg Saager]

Hansjürg Saager · Werner Vogt

BRUNO MAX SAAGER

Bankpionier der Nachkriegszeit

NZZ Libro

Bibliografische Information der Deutschen Nationalbibliothek
Die Deutsche Nationalbibliothek verzeichnet diese Publikation
in der Deutschen Nationalbibliografie; detaillierte bibliografische Daten
sind im Internet über http://dnb.d-nb.de abrufbar.

© 2017 NZZ Libro, Neue Zürcher Zeitung AG, Zürich

Lektorat: Ingrid Kunz Graf, Stein am Rhein
Umschlag: Katarina Lang, Zürich
Gestaltung und Satz: Gaby Michel, Hamburg
Druck, Einband: Kösel GmbH, Altusried-Krugzell

Dieses Werk ist urheberrechtlich geschützt. Die dadurch begründeten Rechte, insbesondere die der Übersetzung, des Nachdrucks, des Vortrags, der Entnahme von Abbildungen und Tabellen, der Funksendung, der Mikroverfilmung oder der Vervielfältigung auf anderen Wegen und der Speicherung in Datenverarbeitungsanlagen, bleiben, auch bei nur auszugsweiser Verwertung, vorbehalten. Eine Vervielfältigung dieses Werks oder von Teilen dieses Werks ist auch im Einzelfall nur in den Grenzen der gesetzlichen Bestimmungen des Urheberrechtsgesetzes in der jeweils geltenden Fassung zulässig. Sie ist grundsätzlich vergütungspflichtig. Zuwiderhandlungen unterliegen den Strafbestimmungen des Urheberrechts.

ISBN 978-3-03810-272-4

www.nzz-libro.ch
NZZ Libro ist ein Imprint der Neuen Zürcher Zeitung.

Zum Geleit

Es freut mich sehr, das Geleitwort für dieses Buch zu schreiben. Und dies aus verschiedenen Gründen. Bruno M. Saager spielte in der Schweizer Bankenwelt der 1950er- und 1960er-Jahre eine wichtige Rolle und hatte wie nur wenige Schweizer Bankiers einen ebenso klangvollen Namen auf der internationalen Bühne. Bruno M. Saager, eine Persönlichkeit mit Ausstrahlungskraft, hat auch meinen Berufsweg entscheidend beeinflusst.

Ich erinnere mich gut an meinen ersten Arbeitstag in der Auslandsabteilung der damaligen Schweizerischen Bankgesellschaft. Nach den Praktika bei der Zuger Kantonalbank, beim Crédit Commercial de France in Paris und bei der First National City Bank in London war ich stolz, als 24-Jähriger bei der SBG mit meiner ersten Festanstellung ins wirkliche Berufsleben einzusteigen. Als ich an jenem 1. November 1956 ins Büro des Direktors der Auslandbörse an der Zürcher Bahnhofstrasse gerufen wurde, hatte ich etwas Herzklopfen. Doch dann sah ich mich einem sympathischen Menschen gegenüber, der mich mit einem wohlwollenden Lächeln bat, mich hinzusetzen. Schon war der Bann gebrochen. Das war Bruno M. Saager! Sein Charisma nahm mich gefangen. Vom ersten Moment an hatte ich Vertrauen zu ihm.

Seither sind sechs Jahrzehnte vergangen. Ich bin einer der wenigen noch lebenden Zeitzeugen aus Saagers Mitarbeiterkreis. Die Beschäftigung mit diesem Buch hat jene Zeit wachgerufen. Wie in einem Film sind die damaligen Jahre vor meinem geistigen Auge vorbeigezogen – Szenen und Sequenzen, Episoden und Augenblicke aus dem Geschäftsleben dieser Grossbank. Wie nie zuvor habe ich realisiert, wie stark mich Bruno M. Saager geprägt hatte, wie ich vieles, was zum Profil dieses Mannes gehörte, mir zu eigen gemacht hatte – bewusst oder unbewusst.

Im Sonnenuntergang des eigenen Lebens erkenne ich, wie privilegiert ich war, dass ich bei einem solchen Mann die berufliche Laufbahn beginnen konnte. Ich bin dankbar, dass ich für Bruno M. Saager arbeiten durfte. Meine Reverenz ihm gegenüber hat es mir leicht gemacht, mich spontan bereit zu erklären, diese kurzen Worte zum Geleit zu schreiben. Diese verbinde ich mit meiner Gratulation an die Adresse der beiden Autoren für ihre ausgezeichnete Arbeit. Dem faszinierenden Buch wünsche ich die Beachtung, die es verdient.

Rainer E. Gut
Ehrenpräsident der Credit Suisse

Inhaltsverzeichnis

Zum Geleit 5

Vorwort 11

Ein Hund sorgt für Entspannung 15

Jugendzeit und Wurzeln der Familie Saager 20

Wirtschaftskrise und erste Schritte als Bankier 31

Neuer Markt Afrika 39
Aufnahme in die UBS-Direktion und wachsende Bedeutung Südafrikas 39
Geschäfte mit den Oppenheimers und Gründung der Swiss-South African Association 47
Freundschaft mit Anton Rupert 57
Betrieb von Farmen in Afrika 61
Muldergate 71

Dank Interhandel wird die UBS zur Nummer eins 77
Es begann an einem schönen Frühsommermorgen 77
Das Wirtschaftsnetz des Geheimrats Schmitz 80
Die GAF als Perle der Beteiligungen 86
Hitlers Devisenpolitik wirft Probleme auf 88
Die GAF wird zum Feindesgut erklärt 91
Washingtoner Gericht verlangt Akteneinsicht bei Sturzenegger 92
Interhandel sucht Käufer 97
Moskovitz schaltet sich ein 100
Interhandel wird zum Politikum 102

Was ist die GAF für eine Firma? 104
Brupbacher und Spiess attackieren die Verwaltung 107
Geteilte Lager in der Presse 110
Die Schweiz klagt die USA vor dem Internationalen Gerichtshof an 112
Um Saager bildet sich ein Konsortium 115
Auf der Suche nach einem aussergerichtlichen Vergleich 120
Ehemaliger Präsident von General Electric als Vermittler 126
Neue Verhandlungspartner nach Kennedys Wahlsieg 131
Prinz Radziwill bietet seine Dienste an 134
Unterschiedliche Reaktionen auf den Vergleich 142
Die grösste Auktion in der Geschichte der Wall Street 145
Der Kampf der Interventionsparteien 155
Auf der Suche nach einer Zukunft für Interhandel 158
Der Name Interhandel verschwindet an der Börse 161

Beginn der Geschäfte in Deutschland 163

Initiativen zum Ausbau der Zürcher Börse 168

Im Verwaltungsrat der Chemie Holding Ems 176

Highveld – Konflikt mit Schaefer 180

Rückzug ins Familienleben 195

Anhang

Gold als Säule des Währungssystems   201

His Word is his Bond – Anton Rupert über Bruno M. Saager   210

Kurzbiografien   212

Quellenverzeichnis   241

Bibliografie   244

Bildnachweis   249

Namensregister   250

Vorwort

Eine Biografie 25 Jahre nach dem Tod des Protagonisten? Welches ist die Motivation, das Leben und speziell das Berufsleben von Bruno Max Saager (1908–1991) heute zu beschreiben? Verschiedene Überlegungen haben zu diesem Buch geführt. Die wichtigste ist die Tatsache, dass das Leben des Bankiers und früheren Generaldirektors der Schweizerischen Bankgesellschaft nirgends auch nur in einigermassen adäquater Weise dokumentiert ist. Dabei hat dieser Mann sehr Wesentliches zur positiven Entwicklung seiner Bank geleistet und dabei auch den Finanzplatz Schweiz weitergebracht. Durch seinen untrüglichen Sinn für das gute Geschäft entwickelte Saager für die damalige SBG (heute UBS) die Märkte Deutschland und Südafrika. Beharrlichkeit und ein gewinnender Charakter waren ausschlaggebend für eine dritte grosse Leistung, den Durchbruch in den jahrelang blockierten Verhandlungen mit dem amerikanischen Justizministerium im «Fall Interhandel». Dieser eigentliche Coup machte die SBG zur grössten, das heisst bestkapitalisierten Bank in der Schweiz.

Warum kommt dieses Buch erst jetzt, wo nur noch wenige Weggefährten Saagers am Leben sind? Diese Tatsache hat vorab rechtliche Gründe. Die Geschichte rund um die Holdinggesellschaft Interhandel, deren Vermögenswerte von den USA am Ende des Zweiten Weltkriegs konfisziert wurden (die Interhandel wurde ursprünglich von der deutschen Industrie gegründet), war ein juristischer Albtraum, der Anwälte und Gerichte in den USA und am Internationalen Gerichtshof über fast zwei Jahrzehnte beschäftigte und später auch noch in Deutschland über Jahre seine Fortsetzung fand. Hier war es erste Priorität, keinen Anlass für weitere Rechtsstreitigkeiten zu provozieren.

Am beruflichen Wirken von Saager lässt sich eindrücklich aufzeigen, wie sich die Rahmenbedingungen in der Finanzwelt nach dem Ende des Zweiten Weltkriegs neu entwickelten und sich eine Zeitenwende anbahnte: Die Zeit war reif für den Aufbruch zu neuen Ufern. Nicht jeder in der Schweiz war sich bewusst, was in dieser Zeit an Chancen winkte beziehungsweise gleichzeitig an Gefahren drohte. Nach einer kurzen Zeit des Sichanpassens an eine veränderte Lage in der Weltwirtschaft machte sich allgemein eine wohl einmalige Aufbruchstimmung bemerkbar.

Nicht zuletzt aus den USA belebten Impulse die Aktivitäten der Schweizer Industrie- und Finanzwelt und leiteten eine Zeitenwende ein. Die Vereinigten Staaten garantierten als Grossmacht der freien westlichen Welt diesseits des Eisernen Vorhangs Wohlstand und Fortschritt. Die Pax Americana wurde dank Militärpräsenz und der grosszügigen Marshallhilfe eingeleitet. Diese Periode erreichte mit dem Zusammenbruch der Sowjetunion ihren Höhepunkt. Diese Rolle der Vereinigten Staaten als Weltpolizist und Schutzmacht in Westeuropa wird durch den neuen amerikanischen Präsidenten Trump zumindest infrage gestellt. Diese Neuorientierung könnte eine Zeitenwende einleiten. Die Lebensgeschichte Saagers kann als Beispiel dafür dienen, wie sich eine Persönlichkeit erfolgreich in einer Zeitenwende entwickeln kann.

Als ein von den kriegerischen Ereignissen verschontes Land wurden nach einer Phase der Isolation neue Märkte für Finanzdienstleistungen und den Absatz schweizerischer Güter entdeckt. Nach den Zerstörungen im Zweiten Weltkrieg lagen internationale Finanzplätze, wie Frankfurt, Paris und teilweise auch London, in Schutt und Asche. Als einzige Zentren mit einer funktionierenden Infrastruktur operierten bloss New York und Zürich. Es lag nahe, dass Zürich mit seinen Dienstleistungen im Bankensektor plötzlich in den Mittelpunkt des globalen Geschehens rückte. In der Öffentlichkeit unseres Landes machte sich ein starker Glaube an Fortschritt und Wachstum bemerkbar. In dieser Periode mit neuen Entwicklungsmöglichkeiten zwischen den 1940er- und 1960er-Jahren erlebte auch Bruno Max Saager Höhen und Tiefen.

Nicht jeder hatte wie Saager den in harter Arbeit entwickelten Spürsinn und das Wissen, die für seine Bank richtigen Märkte, Unternehmen und Geschäftspartner zu entdecken. In dieser Schrift kommen auch Saagers Charaktereigenschaften zum Ausdruck, die sein langjähriger Mitarbeiter Eberhard Huser wie folgt beschreibt: «Saager hatte einen hemdsärmeligen Führungsstil. Er vertraute extrem stark auf seinen Instinkt, der ihn praktisch nie in die Irre führte. Seine Menschenkenntnisse waren aussergewöhnlich. Kaum je wurde er enttäuscht von jemandem, dem er sein Vertrauen geschenkt hatte. Er führte am langen Zügel und gab seinen Leuten ein Maximum an Freiheiten und Verantwortung.»

Die Geschichte um das Schicksal der Basler Holdinggesellschaft Interhandel stellt ein Kernstück im beruflichen Leben von Saager dar. Dabei musste er in jahrzehntelangem Ringen die harte Verhandlungstaktik der amerikanischen Behörden kennenlernen. Ein Fall, der an die Nazigold-Nachrichtenlosenkonten-Streiterei der späten 1990er-Jahre, aber auch an die immer neu aufflammenden Rechtshändel zwischen der Justiz der USA und der Schweiz um Steuerdelikte für amerikanische Einzelkunden oder Firmen und schliesslich an die von den amerikanischen Gerichten verfolgten Geschäftspraktiken in den USA erinnert. Den Schweizer Behörden und Banken hätte eigentlich der Fall Interhandel als Vorbild dafür dienen müssen, dass eine Auseinandersetzung mit der Grossmacht auf der anderen Seite des Atlantiks immer wieder als ungleicher Hosenlupf zwischen David und Goliath endet, der höchstens mit einem gestellten Ausgang zu Ende gehen kann. Während seiner beruflichen Tätigkeit besass das Geschäft mit Südafrika für Saager einen besonderen Stellenwert. Er pflegte sowohl mit privaten Unternehmen und Personen wie auch den jeweiligen Regierungen enge Verbindungen. Dank seines weit gespannten Beziehungsnetzes wurde sein Schaffen für die UBS enorm wertvoll. Er war, wie ein ehemaliger Mitarbeiter Saagers feststellte, ganz klar der Initiant und Treiber des Geschäfts mit Südafrika.

Dabei entsprach es seinem Anliegen als Angehöriger eines neutralen Staats, sich nicht in die Innenpolitik eines Landes einzumischen. Vielmehr versuchte er auf dem Weg des Dialogs, seine Gesprächspartner von einer freien Marktwirtschaft ohne Rassenschranken zu überzeugen. Natürlich blieben die Auslandsaktivitäten Saagers in den USA, England, Deutschland, Südafrika und anderen Weltregionen im Verwaltungsrat und in der Generaldirektion nicht unumstritten. Die starke Ausweitung der Geschäftstätigkeit gab im Ausland, namentlich im Deutschland der Nachkriegszeit, oft Anlass zu zahlreichen Diskussionen. Schliesslich kommen Saager mit seinen Leistungen zugunsten des Börsenplatzes Schweiz und des elektronischen Ausbaus des Börsenhandels besondere Verdienste zu. Mit den nachstehenden Aufzeichnungen sollen die Aktivitäten von Saager festgehalten werden.

Ein Wort zur Autorenschaft: Ist ein Sohn objektiv genug, um die Biografie seines Vaters zu schreiben? – Wir sind überzeugt, dass dies der Fall ist. Hansjürg Saager verfolgte die Arbeit seines Vaters über Jahrzehnte sehr eng. Als Journalist und Redaktor schrieb er eine (aus juristischen Gründen nie publizierte) Studie über den Fall Interhandel, die Bruno Saager durcharbeitete und mit ausführlichen Kommentaren versah. Dies ist nur einer der Schätze in seinem Privatarchiv, die es verdienen, ausgewertet und öffentlich gemacht zu werden. Die vorliegende Schrift ist dank freundschaftlicher Kooperation zwischen den Autoren Hansjürg Saager und Werner Vogt zustande gekommen. Mit Rat und Tat standen ihnen auch Persönlichkeiten zur Verfügung, die Bruno Max Saager während seiner Karriere kannten und mit ihm einen Teil seines beruflichen Lebens teilten, wie Karl Baumgartner und seine Frau, die ehemalige Sekretärin Saagers Marlies Baumgartner, Rainer E. Gut, Eberhard Huser und Richard T. Meier. Ihnen wie auch dem Bruder des Autors, Rudolf Saager, der sein Wissen über die Geschichte der AG für Plantagen zur Verfügung stellte, sowie Franziska Saager, Frau von Hansjürg, welche die Arbeit dank peinlichst gründlichem Lektorat auf Herz und Nieren prüfte, gebührt besonderer Dank.

Hansjürg Saager und Werner Vogt

Ein Hund sorgt für Entspannung

Als Beispiel für Bruno Saagers Intuition und Verhandlungsgeschick stellen wir ein geschäftliches und gleichzeitig für ihn einmaliges Erlebnis an den Anfang dieser Ausführungen: die Sitzung mit dem amerikanischen Justizminister (Attorney General von 1959–1964) Robert F. Kennedy (1926–1968), Bruder des damaligen Präsidenten der USA John F. Kennedy, vom 27. Februar 1963. An diesem Tag konnte eine über 20 Jahre dauernde Fehde zwischen dem amerikanischen Staat und den Schweizer Aktionären der Gesellschaft Interhandel erfolgreich beendet werden. Denn zur Zeit der Regierung von Präsident Kennedy setzte sich allmählich die Erkenntnis durch, dass es infolge dieses erbitterten Seilziehens letzten Endes nur Verlierer, aber keine Sieger geben würde. Dank dieser Einigung wurde die Schweizerische Bankgesellschaft (heute UBS) durch Erwerb der Aktiven dieser Gesellschaft zur bilanzmässig grössten Schweizer Bank vor dem Schweizerischen Bankverein und der Credit Suisse.

An dieser denkwürdigen Sitzung im Büro von Kennedy in Washington spielte erst noch ein Hund eine Schlüsselrolle. Als zum Jahreswechsel 1962/63 die Verhandlungen zwischen den beiden Parteien an einem Tiefpunkt angelangt waren, entschloss sich Saager, als gleichsam letzter Rettungsanker, zu einem Flug nach London und einem Besuch bei Prinz Stanislas Radziwill (1914–1976), Gatte von Lee, geborene Bouvier und Schwester von Jacqueline Kennedy. Saager kannte Radziwill durch einen befreundeten Zürcher Anwalt, Louis Gutstein, der bei anderer Gelegenheit die Interessen der Radziwills vertreten hatte.

Die amerikanischen Beteiligungen von Interhandel waren 1942 vom amerikanischen Staat nach dem Eintritt in den Zweiten Weltkrieg als frühere Tochtergesellschaft des deutschen Pharma- und Chemieriesen

I.G. Farben beschlagnahmt worden, mit der Begründung, sie seien «enemy tainted» (feindbeschmutzt). In der Wohnung von Radziwill im Londoner West End nahm der Gastgeber nach einer kurzen Unterredung mit Saager Kontakt mit Robert Kennedy auf und erreichte ihn auch einige Stunden später am Telefon in Anwesenheit Saagers. Im Anschluss an ein ausführliches Gespräch berichtete Radziwill, der Justizminister sei bereit, Saager am 27. Februar in Washington zu empfangen, und zwar nur Saager, als Generaldirektor der UBS und in seiner Eigenschaft als Delegierter des Verwaltungsrats von Interhandel.

Mit dieser Bemerkung wollte Kennedy Alfred Schaefer (1905–1986), Präsident der Generaldirektion der UBS und Mitglied des Verwaltungsrats der Interhandel, bewusst ausschliessen, mit der Bemerkung, Schaefer habe ihn im Anschluss an ein früheres Gespräch falsch interpretiert. Kennedy sei ferner einzig bereit, über einen Vergleich zu verhandeln, dessen Basis eine hälftige Teilung der Vermögenswerte bilden müsse. Eine andere Lösung sei für ihn ausgeschlossen. Da Saager im Verwaltungsrat den Hauptaktionären am nächsten stehe, habe Kennedy gefunden, Saager sei am ehesten für eine realistische Lösung zu gewinnen. Für Saager war es jedoch selbstverständlich, dass er eine solche Verhandlung nicht ohne Teilnahme desjenigen führen konnte, der in der Generaldirektion die oberste Verantwortung trug. Er orientierte Schaefer über die Einladung, und die beiden entschlossen sich, nach Washington zu reisen. Gemeinsam mit ihrem amerikanischen Anwalt John Wilson erschienen sie am 27. Februar, pünktlich um 10 Uhr, im Sitzungsraum von Kennedy. Dort wartete Kennedy bereits mit seinem Stellvertreter, Nicholas Katzenbach, und drei weiteren Chefbeamten auf die Schweizer.

In seinen einleitenden Bemerkungen erklärte Kennedy, es liege seinem Land sehr daran, diesen Fall aus der Welt zu schaffen. Seit Jahren würden in seinem Departement nicht weniger als 16 Leute mit möglichen Lösungen beschäftigt. Neben einer Streitigkeit um Ländereien mit Indianern sei die Sache mit Interhandel der zweitälteste Rechtsfall für das Justizministerium. Hierauf ergriff Schaefer das Wort und schilderte die Leidensgeschichte aus der Sicht der Schweizer Aktionäre. Schaefer bemerkte, dass die ganze Schweizer Bevölkerung den Gang dieser Verhandlungen aufmerksam verfolge, die zum wichtigsten internationalen Ereignis seines Landes geworden seien. Er betonte ausserdem, dass es für Interhandel unmöglich sei, einen für sie schlechten Kompromiss einzugehen. Die Stimmung unter den Sitzungsteilnehmern war sichtlich angespannt nach dem recht leidenschaftlich und undiplomatisch vorgetragenen Votum von Schaefer. Kennedy konterte heftig auf die Ausführungen von Schaefer, bei ihm seien es nicht weniger als 190 Millionen Menschen, denen gegenüber er sich verantwortlich fühle. Seine Berater hätten ihm ausserdem versichert, es bestünden günstige Voraussetzungen, die Vertreter von Interhandel zu schlagen («my boys tell me we could lick you»).

Das Gespräch hatte nun einen kritischen Punkt erreicht. Es herrschte für einige Sekunden betretenes Schweigen. Wilson schlug vor, man solle derartige Drohungen aus dem Spiel lassen. Er könne nach jahrelangem Studium dieses Falls mit der gleichen Überzeugung behaupten, dass Interhandel mit ihren Forderungen gute Aussichten auf Erfolg habe. Er empfahl deshalb, sich im Gespräch auf eine sachlich geführte Verhandlung zu beschränken. Die beiden Parteien scharten sich nun je um eine Ecke des riesigen Schreibtisches des Justizministers und diskutierten das weitere Vorgehen getrennt.

In diesem Moment kratzte es laut an einer Seitentür des Sitzungsraums. Kennedy gab einem Mitarbeiter ein Zeichen, nachzuschauen, was der Grund des Geräusches sei. Der Mitarbeiter öffnete die Tür, und herein trottete «Rufus», ein mächtiger Hund Kennedys. Das Tier lief von Mann zu Mann, schnüffelte an ihnen herum, blieb endlich vor Saager stehen, schnupperte offensichtlich an Saagers Kleidung, der ebenfalls Hundebesitzer war, und legte seinen Riesenkopf vertraulich auf Saagers Knie. Saager begann den Hund zu streicheln, was Kennedy beobachtete. An Saager gewandt bemerkte er: «Der Hund scheint Sie zu mögen.» Und nach einer Weile: «Was meinen Sie eigentlich zum ganzen Problem?» Kennedy war sich mit seiner Frage, wahrscheinlich von Radziwill orientiert, wohl bewusst, dass Saager mit einem Aktionärskreis mehr Stimmen vertrat als die UBS selbst. Saager entgegnete ruhig, man sei nach Washington gekommen, um einen Vergleich zu finden. Die von ihm vertretenen Aktionäre mit massgebenden Beteiligungen seien bereit, sich auf einen Vergleich zu einigen. Wenn zwei Parteien sich jahrzehntelang stritten und mit einem weiteren über Jahre dauernden Prozess zu rechnen sei, der womöglich über die eigene Lebenszeit hinausgehe, sei, wie Saager gegenüber Kennedy erläuterte, einzig ein Vergleich mit einer hälftigen Teilung möglich. Wenn, wie Saager weiter erklärte, die Interhandel auf dieser Formel entgegenkomme, hoffe er, dass der amerikanische Staat seinerseits hinsichtlich der Regelung der Steuerforderung ein gewisses Verständnis zeige.

Hier schaltete sich Katzenbach ins Gespräch ein, der sich in der Vergangenheit im Ministerium mit dem Fall besonders beschäftigt hatte. Katzenbach bemerkte, die Steuerfrage sei rechtlich eine eigene Angelegenheit und habe an sich nichts mit dem Fall Interhandel zu tun. Auch Kennedy zeigte sich in dieser Frage unnachgiebig und erklärte, der steuerliche Aspekt könne heute nicht behandelt werden. Zudem sei ihm gesagt worden, dass sich die Prozesslage in den letzten Wochen wesentlich zugunsten des Justizministeriums verändert habe. Es sei ihm zwar bewusst, dass die Interhandel-Verwaltung auf dem Prozessweg den Verkauf der amerikanischen Beteiligungen noch jahrelang hinauszögern könne. In diesem Fall, entgegnete Saager, bliebe der Interhandel nichts anderes übrig als eine Regelung mit einer hälftigen Teilung, unter Ausklammerung der Steuerfrage. Wenn aber schon über diese grundsätzliche Frage eine Einigung erzielt worden sei, schlage er vor, ein Abkommen schriftlich aufzusetzen, das von den Parteien zu unterzeichnen sei. Kennedy stimmte zu und erteilte Katzenbach die Vollmacht, einen Vertrag mit John Wilson auszuarbeiten. Zwischen vier und fünf Uhr abends wollte man sich für die Unterzeichnung wieder treffen. Sichtlich erleichtert trennten sich die Parteien.

Um sich zu entspannen, besuchte Saager die National Gallery und bewunderte die dortige Gemäldesammlung, Schaefer entspannte sich im Hotel. Am späten Nachmittag traf man sich wieder in Kennedys Büro. Entwürfe wurden ausgehändigt und gemeinsam durchgelesen. Als letzter Diskussionspunkt blieb noch die Frage, wie nun die amerikanischen Beteiligungen der Interhandel veräussert werden sollten. Es stellte sich die Möglichkeit eines Verkaufs ans breite Publikum über Konsortien an der Wall Street oder direkt an bestimmte Interessenten. Es galt darauf zu achten, dass man nicht in Konflikt mit dem Antitrust-Gesetz der USA geriet, und man einigte sich darauf, dass der Justizminister versiegelte Offerten von qualifizierten «Underwriters» verlangen und das Recht haben sollte, ungeeignete Offerten zurückzuweisen. Ein Komitee, in dem Interhandel vertreten sein soll, werde den Minister bei der Bewertung der amerikanischen Beteiligungen und beim Verkauf beraten. Anschliessend wurde der Vertrag von Schaefer und Saager unterzeichnet, unter dem Vorbehalt der Genehmigung durch die Generalversammlung von Interhandel. Auf amerikanischer Seite signierte Katzenbach den Vertrag.

Mit dieser Einigung fand ein lang andauernder Rechtsstreit sein Ende. Ohne jahrelange Vorarbeiten dieser komplizierten Materie und ohne Saagers Verhandlungsgeschick, später von einem prominenten deutschen Bankier als «wahres Husarenstück» bezeichnet, hätte die Angelegenheit nie einen derart befriedigenden Abschluss gefunden. Wer war Bruno Max Saager, und welches Umfeld begünstigte seine Karriere? Gehen wir zurück in seine Jugendzeit und zu den Wurzeln der Familie.

Jugendzeit und Wurzeln der Familie Saager

Die Jugendzeit verbrachte Bruno Max im aargauischen Rupperswil als Sprössling einer typisch schweizerischen Mittelstandsfamilie. Die Kindheit war für ihn und seine Geschwister eine meist harmonisch verlaufende Zeit in ländlicher Umgebung, wenn auch nicht frei von Sorgen und Problemen. Brunos Vater, Max Rudolf Saager (1884–1913), besass einen Malerbetrieb und hatte sich unter anderem auf die Entwürfe und Gestaltung von Theaterkulissen spezialisiert. Seine Frau, Berta, geborene Richner (1882–1978), die eine sehr talentierte Sängerin war, stand ihm mit ihrer Erfahrung und ihren Kenntnissen über die schweizerische Theaterszene mit Rat und Tat zur Seite. Der am 13. September 1908 geborene Bruno Max verlor mit seinen zwei 1912 und 1913 geborenen Schwestern Meta (gestorben 1994) und Hildy (gestorben 2014) bereits 1913, also vor dem Ausbruch des Ersten Weltkriegs, den Vater und Ernährer der Familie wegen einer Lungenentzündung. Diese Krankheit breitete sich während der Kriegszeit in unserem Land zu einer wahren Epidemie aus, die Tausende von Leben kostete. Antibiotika, mit denen man die Krankheit heute bekämpft, wurden erst viel später erfunden. Die Witwe, Berta, musste nun die Kinder allein erziehen und für ihre Ausbildung besorgt sein. Als gelernte Schneidermeisterin unterhielt sie ein eigenes Atelier mit Mitarbeiterinnen und Lehrtöchtern. Sie konnte dank eines gesicherten Einkommens den Unterhalt der jungen Familie sicherstellen, ohne die heute üblichen sozialen Versicherungsleistungen zu beanspruchen. Die Mutter war wie ihre Geschwister von grosser kräftiger Statur, war bis ins hohe Alter von 96 Jahren mit einer sprichwörtlich guten Gesundheit gesegnet und verfügte über eine riesige Schaffens- und Willenskraft, die sie auf ihre Kinder zu übertragen wusste. Dank eines engen Zusammenlebens in einer Grossfamilie konnte sie sich ausserdem auf die Hilfe ihrer drei Brüder und zwei Schwestern verlassen. Der 1894 geborene Bruder Fritz Richner war die herausragende Persönlichkeit der Familie Richner und erfüllte zeit seines Lebens eine eigentliche Funktion als Patron dieser Grossfamilie. Fritz Richner war als Bankier ausserordentlich erfolgreich. 1918 trat Fritz in die Schweizerische Bankgesellschaft ein, erklomm in dieser Bank sämtliche Sprossen hinauf bis zum Generaldirektor von 1941 bis 1953 und zum Präsidenten des Verwaltungsrats, dem er von 1953 bis 1964 angehörte. In Würdigung seiner Verdienste um die Bank wurde er am Tag seines Austritts aus dem Verwaltungsrat zum Ehrenpräsidenten ernannt, eine Auszeichnung, die er bis zu seinem Tod 1974 innehatte. Ausserdem erhielt er für seine Verdienste um den Finanzplatz Schweiz 1960 den Titel eines Doktor honoris causa der Universität Neuenburg.

Neben dem Einsitz in Verwaltungsräte von verschiedenen grösseren Publikumsgesellschaften wurde Fritz auch Präsident der Grands Magasins Jelmoli SA. Er vermittelte 1949 die Aktienmehrheit an dieser Gesellschaft an seinen Freund, den Zeitungsverleger Paul August Ringier. Das Haus Ringier befand sich in dieser Zeit finanziell in einer ausserordentlich günstigen Lage. Damit konnte Ringier den Druck umfangreicher Versandhauskataloge von Jelmoli dauerhaft absichern. Ringier besass mit ihrer Turicum AG auch massgebende Beteiligungen an der Au Grands-Passage SA in Genf und der Grands Magasins Innovation SA in Lausanne. Fritz Richner waltete als Verwaltungsratspräsident dieser Gesellschaften und scheute sich dabei nicht, sich in das operative Geschäft einzumischen. Seine fast täglichen Mittagessen mit der Geschäftsleitung von Jelmoli waren legendär und erinnerten an Rapporte beim Militär.

Erst mit dem Verkauf von Ringiers Beteiligungen 1969 schied Fritz aus diesen Verwaltungsräten aus. Seine Verbindung mit der Landwirtschaft bekundete Fritz als Bauernsohn mit dem Erwerb des Landwirtschaftsguts in Kaiserstuhl und des Herrschaftshauses Haus zur Linde 1948, ein Anwesen, das er mit dem Kauf benachbarter Bauernbetriebe in ein heute noch existierendes Mustergut ausbaute. Den Besuchern von Jelmoli wurde das Lindengut besonders vertraut dank der in den 1950er-

Abb. 1: Der Onkel Fritz Richner (1894–1974), Generaldirektor, später Verwaltungsratspräsident der Schweizerischen Bankgesellschaft.

Jahren eingerichteten Milchbar im Parterre des Warenhauses, an der ausschliesslich Vorzugsmilch aus dem Kaiserstuhler Betrieb ausgeschenkt wurde. Der Sitz in Kaiserstuhl ist seit den 1950er-Jahren bis in die Gegenwart für die Verwandtschaft ein beliebter Mittelpunkt zahlreicher Anlässe.

Es lag nahe, dass Fritz für Bruno Max Saager anstelle des früh verstorbenen leiblichen Vaters die Rolle des älteren Bruders übernahm und ihn in seiner beruflichen Karriere förderte. In gleicher Weise sorgte Fritz Richner dafür, dass die Gatten der Schwestern von Bruno Max, Hans Peter und Claudio Buchli, bis in die Direktion der Warenhäuser Jelmoli und Innovation aufrückten. Der mit der Scholle eng verbundene Fritz versuchte zeitweise, den jüngeren Heissssporn Bruno Max unter Kontrolle zu bringen. Sein Verständnis für die Auslandsgeschäfte, Aktienmärkte und Verbindungen mit ausländischen Firmengruppen blieben ihm eher fremd, und oft mahnte er seinen Neffen zur Vorsicht mit seinen Auslandsaktivitäten.

Mit dem Eintritt von Bruno Max im Jahr 1930 in die Schweizerische Bankgesellschaft verband die beiden Persönlichkeiten auch ein berufliches Verhältnis. Dieses Verhältnis blieb allerdings nicht immer ungetrübt und frei von Spannungen. Beispielsweise stellte sich Saager auf die

Seite seines Kollegen Alfred Schaefer, als es um die Nachfolge seines Onkels im Präsidium des Verwaltungsrats der Bank ging, und unterstützte nicht die von Fritz Richner und einem Teil der Verwaltungsräte portierte Kandidatur von Generaldirektor Albert Rösselet. Saager hielt Rösselet für diesen Posten für völlig ungeeignet, da diesem als ehemaligem Verantwortlichen für das Kreditgeschäft einer Regionalbank nach seiner Ansicht die Erfahrung für den Ausbau der Auslandsaktivitäten der UBS fehlte. In erster Linie wegen Saagers energischer Intervention zugunsten von Schaefer wurde dieser auf Empfehlung der Generaldirektion zum Präsidenten des Verwaltungsrats bestimmt. Faktisch entschied damals die Generaldirektion als starke Kraft in der Bank über die Wahl des Präsidiums. An der Generalversammlung im Frühjahr 1965 wurde Alfred Schaefer zum neuen Präsidenten des Verwaltungsrats gewählt. Die Mehrheit des Verwaltungsrats brachte also nicht den Mut und die Entschlossenheit auf, den von ihm portierten Rösselet zu ihrem Präsidenten zu küren. Bruno Saager bezeichnete die Verwaltungsräte als blosse «Kühlerfiguren». Die Machtfülle der Generaldirektion war zu jener Zeit für jedes einzelne Mitglied besonders gross, da neben Schaefer als Vorsitzendem und Saager nur noch Albert Rösselet, Viktor Zoller, der 1957 pensionierte Hugo Grübler und der erst 1963 von Genf nach Zürich berufene Philippe de Weck Mitglieder der obersten Geschäftsleitung waren. Fritz Richner blieb mit seiner engeren Heimat immer sehr verbunden. In seiner Abdankungsrede bezeichnete der Pfarrer seine Persönlichkeit als fest verwurzelt im Boden wie ein Baum. Er hatte, mit den Worten des Pfarrers, wie alle Richners, grosse, starke Hände, von denen Getrostheit und Vertrauen ausging.

Ein noch älterer Bruder der Familie Richner, Jean, war schon in früheren Jahren nach den Vereinigten Staaten von Amerika ausgewandert, wo er am Ausbau des rasch wachsenden Eisenbahnnetzes mitarbeitete. Erst nach seiner Pensionierung kehrte er in die Schweiz zurück und genoss als Witwer in Rupperswil seinen Lebensabend.

Der dritte, 1904 geborene Bruder Ernst wanderte nach dem Ende des Ersten Weltkriegs nach Sumatra aus und verwaltete im Auftrag des belgischen Konzerns Société Générale eine Kautschukplantage. Erst 1948, nach Beendigung des Zweiten Weltkriegs und der japanischen Besetzung, kehrte Ernst in die Schweiz zurück und heiratete eine Jugendfreundin. Er wusste seine Freunde und Angehörigen mit seinen Tiger-, Elefanten- und Antilopenjagden sowie Erlebnissen während der japanischen Okkupation von Niederländisch-Ostindien zu fesseln.

Ein besonders bemerkenswertes Ereignis stellte die Besetzung der von Ernst Richner verwalteten Farm durch japanische Truppen dar, die als Kommandoposten dienen musste. Vor der Besetzung Indonesiens durch die Japaner hatte die holländische Verwaltung Ernst Richner vertrauliche Dokumente zur Aufbewahrung ausgehändigt, in der Meinung, dass bei einem Staatsangehörigen eines neutralen Landes weniger genaue Untersuchungen über die frühere Kolonialmacht angestellt würden als bei einem Holländer. Als nun die japanischen Offiziere in das Wohnhaus eintraten, hatte Ernst Richner vorsorglich die Dokumente in einem Kasten versorgt und davor ein Bild des japanischen Kaiserpaars aufgehängt, wie es auf einer Titelseite der *Schweizer Illustrierten* abgebildet war. Die Post aus der Heimat traf jeweils mit einer mehrwöchigen Verspätung auf dem Seeweg in Indonesien ein. Als die japanischen Offiziere diesen Raum betraten und das Bild des Kaiserpaars sahen, verneigten sie sich sofort ehrfürchtig vor dem Kasten und zogen sich rückwärtsgehend aus dem Raum zurück. Einige Monate später gestand ein Offizier Ernst Richner beim Abendessen, er und seine Offizierskollegen seien überzeugt davon, dass er etwas in diesem Kasten verberge, doch sie würden diesen Kasten nie öffnen, solange das Bild des Kaiserpaar davor aufgehängt sei.

Während der japanischen Besetzungszeit wurde Ernst mehr oder weniger in Ruhe gelassen, und er konnte seiner Arbeit auf der Farm nachgehen, wurde aber von den Japanern ständig im Auge behalten und musste die Kommandostelle über geplante Geschäftsreisen im Detail ins Bild setzen. Natürlich lernte Ernst dank des Kontakts mit dem japanischen Militär auch dessen Sitten kennen. Ein bleibendes Erlebnis für ihn war die Bekanntgabe eines Offiziers beim Abendessen, dass er am nächsten Tag zu einem genauen Zeitpunkt Harakiri begehen werde. Die Mahlzeit wurde von den Japanern ohne weiteres Aufsehen fortgesetzt,

Abb. 2: Der Onkel Ernst Richner (1910–1964), Kautschukpflanzer und Grosswildjäger in Sumatra.

und tatsächlich stürzte sich dieser Offizier am nächsten Tag ins Schwert. Grund für diese Tat war, wie Ernst erfuhr, dass der Selbstmörder wenige Wochen zuvor ein einheimisches Mädchen geschwängert hatte.

Ernst Richner war ein begeisterter Jäger, kannte die für die Jagdprüfung des Kantons Zürich nötigen Erfordernisse im Detail und sorgte dafür, dass sein Neffe diese Prüfung auch mit Bravour bestand. Saager beteiligte sich an zwei Revieren als Mitglied dieser Gesellschaften, eine im Zürcher Unterland und eine andere in Lech am Arlberg und später in Raggal im vorarlbergischen Bezirk Bludenz. Die beruflichen Pflichten verunmöglichten es Saager jedoch, der Jägerei im grossen Stil zu frönen, und es blieb bei wenigen Besuchen der Reviere im Jahr. Zur Pflege der Freundschaft unterliess er es jedoch nicht, Mitarbeiter, wie Rolf Holliger und Eberhard Huser, ab und zu auf die Jagd einzuladen. Bei diesen Gelegenheiten pflegte er einen lockereren Umgang, trennte jedoch Geschäft und Freizeit strikt und wahrte als Chef im Geschäftsleben die dort angezeigte professionelle Distanz.

Abb. 3: Samuel Saager (1807–1869), Urgrossvater von Bruno Max, Gastwirt des «Sternen» in Menziken, von 1849 bis 1851 Mitglied des Verfassungsrats des Kantons Aargau und von 1852 bis 1856 Mitglied des Grossen Rats des Kantons Aargau.

Rosa, die Schwester seiner Mutter, war mit einem Lehrer der Bezirksschule Lenzburg verheiratet, und ihr Sohn Kari Häuptli wanderte nach dem Zweiten Weltkrieg nach New York aus, wo er später als Broker für Saager als wichtige Verbindung für die Geschäfte der UBS in den USA diente.

Die weltoffene Lebensart der Grossfamilie hinterliess beim jungen Bruno Max ihre Spuren. Auch gab es unter den Vorfahren Persönlichkeiten, die offensichtlich im Temperament der Nachkommen weiterlebten. Aus dem aargauischen Menziken stammend, wanderten einige Saagers nach der im 14. Jahrhundert aufstrebenden Stadt und Republik Bern aus und kamen dort zu höchsten Ehren. Es ist verbrieft, dass zwei Angehörige der Familien Sa(a)ger aus dem Seeland in der Schlacht bei Marignano im Jahr 1515 ihr Leben liessen. Mit der Schreibweise des Familiennamens hielten es die Saagers übrigens nie genau. In zahlreichen Schriften tauchen sie immer wieder mit einem oder zwei Buchstaben a auf, zeitweise sogar die gleichen Personen mit beiden Schreibweisen. Erst 1956 verankerte Bruno Max behördlich den Familiennamen in der Schreibweise mit zwei a. Eine ausgestorbene Seitenlinie stellte sogar einen Schultheissen, der von 1597 bis 1621 die Geschicke der Republik Bern leitete und unter anderem 1602 als Haupt- und Wortführer der Eidgenössischen Gesandtschaft in Paris in der jeweils feierlich organisierten Prozession den Bund mit dem neu gekrönten französischen König Heinrich IV. erneuerte. Als Höhepunkt wurden diese Feierlichkeiten mit der Erhebung der Schwurfinger durch den König und die eidgenössischen Gesandten in der Kathedrale Notre-Dame abgeschlossen.

Der Urgrossvater von Bruno Max, Samuel, geboren 1807, war Gastwirt des «Sternen» in Menziken. Von 1849 bis 1851 war Samuel Saager Mitglied des Verfassungsrats des Kantons Aargau und von 1852 bis 1856 Mitglied des Grossen Rats des Kantons Aargau. Die damals entworfene aargauische Verfassung diente als modern konzipiertes Grundgesetz für zahlreiche andere Kantone und sogar ausländische Staaten als Vorbild. Der Grossvater von Bruno Max, geboren 1845 und getauft als Emil Remigius, arbeitete als angesehener Buchhalter und Notar in Lenzburg und pflegte unter anderem mit dem Verleger Heinrich Sauerländer in Aarau eine enge Freundschaft. Emil Remigius hatte sieben Kinder, dessen jüngster Sohn, Max Rudolf, geboren 1884, der Vater von Bruno Max war.

Bruno Max wuchs mit seinen Geschwistern in einem schönen Einfamilienhaus namens «Eichli» auf, am Eingang zum Rupperswiler Wald, mit grossem Garten und umgeben von einem eigenen Acker, auf dem die Familie Getreide, Kartoffeln und Gemüse anbaute, Produkte, die im Zug der Anbauschlacht im Zweiten Weltkrieg für die Ernährung der Familie von Bedeutung wurden. Im Parterre des Hauses Eichli war das Schneideratelier eingerichtet, das an Werktagen von den an ihren Nähmaschinen hantierenden und miteinander lebhaft schwatzenden Mitarbeiterinnen der Mutter besetzt war. Sie schnatterten oft bis in die Nacht, erzählten sich auch Gruselgeschichten über die geheimnisvolle, noch heute sichtbare Römerstrasse im Rupperswiler Wald, auf der hin und wieder ein Geisterzug sein Unwesen treibe und auch bisweilen ein Ermordeter mit einer Axt im Schädel auftauche. Zu guter Letzt fürchteten sich die Frauen, ob solcher Geschichten aufgeschreckt, allein nach Hause zu gehen, sodass sie der junge Bruno Max an den langen Winterabenden mit einer Laterne heimbegleiten musste.

Von einem Ereignis aus seiner Jugend, das für ihn zum Schlüsselerlebnis werden sollte, berichtete Saager auch in seinen späten Jahren immer wieder. Er beobachtete seine Mutter, wie sie die Münzen für den Kauf der Liegenschaft und den Hausbau an einem grossen Tisch zählte. Es war ein beachtlicher Haufen Goldstücke, zumeist Vrenelis. Dieses Erlebnis mit Gold als Gegenwert für eine Liegenschaft prägte ihn dermassen, dass für ihn der Goldbesitz zum Grundstein für sämtliche übrigen Gelder und im Umlauf befindlichen staatlichen Banknoten wurde. Gegen das bloss von einer Regierung oder Staatsbank garantierte Papiergeld hegte er zeit seines Lebens Misstrauen und wollte in seinem eigenen Vermögen und demjenigen der UBS als «sicheren Hafen» immer einen wesentlichen Anteil an Gold in Münzen und Barren halten.

Als eifriger Leser von historischen Büchern wusste Saager viel über die Geschichte der Schweiz und ihrer Nachbarländer. Daneben kam auch die Lektüre der Weltliteratur nicht zu kurz. Das Schreiben von Aufsätzen in der Schule und als Hausaufgabe wurde zu einer seiner

Abb. 4: Bruno mit seiner Mutter Berta (1894–1974, geborene Richner) und seinen Schwestern Meta (l.) und Hildy.

Lieblingsbeschäftigungen. So schrieb er oft auch für seine jüngere Schwester Meta deren Hausaufsätze, die regelmässig mit guten Noten belohnt wurden.

Rupperswil, in der Aargauer Mundart «Robischwil», war damals in erster Linie ein Bauerndorf mit einigen Handwerksbetrieben. Zwischen 1900 und 1930 wuchs die Zahl der Einwohner auf über 1500. Erst zu Beginn des 20. Jahrhunderts, das heisst unmittelbar nach oder in den letzten Monaten des Ersten Weltkriegs, begannen erste Industriebetriebe mit ihren Tätigkeiten, wie die Eisengiesserei Ferrum AG, die Zuckermühle Rupperswil AG, die Zimmerei und Grossschreinerei Kämpf, die Spinnerei Steiner und die Fabrik für Eisenkonstruktionen Riniker u. Co. Die alte Kirche aus dem Mittelalter, die kaum 200 Menschen Platz bot, musste 1922 einer geräumigeren Kirche Platz machen. Vorgängig entzweite sich die Einwohnerschaft wegen der Frage, ob die alte Kirche als Kulturgut erhalten werden sollte oder nicht.

Als eifriger Kämpfer für den Erhalt der alten Kirche profilierte sich Pfarrer Eduard Vischer als Seelsorger der Gemeinde, der in Rupperswil von 1900 bis 1936 tätig war und auch Bruno Max 1924 konfirmierte. Er war, wie es in einem Aufsatz über ihn heisst, von grossem Ernst beseelt und bereit, den Menschen seines Wirkungskreises nach besten Kräften zu dienen. Die Initianten um den Erhalt der alten Kirche zogen allerdings nach den fast täglichen Auseinandersetzungen schliesslich den Kürzeren und konnten den Abbruch dieses Kulturguts nicht verhindern. Erst 1943 hatte der Aargau als einer der ersten Kantone historische Gebäude als schutzwürdig erkannt und 1954 die staatliche Denkmalpflege eingeführt.

In anderen Bereichen war Pfarrer Vischer mit seinen Vorstössen erfolgreicher, so als Mitgründer des 1902 geschaffenen Vereins vom Blauen Kreuz. Wie in anderen Dörfern unseres Landes war der Alkoholismus, vor allem das Trinken von Kartoffelschnaps, eine Landplage. Die Armenpfleger mussten sich mit den Alkoholsüchtigen und deren ins Elend gestürzten Familienangehörigen befassen, sie unterstützen und zum Essen in das Armenhaus schicken oder sonst wie versorgen. Erschreckend gross war auch die Zahl der mit Erbschäden behafteten Kinder. Dank der Tätigkeiten des Vereins vom Blauen Kreuz konnte jedoch die Zahl der Alkoholiker zumindest prozentual schrittweise gesenkt und die weitere Verbreitung des Alkoholismus im Dorf eingeschränkt werden.

Nach dem Besuch der Bezirksschule in Lenzburg und einer kaufmännischen Ausbildung absolvierte Saager ein Praktikum bei der Versicherung La Suisse in Lausanne und lernte dort in seiner Freizeit den Rudersport kennen, ein Hobby, dem er bis in die 1950er-Jahre frönte. 1930 wurde Saager Mitglied des Seeclubs Zürich, trainierte mehrere Jahre und nahm an zahlreichen Regatten teil. Ausserdem bekleidete er verschiedene Ämter im Seeclub, nahm bis zu seinem Lebensende rege am gesellschaftlichen Leben des Vereins teil und unterhielt zahlreiche Freundschaften mit Mitgliedern des Seeclubs, wie dem Juwelier Walter Meister, Vater und Söhnen Waser sowie den Brüdern Hans Ruedi und Hans Jürg Morel, Söhne eines aus Sumatra zurückgekehrten Auslandschweizers.

Wirtschaftskrise und erste Schritte als Bankier

Im Jahr 1930 begann Bruno Max Saager seine Laufbahn bei der UBS. Unter den verschiedenen Aktivitäten interessierte Bruno Max vor allem das tägliche Börsengeschehen. Er verfolgte ständig die Kurse sämtlicher kotierter Titel und vertiefte sich bis weit nach Geschäftsschluss und zu Hause in die Bilanzen und Pressemitteilungen dieser Gesellschaften. Der Fleiss und das Interesse dieses Mitarbeiters am Börsengeschehen blieben den Vorgesetzten nicht verborgen und ermöglichten ihm drei Jahre nach Eintritt in die Bank einen achtmonatigen Aufenthalt bei der Brokerfirma Hansford in London, die in der Regel die Börsengeschäfte für die UBS an der Londoner Börse abwickelte. Hier schnupperte Bruno Max zum ersten Mal den Duft der internationalen Geschäftswelt, die ihn auf Lebenszeit fesseln sollte. Insbesondere die Minentitel aus Südafrika weckten sein Interesse. Daneben besuchte er die zahlreichen Museen und Theater dieser Weltstadt und begeisterte sich unter anderem für die Dramen von William Shakespeare. Während seines ganzen Lebens hegte Bruno Max eine besondere Zuneigung für England, die englische Lebensart, die Londoner City als Metropole des britischen Commonwealth und das dort pulsierende Lebensgefühl, im Mittelpunkt des Weltgeschehens zu sein. Das internationale Treiben an der Börse mit weltweit gehandelten Titeln hat Saager die Dimensionen für seine berufliche Tätigkeit wesentlich erweitert. Selbst in den Jahren der Nachkriegszeit und als Börsenchef seiner Bank besuchte er die Londoner City immer wieder und unterliess es jeweils nicht, am Abend das vielfältige Theaterleben Londons zu geniessen.

Nach der Rückkehr in die Schweiz setzte Bruno Max seine Arbeit bei der UBS fort, und es lag nahe, dass fortan die Börse im Mittelpunkt seiner Tätigkeit stand. Allerdings war die Zeit bis 1936 durch Sorgen um die Erhaltung der Arbeitsplätze in der Bank geprägt. Von 1932 bis 1934 musste die Bank, wie andere Finanzinstitute des Landes auch, Personal entlassen. Das Aktienkapital der UBS wurde halbiert, die Engagements im Ausland, vor allem in Deutschland, hatten zur Folge, dass selbst die Kurse von Papieren erstklassiger Schuldner ins Bodenlose stürzten. In einem Interview mit der Hauszeitung seiner Bank im Jahr 1969 berichtete er, es hätten «sich speziell in Deutschland die politischen Verhältnisse so gestaltet, dass um jeden Preis Devisen zurückbehalten und gesucht wurden für die Aufrüstung. An Auslandgläubiger wurde nur das herausgegeben, was dem Interesse der Politik nützte. Die Ende 1929, Anfang 1930 immer mehr in Erscheinung tretende Wirtschafts- und Währungskrise auf dem Finanz- und Börsengebiet breitete sich weltweit auf sämtliche Branchen aus. Die Börsen reagierten parallel weltweit auf den Zusammenbruch der New Yorker Börse 1929. Der Skandal um den schwedischen Zündholzkonzern Kreuger war die prägnanteste Zeiterscheinung und wirkte als Auslöser der ganzen Krise. 1939 wurde der Abwertungsreigen mit der Abwertung des englischen Pfundes eröffnet. 1934 folgte der US-Dollar. Im September 1939 kam die Abwertung der europäischen Währungen und des Frankens.»

Obschon der Vorsteher des Eidgenössischen Finanzdepartements in der Öffentlichkeit noch beteuert hatte, «ein Fränkli bleibt ein Fränkli», musste auch die Schweiz vor den Folgen der Weltwirtschaftskrise kapitulieren. «Die politische Situation einerseits und eine sich anbahnende Stabilisierung auf dem Währungsgebiet anderseits hatten», wie Saager im erwähnten Interview weiter ausführte, «zur Folge, dass wieder Geld von Europa in Amerika angelegt wurde. Unsere Börse hatte wieder bessere Zeiten. Es kam eine Periode, in der wir oft bis Mitternacht, manchmal bis am frühen Morgen, arbeiteten. Der Samstag war damals für die Börse ein voller Arbeitstag und wurde jeweils auf den Sonntagmorgen ausgedehnt.»

Staatliche Devisenkontrollen zum Schutz der eigenen Währung verhinderten zunehmend das Auslandsgeschäft. Dadurch geriet «das gesamte schweizerische Bankgewerbe in einen sehr grossen Engpass», wie Saager im gleichen Interview mit der Hauszeitung seiner Bank betonte.

Die Krisenjahre prägten Saager auf Lebenszeit. Er erkannte, dass vom Staat garantierte Währungen, mag das Land auch noch so mächtig sein, nur einen relativen Schutz boten und deshalb ein unabhängiges Instrument den Wert einer Währung sichern musste. Das Bekenntnis Saagers zum Gold als von staatlichen Einflüssen unabhängiges Mittel brachte ihn je länger, desto stärker zur Überzeugung, dass allein die Goldwährung es ermögliche, solche Krisen zu meistern. Mit der Übernahme der durch die Finanzkrise in Schwierigkeiten geratenen Eidgenössischen Bank im Jahr 1945 avancierte die UBS endgültig zur schweizerischen Grossbank.

Es ist erstaunlich, dass in solch turbulenten Zeiten Bruno Max die Energie aufbrachte, einen derart anspruchsvollen Sport wie das Rudern wettkampfmässig zu betreiben. Offenbar boten ihm gerade das Rudern und die Geselligkeit mit gleichgesinnten Kameraden im Seeclub Zürich den Ausgleich für seine intensive berufliche Tätigkeit. In den Wintermonaten widmete er sich mit gleicher Leidenschaft dem immer populärer werdenden Skisport, und er nahm sogar an militärischen Ski-Patrouillenläufen teil.

In dieser Zeit lernte er die bei der Elsässer Bank in Zürich arbeitende Angestellte Lis Klotz kennen. Lis war die Tochter des süddeutschen Glasmalers Fritz Klotz und verbrachte ihre Jugendzeit in Rorschach im Kreis von zwei Brüdern und einer Schwester. Wegen des in der Schweiz äusserst seltenen Berufs eines Glasmalers war Vater Klotz in der ganzen Schweiz beschäftigt und malte als Katholik zahlreiche Glasfenster von katholischen Kirchen. 1935 verlobten sich die beiden und heirateten ein Jahr später. Lis war, wie ihr Mann, eine fleissige Leserin der Weltliteratur. Die Tatsache, dass sie als Katholikin aufgewachsen war, brachte sie in einen Zwiespalt mit der Kirche. Als ihr der Pfarrer in Rorschach erklärte, dass sie eine Todsünde begehe, wenn sie einen Protestanten heirate, und der Vertreter der Kirche kein Verständnis für ihre Lage aufbrachte, kam sie zur Entscheidung, sich völlig vom katholischen Glauben zu lösen. Sie heiratete protestantisch und erzog später auch ihre beiden Söhne protestantisch. Zeit ihres Lebens hegte sie am christlichen Glauben jedoch Zweifel und wahrte Distanz zur Kirche. Die Frau

Abb. 5: Bruno Max Saager als Schlagmann (vorne) im Boot des Seeclubs Zürich.

Abb. 6: Als eifriger Langläufer im Wintertraining.

von Bruno Max war an sich gegenüber allem im Leben kritisch eingestellt. Stets hinterfragte sie Auffassungen anderer Menschen, suchte nach der Ursache von Meinungen und Ansichten und erzog ihre Söhne entsprechend. Die beruflichen Entscheide ihres Mannes, der sie jeweils regelmässig konsultierte, hinterfragte sie oft. Sie war wohl seine grösste, aber auch konstruktivste Kritikerin. Einmal mehr konnte man am Beispiel des Ehepaars Saager erfahren, dass hinter einem beruflich erfolgreichen Mann häufig eine starke Partnerin steckt.

Die Gründung und der Aufbau einer Familie mit den zwei Söhnen Rudolf und Hansjürg, die 1937 und 1940 geboren wurden, stellten eine neue Herausforderung für das junge Ehepaar dar. Dem friedlichen Familienglück war allerdings nur eine kurze Dauer beschieden. Im September 1939 brach der Zweite Weltkrieg aus. Als Gefreiter einer aargauischen Infanterieeinheit wurde der junge Familienvater wie Tausende anderer Schweizer zu den Waffen gerufen. Er leistete insgesamt 777 Tage Militärdienst. Seine Kenntnisse um die Führung eines Büros machten sich seine militärischen Vorgesetzten in der Aktivzeit zunutze, überliessen ihm voller Vertrauen den gesamten Papierkram, und er organisierte während der Kriegsjahre in fast selbstherrlicher Weise das Büro seiner Kompanie.

Politisch fühlte sich Bruno Max immer der Freisinnigen Partei zugehörig. Das liberale Gedankengut und das Bekenntnis zur freien Marktwirtschaft beinhalteten für ihn die zentralen Leitideen. Wie andere Schweizer beeindruckten ihn während der ersten Kriegsjahre die militärischen Siege der deutschen Armee. Gleichzeitig solidarisierte er sich mit dem beispiellosen Widerstand der englischen Bevölkerung, die trotz verheerender Bombardierungen der Städte nur umso fester zusammenhielt und gemeinsam entschlossen dem Feind trotzte. Die Persönlichkeit von Winston Churchill fand seine uneingeschränkte Bewunderung. Saager war tief beeindruckt von der mächtigen Stimme des freien Europa und von der Art, wie Churchill mit seiner genialen Überzeugungskraft in zahlreichen, auch in der Schweiz gehörten Radioreden die Einwohner seines Landes und der von Deutschland besetzten Staaten, aber auch die alliierten Truppen an der Front zu motivieren wusste. Nach

Abb. 7: Hochzeit 1936 mit Lis, geborene Klotz.

Beendigung des Zweiten Weltkriegs zählten die ab 1948 publizierten Kriegsmemoiren Churchills und dessen anderen Schriften in seiner Freizeit zu seiner bevorzugten Lektüre.

Während der Urlaubswochen zur Kriegszeit ging Saager seiner beruflichen Tätigkeit nach und wurde 1943 zum Prokuristen ernannt. Nach Kriegsende im Jahr 1945 galt es für die Bank, das Börsengeschäft neu aufzubauen. 1946 rückte Saager zum Vizedirektor auf. Als neuer Börsenchef der SBG machte er sich daran, die Börsentätigkeit seiner Bank massgeblich auszudehnen. Nach dem Zusammenbruch Deutschlands und der Zerschlagung des deutschen Börsenzentrums Frankfurt sowie der kriegsbedingt teilweise lahmgelegten Börsen von Paris, Mailand und auch London erhielt Zürich einen besonderen Stellenwert in den unmittelbaren Nachkriegsjahren.

Neuer Markt Afrika

Aufnahme in die UBS-Direktion und wachsende Bedeutung Südafrikas
Anfang 1946 überlegte man sich bei der UBS, wo neben den USA und Kanada Geld investiert werden könnte, und entschied sich für Südafrika. Massgebend für diesen Beschluss waren die guten Renditen südafrikanischer Papiere für ausländische Anlagen. 1948 wurde der Anlagefonds Safit für südafrikanische Werte gegründet, und zwei Jahre später flog Saager zum ersten Mal nach Südafrika, um die dortigen wirtschaftlichen und politischen Verhältnisse aus eigener Anschauung kennenzulernen. Vor seiner Reise nach Südafrika flog Saager nach London, um die Meinungen der englischen Geschäftsfreunde zum Südafrikabesuch einzuholen. Die Reaktion der Engländer blieb durchwegs pessimistisch. Man wies Saager auf den Wechsel in der Regierung 1948 nach dem Wahlsieg der nationalistisch und rassistisch gesinnten Burenpartei von Daniel François Malan und die grosse Gefahr von sozialer Unrast in Südafrika hin.

Die Flüge nach dem Süden Afrikas dauerten zu jener Zeit wesentlich länger als heute. Es gab keine direkte Linie zwischen Zürich und Johannesburg. Man flog entweder von Rom oder London aus mit der BOAC (British Overseas Airways Company) oder von Amsterdam mit der KLM oder von Brüssel mit der Sabena. Die Flüge waren verbunden mit einem Zwischenhalt und oft auch einer Übernachtung in einer afrikanischen Stadt. Wegen Wüstenstürmen musste man bisweilen einen Zwischenhalt mit einer zusätzlichen Übernachtung einschalten, sodass man eineinhalb bis zweieinhalb Tage für die Reise benötigte.

Saager liess sich durch die Kritik der englischen Kollegen in London nicht beirren. Denn der südafrikanische Bergbau stand zu jener Zeit am

Beginn einer neuen Entwicklung, der Erschliessung der Goldvorkommen im Orange Free State. Saager knüpfte geschäftliche Verbindungen mit der damaligen Leitung der Bergbaukonzerne Anglo American Corporation und De Beers Consolidated Mines. Die 1917 gegründete Anglo American Corporation entwickelte sich zum mit Abstand grössten Minenhaus Südafrikas. Nach seiner Rückkehr aus Südafrika ermöglichte er der Anglo American auf dem Schweizer Kapitalmarkt 1950 die Emission einer ersten Auslandsnachkriegsanleihe von 50 Millionen Franken zu 5 Prozent.

Mit der Beförderung von Saager in die Direktion begann der aargauische Einfluss an Boden zu gewinnen. Nicht nur Fritz Richner als Generaldirektor von 1941 bis 1953 und Verwaltungsratspräsident von 1953 bis 1965 stammte aus diesem Kanton, sondern auch Alfred Schaefer, Generaldirektor von 1941 bis 1965 und Verwaltungsratspräsident von 1965 bis 1976. Alfred Schaefer entstammte einer in Aarau tätigen Baufirma, die nach seinem Vater von seinem Bruder Harry geleitet wurde.

Wichtigstes Bauprojekt dieser Unternehmung wurde die Realisierung eines Vorhabens in den 1950er-Jahren, nämlich die Renovation und Erweiterung des Gebäudes der UBS an der Bahnhofstrasse 45. Obschon dieses Projekt öffentlich ausgeschrieben wurde, erhielt die Baufirma Schaefer den Zuschlag. Für Aussenstehende war es offensichtlich, dass die Offerte aus Aarau das grösste Wohlwollen der Auftraggeber genoss. Wesentlich dank der Tätigkeit dieser drei aargauischen Bankiers Richner, Schaefer und Saager rückte die UBS bis Ende der 1960er-Jahre schrittweise zum Branchenleader des schweizerischen Bankgewerbes vor. Tatkräftige Unterstützung für das Südafrikageschäft in der Generaldirektion fand Saager durch den 1910 geborenen Innerschweizer Adolf Jann, der 1950 mit ihm nach Südafrika reiste. Die Familie Jann mit vier Kindern und die Familie Saager mit zwei Kindern entwickelten im Lauf der Jahre eine enge Freundschaft. Im Februar 1948 zog die Familie Saager von Zürich in ein Einfamilienhaus in Küsnacht. Dort genossen die beiden Ehepaare mit anderen Freunden oft ein geselliges Zusammensein auf der Terrasse und im Garten des Hauses. Adolf Jann war dem Alkohol nicht abgeneigt und sang bei vorgerückter Abendstunde auf der

Abb. 8: Adolf Jann (1910–1983), als Generaldirektor enger Kollege von Saager bei der UBS, später Konzernleiter von Roche.

Gartenterrasse der Villa in Küsnacht häufig bis spät in die Nacht fröhliche Studenten- und Soldatenlieder, erzählte lautstark Geschichten, sodass die Söhne im ersten Stock des Hauses in lauer Sommernacht bei offenem Fenster kaum den Schlaf fanden und reichlich schlaftrunken am anderen Morgen zur Schule gingen. Jann war mit grosser Fabulierkunst ausgestattet und ein lebhafter Erzähler von Geschichten und Abenteuern aus seinem Leben. Trotz einer akademischen Ausbildung liess er sich im Berufsleben von spontan auftretenden Emotionen leiten, wirkte bei Gesprächspartnern angriffig und aufbrausend, um im nächsten Moment wieder ruhig und gefasst zu sprechen.

Aus seiner Jugendzeit als Ruderer im Ruderclub Flüelen erzählte er bis ins Detail, wie eines Abends während eines Föhnsturms im Vierwaldstättersee ein Vierer kenterte, drei seiner Kameraden ertranken und er und noch ein Ruderer nur mit Mühe gerettet werden konnten. Als Student in Bern, von seinen Freunden «Rüss» nach dem wilden Bergfluss Reuss seiner engeren Heimat genannt, musste er einmal im Orchester der Stadt als Pauker einspringen und Haydns Sinfonie mit dem Paukenschlag spielen. Als Hauptmann im Urner Bataillon bestand er während der Aktivzeit zahlreiche Abenteuer. Seine Gebirgsinfanteristen schätzten Janns Kollegialität sehr und waren mit seinem an die Führung eines Trupps von Landsknechten mahnenden Ordnungsstil bereit, für ihn im Ernstfall bis zum Äussersten zu kämpfen. Als man im Mai 1941 in der Schweiz befürchtete, dass die deutsche Wehrmacht das Land in den nächsten Tagen angreifen würde, schwor – so berichtete Jann – die ganze Truppe dem Hauptmann feierlich, erst dann ins Gras zu beissen, wenn jeder Soldat wenigstens sieben Deutsche erschossen haben würde. Man war sich jedoch beim Anhören dieser Geschichten nie sicher, ob Jann in seinem kernigen Urner Dialekt und mit seiner blühenden Phantasie zur Belustigung der Zuhörer der Wahrheit jeweils nicht noch ein Stück Dichtung draufsetzte.

Jann und seine Ehefrau Lydia stammten beide aus Ärztefamilien. Jann studierte nach seiner Jugendzeit in Altdorf an den Universitäten von Bern, Paris und London Rechtswissenschaften. Im Jahr 1937 promovierte er in Bern mit der Dissertation *Das Bankgeheimnis im schweizeri-*

Abb. 9: Alfred Schaefer (1905–1986), Mitglied der Generaldirektion der UBS 1941 bis 1964 und Verwaltungsratspräsident 1964 bis 1976.

schen Recht. Nach Bestehen des Berner Fürsprecherexamens, eine Leistung, auf die er stets mit Stolz zurückblickte, arbeitete er kurz als Anwalt, bevor er von 1937 bis 1945 als Sekretär der Schweizerischen Bankiervereinigung in Basel wirkte. 1945 wechselte Jann zur UBS in Zürich und wurde 1947 in die Generaldirektion berufen. Als eine Art Gegenpol zur Persönlichkeit Schaefers auftretend, kam es zwischen den beiden oft zu Meinungsverschiedenheiten. Als brillanter, redegewandter und schlagfertiger Jurist wusste er jedoch seinen Standpunkt meisterhaft zu formulieren und bot Schaefer mit seinen Analysen Paroli auf Augenhöhe. In Fragen des Wertpapierrechts und des internationalen Privatrechts war Janns Sachkenntnis für die UBS von unschätzbarem Wert. Es war offensichtlich, dass für die beiden Alphatiere in der gleichen Unternehmung kein Platz war. Als 1957 ein Angebot von Roche in Basel an Jann ging, zögerte er nicht lange, in die Geschäftsleitung dieses Konzerns einzutreten. Ermuntert zu diesem Schritt hatte Jann Albert Caflisch, von 1953 bis 1965 Konzernleiter von Roche und wie Jann als junger Anwalt Mitarbeiter bei der Schweizerischen Bankiervereinigung.

Diesen Karriereschritt hatte Jann aufs Spiel gesetzt, als er, wie es beinahe zu seiner Gewohnheit wurde, eines Abends nach einem Schlummertrunk aus der Bar des Hotels Baur au Lac kam und mit zu viel Alkohol im Blut zu seinem Auto wankte. Ein Polizist beobachtete ihn aufmerksam und verlangte einen Alkoholtest. Ein Bestechungsversuch beim Polizisten verschlimmerte den Sachverhalt noch. Als Wiederholungstäter wurde er von einem Gericht zu einer mehrwöchigen unbedingten Haftstrafe verurteilt, die er in einem kleineren Gefängnis im Zürcher Oberland absitzen musste. Nach aussen wurde die ganze Angelegenheit geheim gehalten. Offiziell weilte er auf einem Jagdausflug in Ungarn. Er hatte bisweilen freien Ausgang, wenn er an einer wichtigen Sitzung teilnehmen musste. Seinen Freunden erzählte er nachträglich, dass die Zeit in Einzelhaft gar nicht so schlecht gewesen sei. Abendessen nahm er, gemäss seinen Ausführungen, häufig mit dem Gefängnisaufseher und dessen Frau ein, jasste anschliessend und sang mit ihnen beim Handorgelspiel. Trotz dieses Vorfalls hielt der Vertreter der Familie Hoffmann, der Dirigent Paul Sacher, an Janns Berufung fest. Jann begann seine Karriere bei Roche als Vizepräsident und Delegierter des Verwaltungsrats, ehe er 1965 als Nachfolger von Albert Caflisch als Präsident und Delegierter des Verwaltungsrats die Leitung aller zum Konzern gehörenden Gesellschaften übernahm. Ferner bekleidete er von 1970 bis 1975 in einer Doppelfunktion das Amt eines Delegierten des Verwaltungsrats der Zürich Versicherungs-Gesellschaft und wirkte in den Verwaltungsräten der Alusuisse und der ABB. Jann reiste auch als Chef von Roche oft nach Südafrika und blieb zeit seines Lebens mit Leitern südafrikanischer Unternehmen verbunden. 1978 trat Jann von seinen Ämtern bei Roche zurück und lebte bis zu seinem Tod 1983 in seiner Villa am Zürichberg. Es ist kein Geheimnis, dass ihn der schwere Giftunfall einer Roche-Fabrik bei Seveso noch in späteren Jahren schwer beschäftigte.

Zu Beginn der 1950er-Jahre nahm Südafrika einen markanten wirtschaftlichen Aufschwung. Mit dem Anstieg der Metallpreise nach dem Zweiten Weltkrieg profitierte namentlich der südafrikanische Bergbau von einer in diesem Land noch nie zuvor erlebten Beschleunigung der wirtschaftlichen Aktivität. Gold stand im Mittelpunkt der Minenindustrie, und Südafrika wurde zum führenden Goldproduzenten der Welt, eine Rolle, die das Land fast 50 Jahre lang beanspruchte. Mit Beginn des 21. Jahrhunderts wurde allerdings das Gold als führendes Bergbauprodukt durch das Platin ersetzt. Südafrika ist mit einem Anteil von zeitweise bis zu 80 Prozent der weltgrösste Platinproduzent. Daneben werden bis heute Steinkohle, Chromerz, Mangan, Eisenerz, Diamanten, Palladium, Uran, Asbest, Kupfer, Blei und Zink aus dem Boden gewonnen. Für das Wirtschaftsgefüge des Landes zeichneten und zeichnen auch heute noch in erster Linie private Unternehmen verantwortlich. Staatlich oder halbstaatlich organisiert blieben die Eisenbahnen, der Flugverkehr, der Betrieb der Seehäfen, das Fernmeldewesen, die Versorgung des Landes mit Elektrizität, die Stahlproduktion, die Herstellung von Öl aus Kohle und die Entwicklung der Phosphatindustrie.

Bereits Mitte der 1950er-Jahre entfiel rund ein Viertel des Aussenhandels Schwarzafrikas auf Südafrika, und das Land am Kap lieferte nahezu zwei Drittel der elektrischen Energie des gesamten Kontinents.

Bis Ende der 1950er-Jahre errang Südafrika den elften Rang unter sämtlichen Produzentenländern der Welt. Südafrika entwickelte sich immer rasanter zum «Powerhouse» der Wirtschaft für das übrige Afrika. Ausländische Investoren benützten Südafrika mit seiner beinahe an ein Industrieland mahnenden Infrastruktur zunehmend als Ausgangspunkt für Aktivitäten in den nördlichen Nachbarländern bis nach dem Kongo, Kenia und Tansania.

Noch 1930 lieferte Südafrika Waren im Wert von 36 Millionen Schweizer Franken an andere afrikanische Länder. 1956 hatten solche Exportgüter bereits einen Wert von 860 Millionen Franken. Demgegenüber standen Importgüter der übrigen afrikanischen Länder im Wert von 15 beziehungsweise 470 Millionen Franken.

Periodisch veröffentlichte Statistiken der südafrikanischen Notenbank illustrieren eindrücklich, wie zu jener Zeit das Engagement ausländischer Investoren in Südafrika jährlich an Gewicht gewann. 1956 erreichte die Gesamtsumme ausländischer Kapitalanlagen 1394,1 Millionen Pfund (1 Pfund entsprach damals 12 Schweizer Franken und 1 südafrikanischer Rand 6 Schweizer Franken). Demgegenüber erreichten die Kapitalanlagen Südafrikas im Ausland die Höhe von 405,0 Millionen Pfund. Mit einem Anteil von fast 62 Prozent oder 864 Millionen Pfund beanspruchte Grossbritannien traditionell als ehemalige Kolonialmacht den Löwenanteil, an zweiter Stelle folgten die USA mit einem Total von 170,6 Millionen Pfund, an dritter Stelle Frankreich mit 73,7 Millionen Pfund, im vierten Rang der Internationale Währungsfonds und die Weltbank mit 67,2 Millionen Pfund. Die Schweiz lag an fünfter Stelle mit 57,2 Millionen Pfund (13,2 Millionen Pfund als Staatspapiere oder Notes, 16,1 Millionen Pfund als Beteiligungen an Privatunternehmen und 27,4 Millionen Pfund als Obligationen von Privatunternehmen). Die Schweiz zählt noch heute zu den führenden Investoren in Südafrika, wurde allerdings in der Zwischenzeit von Deutschland, Japan und namentlich von China überholt.

Nach der Rückkehr aus Südafrika mussten Jann und Saager im Verwaltungsrat der Bank Bericht erstatten und wurden von diesem für das Ergebnis der Reise ausdrücklich gelobt.

Geschäfte mit den Oppenheimers und Gründung der Swiss-South African Association

Dieser ersten Reise 1950 folgten für Saager während 30 Jahren fast jedes Jahr weitere. Neben dem Besuch der Niederlassung der UBS in Johannesburg besuchte er regelmässig den Governor der Notenbank und den jeweiligen Finanzminister. Eine besondere Freundschaft verband ihn mit dem ersten Vertreter der UBS in Südafrika, Walter Zehnder, der als Sohn eines Generaldirektors bei der UBS zur gleichen Zeit wie Saager bei Hansford in London gearbeitet hatte, später mit seiner Familie in England Wohnsitz nahm und während des Weltkriegs als wichtige Verbindungsstelle für die Auslandbörse der UBS wirkte. Anfang der 1950er-Jahre übersiedelte Walter Zehnder nach Johannesburg und organisierte jeweils für Saager das Besucherprogramm in Südafrika.

In Johannesburg konnte Saager ausserdem mit seinen ehemaligen Schulkollegen Leni und Hans Byland die Freundschaft aus der Bezirksschule Lenzburg auffrischen. Hans Byland war kurz vor Ausbruch des Zweiten Weltkriegs nach Südafrika ausgewandert. Er leitete bis zu seiner Pensionierung die in der Zementindustrie des Landes führende Holderbankbeteiligung Anglo Alpha Ltd. Zudem gehörten zu seinen Besuchen auch Treffen mit dem Kölner Fritz Albert Zoellner, der samt Familie Ende der 1940er-Jahre ausgewandert war und vornehmlich in der Stahlindustrie mit einer eigenen Unternehmung in Südafrika, der Dunswart Iron & Steel Works Ltd., und als Vertreter deutscher Industriefirmen tätig war. Besuche bei Zoellners Schwager und ABB-Vertreter Achille Burgin zählten ebenfalls zu seinem Programm wie auch beim Financier Helly Lasch, der später der Schwiegervater von Nicky, dem einzigen Sohn der Oppenheimers, wurde.

Die erste Reise zusammen mit Adolf Jann war mit intensiven Verhandlungen am Geschäftssitz des Minenkonzerns Anglo American Corporation an der legendär gewordenen 44 Main Street in Johannesburg verbunden. Der von Friedberg in Hessen stammende Deutsche, später in England geadelte Sir Ernest Oppenheimer (1880–1957), damals Vorsitzender des Konzerns und vor dem Ersten Weltkrieg Bürgermeister der Diamantenstadt Kimberley, leitete persönlich die intensiven

Sitzungen mit den Vertretern der UBS für die Organisation der Finanzierung des Bergbauprojekts im Orange Free State.

Während einer Gesprächsrunde warf Saager als Mitglied des Zürcher Effektenbörsenvereins und im Interesse der Zürcher Börse die Möglichkeit einer Kotierung der Anglo- und De-Beers-Aktien an der Zürcher Börse mit neuem Firmensitz im damaligen Rhodesien auf, um die hohen englischen Steuern beim Londoner Börsenhandel zu umgehen. Ernest Oppenheimer flüsterte Saager jedoch auf Deutsch zu, unverständlich für die übrigen Sitzungsteilnehmer: «Die Idee ist zwar interessant, doch darf sie um Gottes Willen nicht verwirklicht werden, sonst verliere ich in England meinen Adelstitel als Knight.» Dieser Einwand brachte Saager auf die Idee, statt Aktien dieser und anderer ausländischer Gesellschaften Zertifikate mit Garantien der drei Grossbanken auszugeben, ein Instrument, das sich in den Folgejahren grosser Beliebtheit bei Anlegern erfreute. Im Verlauf der Reise besuchten die beiden UBS-Vertreter auch Gold- und Diamantenminen der Konzerne von Anglo und von De Beers und erkundigten sich vor Ort über die Aktivitäten und die Finanzlage dieser Gesellschaften. Daneben erholten sie sich und genossen an einem Wochenende in einer Lodge im Kruger National Park die prächtige Natur und die vielfältige Fauna Südafrikas.

Als Ernest Oppenheimer von Saager hörte, dass dieser einen Abstecher nach Kapstadt plante, empfahl er ihm, seinen Sohn Harry zu besuchen, der als Vertreter der liberalen Opposition im Parlament arbeitete und ab 1957, nach dem Tod seines Vaters, die Führung von Anglo American und De Beers übernahm. Harry diente im Zweiten Weltkrieg als Angehöriger von südafrikanischen Einheiten in der britischen Armee. Ein älterer Sohn von Sir Ernest war auf der Seite der Briten im Krieg gefallen. Nach Eintreffen in Kapstadt besuchte Saager Harry und dessen Gattin Bridget in einem nach aussen eher bescheiden anmutenden Haus zum Abendessen. Das Haus war mit prächtigen antiken Sammlerobjekten ausgestattet und verfügte über eine grosse Bibliothek mit alten Büchern. Das Sammeln antiquarischer Bücher, namentlich sehr früher Reiseschilderungen von Entdeckern und Abenteurern über den afrikanischen Kontinent, wurde zur grossen Leidenschaft Harrys, der damit in die Fussstapfen seines Vaters trat. Die Bibliothek erreichte mit der Zeit unter Kennern Weltruf. Die Sammlung ist heute in Brenthurst bei Johannesburg für jedermann zugänglich.

Harry F. Oppenheimer (1908–2000) und Saager stellten im Verlauf ihres Gesprächs fest, dass sie gleich alt waren, und waren sich von allem Anfang an sympathisch. Es entwickelte sich eine Freundschaft, die bis zu Saagers Lebensende währte und für ihn von unschätzbarem Wert war. Wie die meisten Schweizer empfand Saager eine besondere Zuneigung zu den namentlich von Holländern und Hugenotten abstammenden Buren. Im Burenkrieg identifizierten sich viele Schweizer mit den kleinen, von der Grossmacht des britischen Weltreichs angegriffenen Burenrepubliken. Saager hatte schon in seiner Jugend viel über die Kriegstaten der Buren gelesen und deren Mut bewundert. Er kannte und

Abb. 10: Harry F. Oppenheimer (1908–2000), Konzernchef der Anglo American Corporation und der De Beers Consolidated Mines Ltd.

verschlang die Schriften über die Taten der Burengeneräle. Auch die meisten in Südafrika wohnhaften Schweizer hegten grössere Sympathien für die Burenbevölkerung als für die englischstämmigen Einwohner. Der Graben nach den Burenkriegen zwischen den beiden weissen Bevölkerungsschichten Südafrikas und die zum Teil schrecklichen Folgen der kriegerischen Ereignisse und Gräueltaten in den von den Engländern für die Buren errichteten Konzentrationslagern, den ersten derartigen Einrichtungen der modernen Geschichte der Menschheit, waren in den 1940er- und 1950er-Jahren noch sehr präsent und rückten erst bei den Generationen nach 1960 in den Hintergrund. Selbst in England wurden diese Gefangenenlager für Zivilpersonen als schwarzer Fleck in der Geschichte des Königreichs vermerkt.

Von Harry Oppenheimer, Angehöriger der United Party, lernte Saager, gleichsam aus erster Hand, die Auffassungen der südafrikanischen Opposition kennen. Er hörte aus berufenem Mund von einer Politik, die in scharfem Gegensatz stand zur regierenden und mehrheitlich von den Buren oder Afrikaanern unterstützten Regierungspartei, der National Party. Dagegen hatte die United Party ihre Anhänger vorwiegend bei der englischsprachigen und eher liberal eingestellten Bevölkerung. Harry Oppenheimer, als bedeutendster Arbeitgeber des Landes, brachte vor allem das wirtschaftliche Moment als Argument gegen die von der National Party entworfene Apartheid in die Diskussion. Denn schon damals machte sich eine Unterentwicklung in Südafrika bemerkbar, die durch die Politik einer «getrennten Entwicklung» zwischen Weiss und Nichtweiss nicht bekämpft, sondern verstärkt wurde. Zwischen den verschiedenen Bevölkerungsgruppen herrschte ein grosses Gefälle in der Ausbildung und in den Lebensbedingungen.

Die National Party unter geistiger Führung des strengen Dogmatikers und späteren Ministerpräsidenten Hendrik Verwoerd sowie der Nederduitse Gereformeerde Kierk meinten, die industrielle Entwicklung der weissen Minderheit im Land vorbehalten zu können. Als gleichsam von Gott auserwähltes Volk glaubten viele Buren, die Schwarzen wie Kinder führen zu müssen, sie in ihrer eigenen Kultur einzuschränken und sie von der Zivilisation der Europäer fernzuhalten. Demzufolge

Abb. 11: Harry Oppenheimer giesst den ersten Goldbarren aus dem Bergbau der Anglo American Corporation im Freistaat.

wurde in der weiteren Entwicklung mit einer rasch wachsenden Bevölkerung die Ausbildung bei der schwarzen Mehrheit der Einwohner während Jahrzehnten vernachlässigt. Zudem war der Wettbewerb in der Wirtschaft des Landes eingeschränkt, und die schwarze Bevölkerung wurde durch Zwangsumsiedlungen aus Wohngebieten und aus Farmländereien verjagt, sodass ein schöpferisches Potenzial an Ideen und Energien im Keim erstickt sowie politische und rassistische Ideen verankert würden, was in den kommenden Jahrzehnten schmerzhafte Konflikte verursachte. Noch heute leidet das Land an dieser 45-jährigen Privilegierung der weissen Bevölkerung und Vernachlässigung der Berufsbildung der Schwarzen und Coloureds. Wohlverstanden wurden die Schwarzen Südafrikas schon vor der Apartheid-Ära diskriminiert. Die Buren wollten konträr zur Emanzipation der Schwarzen in den USA oder zur Dekolonisation Afrikas diesen Zustand konsolidieren.

Als leidenschaftlicher Kritiker der Apartheid öffnete Harry Oppenheimer Saager die Augen für die Missstände im Land. Später sollte noch ein anderer führender Industrieller des Landes, Anton Rupert (1916–2006), Saager die negativen Folgen der Apartheid darlegen und die katastrophalen und menschlichen Ungerechtigkeiten dieser Politik geisseln. Der Konflikt zwischen der Sympathie für die Buren einerseits und den von der Vernunft geleiteten Überlegungen, dass Südafrika ohne die Integration der nicht weissen Bevölkerung in die Wirtschaft und die Verleihung von politischen Rechten für alle zum Scheitern verurteilt sein würde, beschäftigten Saager zeitlebens. Jedenfalls blieb Saager entschiedener Anhänger der Schaffung einer freiheitlichen Ordnung in Südafrika auf dem Weg des Dialogs. Er hielt nichts vom Versuch, die weisse Minderheit im Land auf dem Weg der Isolierung, des Boykotts, mit Sanktionen und sogar mit einem bewaffneten Aufstand zu bezwingen. Nach Saagers Überzeugung konnte man allein mit einer festeren Bindung an die liberale Wirtschaftsordnung der westlichen Welt und im Dialog mit den Entscheidungsträgern des Landes die weisse Minderheit von ihrem Irrweg abbringen. Insbesondere musste man den Weissen gemäss Saager nahelegen, dass das ganze Land dank einer Einbindung der nicht weissen Mehrheit und deren möglichst weit gefassten Berufsausbildung von einem verschärften Wettbewerb profitieren werde. Sowohl im Ausschluss der rasch wachsenden Mehrheit der Bevölkerung vom formellen Sektor als auch in der Militanz in den Arbeitsbeziehungen erkannte er wachsende Gefahren für das Land und Ursachen für bürgerkriegsähnliche Unruhen.

Die Apartheid-Politik mit ihrem rassistischen und diskriminierenden Anstrich hatte in Europa besondere Aufmerksamkeit erregt. Der Kontinent mit seinen Städten befand sich nach dem Krieg mit Hitlerdeutschland noch weitgehend in Schutt und Asche, und erst jetzt waren Anzeichen eines Wiederaufbaus wahrzunehmen. Namentlich kirchliche Organisationen protestierten gegen die Umsiedelung schwarzer Bevölkerungskreise und die Einschränkungen für die schwarzen, farbigen und indischstämmigen Arbeitnehmer im beruflichen und sozialen Alltag. Selbst in den Ratssälen des eidgenössischen Parlaments wurde Südafrika spätestens nach dem Sharpeville-Massaker von 1960, als weisse Polizisten 69 unbewaffnete Demonstranten erschossen, zu einem beherrschenden Thema der Aussen- und Wirtschaftspolitik. In diesem Umfeld wurde in Kreisen der Schweizer Wirtschaft das Bedürfnis laut, die Vorgänge in Südafrika und das Verhalten der Schweizer Unternehmen im Rahmen von Veranstaltungen und Publikationen möglichst objektiv darzustellen, aber auch ihre Interessen als Investoren in Südafrika gegenüber Kritikern in der Öffentlichkeit zu wahren.

Ab 1953 beschäftigten sich Schweizer Unternehmer, die in Südafrika tätig waren, mit der Idee, eine Handelskammer ins Leben zu rufen. Der Zürcher Rechtsanwalt Willy Staehelin (1917–1996) versuchte die gemeinsamen Interessen dieser Firmen im Schoss eines Vereins zu bündeln. Während der folgenden Jahre erörterte er seinen Plan mit Adolf Jann und Bruno Saager sowie mit dem Anwaltskollegen Louis Gutstein (1903–1990). Gutstein war zusammen mit seiner langjährigen Lebenspartnerin mit den Familien Saager und Jann geschäftlich und freundschaftlich verbunden. Auch Eberhard Reinhardt (1908–1977), Generaldirektor der Credit Suisse und ehemaliger Direktor des Eidgenössischen Finanzdepartementes, versuchte Staehelin von der Idee einer Vereinsgründung zu begeistern sowie auch Albert Charles Nussbaumer (1893–1967), Generaldirektor des Schweizerischen Bankvereins.

Staehelin trat in Kontakt mit Ernst Rudolf Froehlich (1892–1984), Generaldirektor der Schweizerischen Rückversicherung, und mit Vertretern der Schweizer Industrie, darunter vor allem mit dem Hauptinvestor der Schweiz in Südafrika, Ernst Schmidheiny (1902–1985), damals Verwaltungsratspräsident der Zementholding Holderbank Financière SA, heute Holcim beziehungsweise LafargeHolcim, mit Alfred Schindler, Verwaltungsratspräsident der Schindler AG, der bereits 1948 eine Verkaufsstelle in Südafrika eingerichtet hatte, mit Georg Sulzer (1909–2001), Verwaltungsratspräsident der Gebrüder Sulzer AG, mit Dieter Bührle, Leiter des Bührle-Konzerns, mit Etienne Junod, Generaldirektor von Roche, und mit T. Waldesbühl, Generaldirektor der Nestlé SA.

Gleichzeitig mit den Bestrebungen von Staehelin befassten sich auch Jann und Saager mit der Möglichkeit der Gründung einer Handelskammer, erörterten das Thema mit Jack E. Holloway, späterer Botschafter für Südafrika in London. Im Verlauf weiterer Gespräche gelangten die Initianten des zu gründenden Vereins zur Lösung, keine eigentliche Handelskammer mit entsprechendem Angebot an Dienstleistungen aufzubauen, sondern in einem ersten Schritt eine Vereinigung mit dem Zweck zu schaffen, freundschaftliche Beziehungen zwischen Persönlichkeiten aufzubauen und zu vertiefen, die auf kulturellem und wirtschaftlichem Gebiet in der Schweiz und in Südafrika tätig waren. Dank einer solch allgemein formulierten Fassung der Statuten wollte man die Freundschaft zwischen den beiden Ländern vertiefen und fördern.

Am 30. November 1956 wurde die Swiss-South African Association in der damaligen Rotonde des Grand Hotels Dolder in Zürich aus der Taufe gehoben. 42 Personen waren an der festlichen Versammlung anwesend, 30 Vertreter von Firmen, 12 Einzelpersonen und 9 geladene Gäste aus Presse und Politik, unter ihnen Regierungsratspräsident Ernst Vaterlaus, Stadtpräsident Emil Landolt und höhere Bundesbeamte. Der Anwalt Willy Staehelin hielt die Eröffnungsrede, und die Versammlung wählte Adolf Jann zu ihrem ersten Präsidenten. Als Vizepräsidenten stellten sich zur Verfügung: Anwalt Staehelin, der kurz darauf von der südafrikanischen Regierung zum Honorarkonsul ernannt wurde, Alfred Schindler, Leiter des Schindler-Konzerns in Ebikon, und Ernst Froehlich, Generaldirektor der Schweizer Rück. Die Beteiligung führender Vertreter der Privatwirtschaft im Vorstand und als ordentliche Mitglieder illustriert auch die Bedeutung dieses neu gegründeten Vereins. Denn abgesehen vom Potenzial Südafrikas, das noch in den Anfängen der Industrialisierung steckte, lockte ein Ausbau der Geschäftstätigkeit dieser Unternehmen in einem Land mit einer stark wachsenden Bevölkerung. Zur «Chefsache» wurde das Thema Südafrika nicht nur wegen der politischen Auseinandersetzungen um die Apartheid, sondern weil man auch in Kreisen der Wirtschaft die Meinung vertrat, die Öffentlichkeit in unserem Land würde allzu stark von links gerichteten und kirchlichen Kreisen beeinflusst, und deshalb mit dem Verein den Dialog auf objektivere Grundlage stellen konnte.

Ausserdem hatte Südafrika in Zeiten des Kalten Kriegs für die Wirtschaft und das Militär der westlichen Welt eine gegenüber heute ungleich grössere strategische Bedeutung im Vergleich zum Reichtum, der im Boden in Form von Metallen und Mineralien ruhte. Die Fahrt um das Kap der Guten Hoffnung war für Schiffe wie grössere Tanker und Flugzeugträger, die nicht durch den Suezkanal fahren konnten, von existenzieller Bedeutung. Von 1967 bis 1975 wurde der Suezkanal wegen des Sechstagekriegs zwischen Israel, Ägypten, Jordanien und Syrien sogar gesperrt. Wer die Südspitze Afrikas beherrschte, sicherte auch im Kalten Krieg die freie Schifffahrt als Lebensader für die westliche Welt zwischen dem Atlantik und dem Indischen Ozean.

Diese Stellung wurde bis zum Ende des Kalten Kriegs von der Sowjetunion mit ihren Satellitenstaaten Kuba und Deutsche Demokratische Republik bedroht, die in Nachbarstaaten wie Botswana, Sambia, Angola und Mosambik personell überdimensionierte Botschaften und Wirtschaftsvertretungen unterhielt und die Kader der politischen Opposition Südafrikas durch militärische und wissenschaftliche Ausbildung an der Lumumba-Universität in Moskau mit kommunistischen Lehren indoktrinierte. In Angola wurde während des Kalten Kriegs zwischen 1975 und 2002 sogar ein heisser Stellvertreterkrieg geführt mit Truppen aus dem Ostblock und Kuba auf der einen und Apartheid-Südafrika auf der anderen Seite.

Adolf Jann sollte allerdings das Präsidium nur für sieben Jahre ausüben. 1963 gab er nach dem 1957 erfolgten Wechsel von der UBS zur Roche diese Funktion ab. Nachfolger wurde Georg Sulzer (1909–2001), Vorsitzender des Sulzer-Konzerns, der die Geschichte der Vereinigung bis zu seiner Pensionierung bei Sulzer 1984 leitete. 1984 trat Anton Schrafl (1932–2013), Mitglied der Geschäftsleitung von Holcim und 2000 Nachfolger von Willy Staehelin als Honorarkonsul von Südafrika von 1957 bis 1996, das Präsidium der Swiss-South African Association an und leitete die Geschicke der Vereinigung bis 2006. Er war 2003 massgebend an der Fusion der Swiss-South African Association mit der Wirtschaftskammer Schweiz-Südafrika beteiligt, die seither als Nachfolgeorganisation den Namen SwissCham Southern Africa trägt.

Saager wirkte seit 1954 als stellvertretendes und seit 1957 als volles Mitglied der Generaldirektion der UBS und war verantwortlich für den ganzen Finanzbereich, in dem auch das Wertschriftengeschäft der Bank zusammengefasst war. Mit ihm wurden Viktor Zoller und Werner Fankhauser zu Generaldirektoren ernannt, während Albert Rösselet schon 1955 zum Generaldirektor befördert wurde. Fankhauser musste jedoch bereits 1959 wieder aus der UBS ausscheiden, da er beim Skandal um die Papier St. Moritz an der Börse zu seinem privaten Vorteil Geschäfte getätigt hatte. Saager nahm mit der Gründung der Swiss-South African Association Einsitz im Vorstand, neben den genannten Vizepräsidenten, zusammen mit Vertretern der anderen zwei Grossbanken, ferner mit den Industriellen Anton E. Schrafl, Dieter Bührle, Georg Sulzer, Ernst Schmidheiny und Gérard Bauer von der Fédération Horlogère. Saager benützte seine zahlreichen Geschäftsbeziehungen, um Gastreferenten für die Anlässe der Vereinigung aus der südafrikanischen Wirtschaft zu gewinnen, so Harry Oppenheimer (Anglo American/De Beers), Anton Rupert von der Remgro-Gruppe, den ehemaligen Finanzminister und späteren Staatspräsidenten Nicolaas Diederichs, Sidney Spiro von der Anglo-American-Gruppe und Mike Rosholt, Konzernleiter der Barlow Rand Corporation.

Saager machte sich ausserdem als Eintreiber von Geldern zugunsten der Vereinigung einen Namen, wenn diese neue finanzielle Unterstützungen benötigte. So telefonierte er einfach den Kollegen der anderen zwei Grossbanken und erklärte ihnen, die UBS zahle einen bestimmten Betrag von mehreren Tausend Franken zugunsten der Vereinigung ein, und zwar mit einer derart kategorischen Wortführung, dass der Credit Suisse und dem Schweizerischen Bankverein nichts anderes übrig blieb, als einen ähnlichen Betrag einzuzahlen. In gleicher Weise setzte er sich später hinter den Kulissen dafür ein, dass nicht der nach seiner Meinung für diesen Posten weniger geeignete Anwalt und langjährige Sekretär der Vereinigung, Ernst Theodor Meier (1920–1988), Nachfolger von Sulzer als Präsident der Swiss-South African Association wurde, sondern dank Saagers Initiative Anton E. Schrafl. Er telefonierte kurzerhand mit Schrafl und bat ihn, das Präsidium zu übernehmen, und dieser sagte sofort zu. Mit dieser Taktik überrannte er die Ambitionen Meiers, bevor dieser überhaupt seine Kandidatur offiziell ankünden konnte.

Freundschaft mit Anton Rupert
Die Aktivitäten Saagers in Südafrika erhielten einen weiteren Schub, als Anfang der 1960er-Jahre, auf Empfehlung des Zürcher Anwalts Max Ehrbar, der südafrikanische Industrielle Anton Rupert (1916–2006) Saagers Büro aufsuchte. Rupert diskutierte mit Saager die Idee, die finanziellen Transaktionen für den Aufbau des Konzerns im Ausland bei der UBS abzuwickeln. Nach dem Zweiten Weltkrieg hatte Rupert sein Imperium aus kleinsten Anfängen aufgebaut.

Im Verlauf der nun folgenden Kontakte war Anton Rupert, oft zusammen mit seinem Partner und Co-Gründer, Dirk Willem Ryk Hertzog, an Sitzungen bei der UBS in Zürich und in privatem Rahmen zu Hause bei den Saagers in Küsnacht. An diesen Sitzungen wurde die Entwicklung der von Rupert kontrollierten Unternehmen erörtert. Hertzogs Vater war der berühmte Burengeneral und Premierminister James Barry Munnik Hertzog und Vetter des am äussersten rechten Flügel mit seiner von ihm gegründeten Herstigte National Party politisierenden Postministers Albert Hertzog. Dirk Willem Ryk Hertzog hatte die in den 1940er-Jahren gegründete Distillers Corporation geleitet, in der noch heute die Wein- und Spirituosenbeteiligungen der Remgro-Gruppe zusammengefasst sind.

Insbesondere die Erweiterung der Geschäftstätigkeiten der 1954 von Rembrandt Tobacco mehrheitlich erworbenen Rothmans-Tabakgruppe war Thema der Gespräche. 1958 erwarb Rembrandt die Tabakgruppe Carreras, die ihrerseits 1967 mithilfe Saagers schrittweise und heimlich die Mehrheit von an der Londoner Börse gehandelten Unternehmen kontrollierte, darunter die Alfred Dunhill Ltd. Rupert erzählte später, dass er wohl einige Zeit zuvor Saager darauf aufmerksam machen hatte, bestimmte Gesellschaften in seinen Konzern zu integrieren. Saager nahm mit einem Handschlag die Aufträge an und kaufte heimlich die Aktien von Unternehmen an der Londoner Börse. Nach mehreren Monaten rief er Rupert an mit der Bemerkung, «they are yours». Rupert bekannte nach vielen Jahren im privaten Gespräch, er sei mit diesem Bescheid Saagers beinahe vom Bürostuhl gefallen und habe während der ganzen Nacht mit seiner Frau Huberte diskutiert, wie wohl die nötigen

Abb. 12: Saager mit Anton E. Rupert (1916–2006), Gründer und Konzernchef der weltweit tätigen südafrikanischen Remgro-Gruppe.

Mittel für die Käufe zusammengebracht werden könnten. Doch fand Saager Mittel und Wege, um mithilfe von Bankkrediten die Käufe abzuschliessen. Für einige Jahre war Saager denn auch als Finanzberater Mitglied des Verwaltungsrats bei Rothmans. Zwischen den späten 1970er-Jahren und heute wurden in diesem Unternehmen 3500 Luxusprodukte entweder erworben oder entwickelt und mehr als 20 Ladengeschäfte in der ganzen Welt eröffnet.

Zwischen Rupert und Saager entwickelte sich eine enge Freundschaft, und Saager liess sich zunehmend von der politischen Auffassung Ruperts überzeugen, dass allein auf dem Weg der Integration der nicht weissen Bevölkerung in Politik und Wirtschaft Ruhe und Ordnung im Land einkehren würden. Neidlos bekannte einmal Pio Eggstein, langjähriger Vertreter der Credit Suisse in Johannesburg, Saager sei wohl der einzige Schweizer, der sowohl mit Harry Oppenheimer als auch mit Anton Rupert freundschaftlich verbunden sei. Die politische Haltung Ruperts war umso bemerkenswerter, als er als Abkömmling einer Burenfamilie in Opposition zur herrschenden National Party stand und sich auch in der Öffentlichkeit in Wort und Schrift für eine Abkehr von der Apartheid einsetzte.

Ruperts Leitgedanke beim Aufbau seines Weltkonzerns war immer die Integration einheimischer Investoren und Industrieller in die Unternehmung. In der Schweiz wie auch in Deutschland und den Niederlanden sowie in asiatischen Ländern wurden Tabakfirmen in den Rembrandt-Konzern integriert, mit dem Resultat, dass die Gruppe zum weltweit viertgrössten Tabakkonzern avancierte. In steigender Zahl wurden neben Tabakfirmen auch Unternehmungen übernommen, die im Luxusgüter- und Uhrenbereich tätig waren, so unter anderem Piaget, Baume & Mercier, Cartier, International Watch Company (IWC) in Schaffhausen, Jaeger-Le Coultre, Van Cleef & Arpels und Chloé.

Dank einer Struktur, mit einer Beteiligung von bis zu 50 Prozent des Aktienkapitals von lokalen Eigentümern, mit dem von Rupert verwendeten Begriff «Leadership through Partnership», sicherte er sich in jedem Land die Zugehörigkeit des Konzerns zum betreffenden Wirtschaftsleben und gleichzeitig die Aufteilung der Geschäftsführung. Die nicht in Südafrika beheimateten Unternehmen wurden 1988 in eine Schweizer Holding mit Namen Richemont zusammengefasst. Mit dem sich laufend verschlechternden Image der Tabakindustrie als Verursacherin von Lungenkrebs und Kreislauferkrankungen löste sich die Remgro-Gruppe in den 1990er-Jahren von ihren Tabakbeteiligungen. Diese wurden an die British American Tobacco verkauft im Tausch gegen Aktien dieses Konzerns. Rupert wurde jedoch diese Strukturveränderung seines Konzerns nicht leicht gemacht. Er wehrte sich in Wort und Schrift gegen diese Verunglimpfung des Tabakkonsums und beschäftigte sich sogar mit dem Gedanken, aus Südafrika auszuwandern, als selbst sein Heimatland damit begonnen hatte, mit einschneidenden Gesetzen das Rauchen einzudämmen.

Die Verbindungen der UBS zu Rupert wurden nicht eingestellt, als sich Saager vom aktiven Geschäft zurückzog: Der Nachfolger Saagers bei vielen Bankbeziehungen, Nikolaus Senn, späterer Präsident des Verwaltungsrats der UBS, wirkte sogar für einige Jahre als Präsident des

Verwaltungsrats von Richemont. Saager entwickelte ausserdem zusammen mit Rupert in den 1970er-Jahren ein Finanzinstitut mit dem Ziel, Unternehmen im südlichen Afrika ausserhalb von Südafrika mit günstigen, privaten Krediten zu unterstützen. Als Geschäftsleiter der Firma EDESA Finanz AG, eine eigentliche privatrechtliche Entwicklungsbank, stellte sich mit René Gerber ein ehemaliger Mitarbeiter von Saager bei der UBS zur Verfügung. Gerber stellte in der Folge dank zahlreicher Reisen in rund 30 Länder, namentlich nach Sambia, Namibia, Malawi, Botswana, Lesotho, Simbabwe und Westafrika, Unternehmen finanzielle Mittel in Form von günstigen Krediten zur Verfügung. Saager übernahm das Präsidium im 18-köpfigen Verwaltungsrat. Diesem gehörte auch der Zürcher Rechtsanwalt Max Ehrbar an, der seinerzeit Rupert bei Saager am Sitz der UBS an der Bahnhofstrasse eingeführt hatte. Saager gelang es zusammen mit Rupert, dank deren guten Beziehungen mit europäischen, amerikanischen und südafrikanischen Gesellschaften, die EDESA mit grösseren Beträgen ausreichend zu dotieren.

Zu den 22 Unternehmen, die ab 1972 neben der UBS Gelder zur Verfügung stellten, gehörten die Deutsche Bank, die Dresdner Bank, Barclays Bank, die Anglo American Corporation, die Amsterdam-Rotterdam Bank NV, die Bank of Montreal, Daimler-Benz, Ford Motors Company, General Motors, IBM, Credit Bank Luxembourg, Union Castle und Universal Leaf Tobacco. Als Beispiel für die guten Beziehungen Saagers zur Finanzwelt ist die spontane Reaktion von Hermann Abs, Vorsitzender des Aufsichtsrats der Deutschen Bank, zu nennen, als ihm Saager das Projekt erläuterte und sich Abs ohne zu zögern für eine Mitbeteiligung der Deutschen Bank entschied. Zum Mitglied des Verwaltungsrats der EDESA wurde auch Prof. Karl Schiller gewählt, ehemaliger Finanz- und Wirtschaftsminister der Bundesrepublik Deutschland. Mitte der 1980er-Jahre unterstützte die EDESA 43 Projekte in 24 afrikanischen Ländern. Geschäftssitz der Gesellschaft war die Hauptstadt Harare in Simbabwe. Allerdings entwickelten sich dort zunehmend Probleme mit der diktatorisch auftretenden Regierung von Robert Mugabe. 1997, nach dem Ende der Apartheid-Ära, beendete die EDESA ihre Geschäftstätigkeiten.

Die Freundschaft zwischen Rupert und Saager blieb bis zum Tod Saagers bestehen. Immer wieder bat Rupert Saager um Rat, wenn es um internationale Finanzgeschäfte in seinem Konzern ging. Zum Sohn Hansjürg bemerkte Rupert einmal nach einem alljährlich privaten Treffen in Südafrika, wenige Monate vor seinem eigenen Ableben, zum Abschied: «Vergiss bitte nie, dein Vater war einer meiner besten Freunde, die ich in meinem Leben kennenlernte.»

Betrieb von Farmen in Afrika
Bruno Max Saagers Unternehmergeist war nicht auf seine Tätigkeit bei der UBS beschränkt. Er fand auch Gefallen an Landwirtschaft und Weinbau. Als Eigentümer der Schweizer Firma AG für Plantagen wurde Saager 1980 auf Hinweis und Empfehlung seines Freundes Anton Rupert auf den Kauf und den Ausbau des Weinguts Eikendal aufmerksam gemacht. Als genauer Beobachter des Börsengeschehens war Saager immer an Nebenwerten interessiert, deren Bilanzen und Geschäftstätigkeiten er regelmässig studierte und bei denen er oft interessante Beteiligungsmöglichkeiten entdeckte. So war ihm schon Ende der 1940er-Jahre eine 1909 gegründete schweizerisch-holländische Gesellschaft namens N. V. Cultuur Matschappij Indragiri mit Sitz in Amsterdam aufgefallen, mit Aktivitäten im ehemaligen ostindischen Kolonialreich der Niederlande. Zweck der Gesellschaft war der Betrieb von Gummi- und Gambirpflanzungen, der Verkauf und Vertrieb von Pflanzungserzeugnissen sowie der Betrieb einer Schifffahrt. Zur Gesellschaft gehörten von Anfang an zahlreiche prominente Schweizer, als ihr erster Präsident fungierte Theophil von Sprecher, der spätere Generalstabschef der schweizerischen Armee im Ersten Weltkrieg.

1942 wurden die beiden Plantagen in Sumatra durch das japanische Militär besetzt. Die beiden Dampfboote der Gesellschaft auf dem Indragiri-Fluss fielen den Kriegswirren zum Opfer. Nach dem Krieg gelang es der in Sumatra verbliebenen Schweizer Betriebsleitung, die Pflanzungen wieder instand zu stellen und die Rohgummiproduktion wieder aufzunehmen. 1953 hatte die Indragiri mit einer Eingabe an den Bundesrat die Wiedergutmachung der während der japanischen Besetzung erlittenen

Schäden beantragt. Saager erkannte das Gewinnpotenzial der im Fall eines erfolgreichen Abschlusses der Wiedergutmachungsverhandlungen mit Japan zu jener Zeit stark unterbewerteten Indragiri-Aktien. Er kaufte schrittweise ab Beginn der 1950er-Jahre die Aktienmehrheit der Gesellschaft, später unter Zuzug seines langjährigen New Yorker Geschäftsfreundes Walter Floersheimer. 1956 wurde Saager in den Verwaltungsrat der Indragiri gewählt und präsidierte dieses Gremium von 1964 bis 1988.

Ab 1955 gingen die Zahlungen der Japanschäden-Kommission ein und wurden für die 1957 erworbene Kaffeepflanzung Kibo Estate im damaligen Tanganjika und heutigen Tansania bei Moshi verwendet. Saager erkannte früh die politische und wirtschaftliche Unzuverlässigkeit der Sukarno-Regierung in Indonesien und verlagerte die Geschäftstätigkeit in das nach seiner Ansicht wirtschaftlich zuverlässigere und stabilere Tansania. 1959 mussten denn auch die Plantagen an den neuen Staat Indonesien verkauft werden.

Gleichzeitig wurde der Name der Gesellschaft in AG für Plantagen umgewandelt und der Zweck der Unternehmung als Holdinggesellschaft definiert. Als gleichwertiger Partner im Aktionariat stand Saager Walter Floersheimer zur Seite, eine enge Freundschaft entstand, die sich in den Jahren des Kampfs um Interhandel bewährt hatte. Daneben gründeten die beiden die Substantia AG für Finanzierungen und Beteiligungen, eine Holdinggesellschaft, deren Eigentum am Aktionariat hälftig aufgeteilt wurde. Nach dem Ableben Floersheimers Ende der 1970er-Jahre trat sein Sohn Stephan in die Fussstapfen des Vaters, bis zu Beginn der 1980er-Jahre die Familie Saager die AG für Plantagen auf gütlichem Weg vollständig übernahm und das Vermögen der Substantia unter beiden Familien hälftig aufgeteilt wurde.

Schon in den ersten Jahren der Betriebsübernahme in Tansania konnten dank hoher Erträge die Kaffeefabrik erweitert und modernisiert, Bewässerungsanlagen eingerichtet, die Wohnsiedlungen der Angestellten mustergültig saniert und die Löhne und Saläre der Mitarbeiter erhöht werden. 1960 wurde der Kauf einer weiteren Kaffeepflanzung, der Uru Estate Ltd., auf 1800 Metern Höhe, an den Abhängen des Kilimandscharo gelegen, mit hohem Qualitätspotenzial der Sorte Arabica realisiert. 1963 folgte der Kauf einer weiteren Kaffeepflanzung, der Kikafu Estates, auf geringerer Meereshöhe gelegen. Damit wurde die Gesellschaft zum zweitgrössten Kaffeeproduzenten des Landes. Der Erwerb der Kaffeefarmen erwies sich in den Anfangsjahren als ausserordentlich erfolgreich. Die Betriebe lieferten nicht nur hohe Erträge, sondern auch hohe Dividenden von jeweils 15 Prozent an die Aktionäre, sodass auch der Ausbau der Farmen zügig vorangetrieben werden konnte.

Saager hatte mit seinen reichen Erfahrungen in der Landwirtschaft aus der Jugendzeit einmal mehr die richtige Nase dafür, dass die Gegend um den Kilimandscharo mit ihrer zumeist reichen vulkanischen Erde beste Voraussetzungen für die Agrarerzeugung jeder Art bietet. Noch heute könnte diese Region einen wertvollen Beitrag zur Behebung von immer wieder auftauchenden Hungersnöten in Afrika liefern, die oft wegen allzu kurzsichtiger Misswirtschaften entstehen.

Als sich die Gelegenheit bot, von einem amerikanischen Farmer zwei Weizenfarmen in West Kilimandscharo, nahe der Grenze zu Kenia und an den dortigen Amboseli-Wildpark anstossend, zu erwerben, zögerte Saager nicht lange und kaufte im Namen der AG für Plantagen 1964 die Weizenfarm Poverty Gulch und ein Jahr später die benachbarte Simba-Farm. Damit besass die Gesellschaft ein Gesamtareal von rund 30 Quadratkilometern, von denen dank der fruchtbaren Erde zweimal im Jahr Ernten von total bis zu 2600 Tonnen Weizen eingebracht werden konnten. Die Gesellschaft wurde damit zum grössten Weizenproduzenten Tansanias und erwirtschaftete über ein Viertel der gesamten Produktion des Landes.

Die ganze Familie Saager benutzte die Farmen, die von einer phantastischen Landschaft mit einer reichen Tierwelt umgeben waren, auch für Ferien. Der Aufenthalt auf den Farmen ermöglichte den Söhnen Einblick in das grosse Potenzial, das die reiche afrikanische Erde für die Ernährung der ganzen Menschheit bietet. Doch auch die Fehlentwicklungen der Zivilisation und die daraus entstandene Armut für ganze Landstriche konnten sie hautnah beobachten. Der Erstgeborene der zwei Söhne von Bruno Max, Rudolf (Ruedi) Saager, der sich als Geologe an der ETH in Zürich ausbildete und nach mehreren Jahren Feldarbeit in Südafrika und Kanada an den Universitäten von Heidelberg und Köln sowie an der ETH Zürich dozierte, verbrachte mehrere Monate in Tansania und übernahm für einige Jahrzehnte das Amt eines Delegierten des Verwaltungsrats der AG für Plantagen. Zu den Besuchern der Farmen zählten auch die engsten Mitarbeiter von Saager bei der UBS, die ebenfalls dem Verwaltungsrat der AG für Plantagen und der Substantia angehörten, wie Nikolaus Senn und Richard Schait.

Mit den Besitzern der benachbarten Weizenfarmen pflegte man eine enge Freundschaft, feierte gemeinsam die hohen Feiertage in einem der Güter mit grossen Grillpartys, hie und da im dunkeln Busch sogar heimlich von Löwen beobachtet, die, angelockt von den Bratendüften, warteten, bis die Gäste das Lagerfeuer verlassen hatten. Mit leisem Grauen hörte man später zu Hause vom Gastgeber am Telefon, dass nur wenige Minuten nach dem Ende der Party die Löwen auf dem Grillplatz erschienen und die Fleischreste frassen. Die Nachbarn, meist britische Gentlemen-Farmer, zum Teil mit Privatflugzeug ausgerüstet, bevorzugten jeweils den Einkauf mit einem Flug nach Nairobi, was natürlich weit attraktiver war als das «Shopping» im nahen Moshi oder Arusha. Zu diesen Nachbarn zählte auch der Südafrikaner Petrus Hendrik Hugo, der in der Battle of Britain zu denjenigen Piloten zählte, die mit ihrer Hurricane und später mit der Spitfire die häufigsten Abschüsse verzeichneten. Als Kriegsheld wurde Hugo in den 1960er-Jahren zur Premiere des englischen Kriegsfilms *Battle of Britain* als Ehrengast nach London eingeladen. Hugo war eines Tages so verwegen, mit seinem Flugzeug vor dem einstöckigen Farmhaus der Simba-Farm derart tief vorbeizufliegen, dass er ins Frontfenster des Wohnzimmers hinein- und gleich wieder aus dem Fenster der Rückwand hinausblicken konnte. Auch sonst sorgten die damals noch jungen Farmer aus West Kilimandscharo in Ostafrika nach der Rückkehr aus dem Weltkrieg für Aufsehen, wenn sie in Nairobi im Hotel Norfolk und in der dortigen legendären Delaware Bar ihr Unwesen trieben.

Doch alsbald zogen für die AG für Plantagen nach erstaunlichen An-

Abb. 13: Mit Jagdtrophäe auf der Getreidefarm in West Kilimandscharo, Tansania.

fangserfolgen erste Wolken am Horizont auf, die auch Saager nicht voraussehen konnte. Noch im Mai 1965 schloss Tansania mit der Schweiz ein Investitionsschutzabkommen ab und ermunterte als aktiven Entwicklungsbeitrag parallel dazu zu ausländischen Investitionen. Doch wie ein Blitz aus heiterem Himmel schlug 1967 die Botschaft von Staatspräsident Julius Nyerere ein, im Rahmen der «Arusha Declaration» einen afrikanischen Sozialismus nach chinesischem Vorbild zu verwirklichen. Konkret hiess dies, dass die Regierung umgehend die Verstaatlichung wichtiger Wirtschafts- und Industriezweige anordnete.

Saager pflegte mit seinen Farmbesuchen oft auch einen Abstecher nach der Hauptstadt Dar es Salaam zu verbinden. Dort besuchte er vor allem Edwin Mtei, Gouverneur der Notenbank von Tansania. Mtei beteuerte bei dieser Gelegenheit regelmässig, dass Tansania auf keinen Fall weitere Nationalisierungen beschliessen werde, da dem Land dazu einfach die finanziellen und personellen Mittel fehlten. Hohe Beamte des

Finanzministeriums wiesen ausserdem darauf hin, dass gerade Investitionen aus der Schweiz, einem neutralen Land ohne koloniale Vergangenheit, besonders willkommen seien.

Umso grösser war der Schock für Saager, als er vernahm, dass am 22. Oktober 1973, ohne irgendwelche Vorwarnungen und ausgelöst durch den damaligen Premierminister Kawawa, die drei firmeneigenen Kaffeeplantagen in einer Nacht- und Nebelaktion enteignet wurden. Dies notabene, ohne dass die Frage der Entschädigung überhaupt zur Sprache kam. Das Vorgehen wurde von der Regierung hinterher mit dem für sie legitimen Landhunger der Bevölkerung begründet. Die tansanische Regierung zog bei dieser Aktion keine Fachleute bei. So fügte man den vorher als Musterfarmen geltenden Betrieben gewaltigen Schaden zu. Weder konnte Qualität oder Quantität der Ernten gehalten werden, noch konnten die unerfahrenen neuen Führungskräfte die Arbeitsplätze sichern.

Edwin Mtei, der die Massnahme in der Öffentlichkeit kritisierte, wurde abgesetzt und verschwand in der Versenkung. Ironie des Schicksals: Rund sechs Jahre später offerierte das Land der AG für Plantagen die Farmen zum Wiederkauf. Doch Saagers Vertrauen in die Regierung von Tansania war verspielt. Er lehnte die Offerte mit dem Argument ab, selbst wenn er der herrschenden Regierung mit ihrer Beteuerung des Eigentumsschutzes Glauben schenkte und die AG für Plantagen zur Qualitätssicherung wieder in die Anlagen investierte, könne dennoch nicht ausgeschlossen werden, dass eine zukünftige Regierung wieder auf Nationalisierungsideen komme. Mit anderen Worten schätzte man das Länderrisiko in Tansania nach der nun gesammelten Erfahrung als zu hoch ein.

Saager kämpfte mit allen Mitteln um die Einhaltung des Investitionsschutzabkommens durch die Behörden in Dar es Salaam und mahnte immer wieder beim Eidgenössischen Volkswirtschaftsdepartement in Bern, dass die rechtmässige Entschädigung aus Tansania einzutreffen habe. Er scheute sich auch nicht, wiederholt nach Dar es Salaam zu fliegen und bei Staatspräsident Nyerere und dem neuen Finanzminister sein Anliegen vorzubringen. Seine Erfahrungen mit der Japanschäden-

Kommission nach dem Krieg hatten ihn gelehrt, dass nur zähe Verhandlungen und Beharrlichkeit zum Ziel führen würden. Nach fast drei Jahren konnte er der AG für Plantagen ein unterzeichnungsreifes Angebot für eine Kompensation unterbreiten. Das Angebot war allerdings nicht viel mehr als ein «Butterbrot», betrug doch die Entschädigungssumme nur etwa die Hälfte des Erlöses einer jährlichen durchschnittlichen Kaffee-Ernte der drei Farmen. Der Manager einer der drei Farmen, ein Tansanier mit Namen Swai, übrigens der erste Schwarze, der im Land auf einen Managerposten in der Privatwirtschaft gesetzt wurde, bekannte später im Gespräch, er schäme sich für das Vorgehen seiner Regierung und billige es in keiner Weise.

Das Vertrauen in die Zukunft des Landes war für Saager endgültig verloren. Auch auf den beiden Weizenfarmen wurde das Bewirtschaften immer schwieriger. Tansanias kriegerische Auseinandersetzungen mit dem Nachbarland Uganda belasteten den Staatshaushalt stark. Wegen der Devisenknappheit war es oft nicht möglich, rechtzeitig Dieselöl für die Ernten zu beschaffen. Ebenso wenig konnten Ersatzteile, Reparaturgeräte und Apparate für die Erntemaschinen und Fahrzeuge importiert werden. Zu guter Letzt holzten auf Rat von Entwicklungshelfern Arbeiter im Auftrag des Staats einen Teil des Urwaldes ab, der unmittelbar oberhalb der Farmen an die Hänge des Kilimandscharos angrenzte, um dafür einen Nutzholzwald anzulegen. Das Resultat: Der ausgiebige Regen für zwei Ernten im Jahr blieb aus, und der nötige Ertrag konnte nicht erwirtschaftet werden. 1982 wurden beide Farmen an eine holländische Saatgutfirma verkauft. Dieser Schritt passierte in weiser Voraussicht Saagers, wurden doch kurz darauf einige Farmen der benachbarten Getreideproduzenten enteignet. Den Besitzern wurde nur erlaubt, einen Teil ihrer Fahrhabe, die in einem kleinen Wagen verstaut werden konnte, ins Ausland zu transportieren.

Da auch andere Länder Ostafrikas mit der Idee liebäugelten, weisse Farmer zu enteignen und aus dem Land zu treiben, beschloss Saager, in Kenntnis der Lage in Südafrika, sich dort nach einem Farmbetrieb umzusehen. Mithilfe der Agrarexperten im Team von Anton Rupert wurde zuerst ein geeignetes Gelände für den Anbau von Getreide im Orange

Abb. 14: Kellereigebäude des Weinguts Eikendal bei Stellenbosch in Südafrika.

Abb. 15: Die Rebberge von Eikendal am Fuss des Helderbergs.

Free State gesucht. Auf dem Betrieb der mit den Ruperts befreundeten Familie Bremer musste man jedoch erkennen, dass nur knapp die Hälfte der jährlichen Produktion erwirtschaftet werden konnte, als sie auf dem vulkanischen Boden des Kilimandscharo üblich war. Daher entschloss man sich 1981 zum Erwerb des rund 87 Hektaren grossen Weinguts Eikendal in Stellenbosch.

Diese ursprünglich getrennten zwei Weingüter wurden in einem eigenen Betrieb zusammengefasst. Da die Trauben bisher zur Verarbeitung in eine nahe Kooperative geliefert wurden, entschloss sich Saager, moderne Kellereien zu bauen. Später eröffnete man ein Restaurant und einen Degustationsraum. Auch die Wohnhäuser der Angestellten wurden renoviert. Vor allem wurden edlere Weinsorten angebaut, wie Cabernet Sauvignon, Merlot, Cabernet Franc, Shiraz, Pinotage und Petit Verdot auf der Rotweinseite sowie Chardonnay und Sauvignon Blanc auf der Weissweinseite. Die Gegend ist für den Anbau von Qualitätsweinen prädestiniert wegen der Bodenbeschaffenheit und des Klimas in der Nähe des Atlantiks mit immer kühlen Winden von der Meerseite her und zumeist ausreichenden Niederschlägen. Die Klimaerwärmung hinterlässt allerdings auch in Südafrika ihre Spuren. Zunehmend macht sich ein Wassermangel am Kap bemerkbar. Doch die grosse Hitze aus dem Landesinnern wird immerhin durch das nahe Helderberggebirge abgewehrt.

Das Weingut, inmitten des sogenannten Goldenen Dreiecks, liefert denn auch Weine von bester Qualität Südafrikas, die zu rund 70 Prozent von roten Trauben und 30 Prozent von weissen Trauben erzeugt werden. Erfreulicherweise werden die Weine aus Eikendal immer wieder an Weindegustationen mit höchsten Prädikaten ausgezeichnet. Saager beschäftige sich bis zu seinem letzten Lebensjahr als Präsident des Verwaltungsrats der Gesellschaft im Jahr 1991 mit dem Weingut und besuchte Eikendal jedes Jahr, solange es seine Gesundheit erlaubte.

Das Virus «Afrika» vererbte Bruno Saager erfolgreich an seine Söhne Rudolf und Hansjürg. Gemeinsam zeichnen die Söhne seit 35 Jahren für die Weiterentwicklung und den Ausbau von Eikendal mit mehreren Besuchen pro Jahr verantwortlich. 1992, nach dem Ableben von Bruno Saager und Walter Floersheimer, wurde die AG für Plantagen zwischen den beiden Familien aufgeteilt. 1997 verkaufte die Familie Floersheimer ihren Anteil an der AG für Plantagen an die Familie Saager. 1999 integrierte die Familie Saager die AG für Plantagen in die Substantia AG für Finanzierungen und Beteiligungen, Chur, aus der gleichzeitig die Familie Floersheimer ausgeschieden war. Da die AG für Plantagen als Subholding der Substantia keinen Zweck mehr hatte, wurde die Gesellschaft 2000 aufgelöst und Eikendal direkt als Tochter der Substantia integriert. Sohn Rudolf baute anschliessend auf dem Gutsgelände von Eikendal eine eigene Guestlodge, die sich seither mit einem Viersternrating vor allem bei ausländischen Gästen grosser Beliebtheit erfreut.

Abb. 16: Saager als Weinbauer in Südafrika.

Sohn Hansjürg übernahm die Rolle seines Vaters ab Ende der 1980er-Jahre im Vorstand der Swiss-South African Association und deren Nachfolgeorganisation SwissCham Southern Africa (Handelskammer Schweiz – Südliches Afrika). Er publiziert seit 1975 in mehreren Zeitungen Artikel über politische und wirtschaftliche Ereignisse im südlichen Afrika, war 1997, unter Leitung von Anton Rupert, Prinz Bernhard der Niederlande und Nelson Mandela, massgeblich an der Gründung und dem Aufbau der Peace Parks Foundation (PPF) zum grenzübergreifenden Schutz der natürlichen Umwelt in Afrika beteiligt, wo er auch den Legacy Club der PPF leitet. Seit 2008 betreibt er ein Joint Venture namens Bayede mit dem König der Zulus, Zwelithini Goodwill, und südafrikanischen Partnern zur Schaffung von Arbeitsplätzen. Über 1000 Arbeitsplätze konnten seither hauptsächlich in KwaZulu Natal eingerichtet werden, wo unter dem Markennamen Bayede (auf Deutsch: Heil dem König) Weine, Textilien, Lederprodukte, Rooibos-Tee, Bier, Steingut und typisches Zulu-Handwerk produziert werden.

Muldergate

Zum letzten Mal wurde Bruno Saager in der Öffentlichkeit mit dem Thema Südafrika konfrontiert, als ein Informationsskandal mit Spitznamen «Muldergate» in Anlehnung an den Watergate-Skandal um Präsident Nixon in den USA publik wurde. Auch die internationale Presse berichtete in den Jahren 1977 bis 1979 an prominenter Stelle über Muldergate.

Bruno Saager machte 1976, bereits seit einem Jahr in Pension, eine Routinereise nach Südafrika. Damals war er noch im Verwaltungsrat als Präsident einiger Tochterfirmen der UBS, wie der 1945 in Zeiten der internationalen Bankenkrise nach Kriegsende von der UBS übernommenen Eidgenössischen Bank. Diese war wegen einer allzu engen Verflechtung ihrer Investitionen mit dem besiegten Deutschland in Liquiditätsprobleme geraten. Ausserdem arbeitete Saager als Präsident des Verwaltungsrats der für Investitionen spezialisierten Thesaurus Continentale Effekten-Gesellschaft. Während seiner Südafrikareise traf Saager auch mit dem frischgebackenen Staatspräsidenten Nicolaas Diederichs zusammen. Diederichs war als Finanzminister von 1967 bis 1975 wegen seines starren Bekenntnisses zum Goldstandard im internationalen Währungssystem in Finanzkreisen als «Mister Gold» bekannt, eine Haltung, die Saager uneingeschränkt teilte. Dank der Bekanntschaft Saagers mit Diederichs gelang es ihm, die Notenbank des Landes zu veranlassen, den Goldhandel vermehrt auf dem Platz Zürich statt in London abzuwickeln, was Saager als Erfolg dafür wertete, dass Zürich als internationaler Finanzplatz an Bedeutung gewonnen hatte. Diederichs war von 1975 bis zu seinem Tod 1979 Staatspräsident. Er war lange Zeit einer der treibenden Kräfte des Afrikaner Broederbond, einer Geheimorganisation, welche die Interessen der Buren im öffentlichen Leben gegen die Engländer zu vertreten hatte. Zusätzlich war er Mitgründer des Reddingsdaadbond, ebenfalls eine Geheimorganisation, die der burischen Bevölkerung verhelfen sollte, Tausende von Afrikaanern in wichtige Positionen sämtlicher Sektoren des südafrikanischen Lebens zu hieven.

Diederichs entliess seine Mitarbeiter an der Sitzung mit Saager und sprach mit ihm unter vier Augen. Diederichs gab seine Absicht bekannt, dass man in der Schweiz ein Bankkonto unterhalten wolle mit dem Ziel, eine englischsprachige Tageszeitung in Südafrika zu gründen, welche die Interessen der National Party vertreten solle. Ferner plane man den Kauf einer Tageszeitung in Washington mit Namen *Washington Star*, damals die zweitgrösste Tageszeitung der amerikanischen Hauptstadt. Mit dem Erwerb dieser Zeitung hoffte man, die südafrikanische Politik in der Öffentlichkeit der USA erfolgreicher als bisher zu vermarkten. Saager hatte keine Bedenken, dass eine derartige Kontoeröffnung einen nicht vom Parlament abgesegneten Ausgabenposten darstellte und damit illegal war, da schliesslich der Staatspräsident höchstpersönlich ihm dieses Anliegen vorbrachte.

Saager versprach Diederichs, ein entsprechendes Konto bei Thesaurus zu eröffnen. Als Verbindungsmann nannte ihm Diederichs Eschel Rhoodie, Staatssekretär des Informationsministeriums, das von Connie Mulder geleitet wurde, der gleichzeitig Minister für Eingeborenen-Verwaltung und Information war. Connie Mulder wurde als Vorsitzender der mächtigen National Party der Provinz Transvaal bereits als «Kronprinz» für die Nachfolge von Johannes Balthazar Vorster gehandelt. Vorster (1915–1983) war Premierminister von 1966 bis 1978. Der als schillernde Figur bekannte Rhoodie, geboren 1933 als Sohn eines Gefängnisaufsehers, wuchs mit drei Brüdern und drei Schwestern zuerst in Caledon in der Kapprovinz und später in Pretoria auf, da sein Vater zum Leiter des Zentralgefängnisses des Landes befördert wurde. Rhoodie war, wie seine Geschwister als weisser Südafrikaner von auffallend dunkler Hautfarbe, die ihn eher als Mischling (Coloured) denn als weissen Südafrikaner qualifizierte, Spross einer äusserst ambitiösen Familie. Er bestand die Examen an den Schulen und Hochschulen zusammen mit seinen Brüdern durchwegs mit Bestnoten. Als Student betrieb er sogar während seiner Studienzeit den Rugbysport als Berufsspieler. Rugby war und ist noch heute der Nationalsport der weissen Südafrikaner.

Nach Abschluss des Studiums an der Universität Pretoria arbeitete er eine Zeit lang im Verteidigungsministerium, dann während dreier

Jahre als Redaktor bei der afrikaanssprachigen Tageszeitung *Vaderland*. 1956 heiratete er seine Lebensgefährtin Katie und wechselte zum Departement für Information, weil er im Rahmen seiner beruflichen Karriere die Welt kennenlernen wollte. Von 1957 bis 1960 war er für das Departement in Australien tätig. Dort lernte er einen CIA-Agenten kennen, der ihm offensichtlich sämtliche Tricks beibrachte, um Menschen, Politiker, Zeitungen, Institutionen, Länder und sogar Staatspräsidenten zum eigenen Vorteil zu beeinflussen und zu manipulieren.

Rhoodie bemühte sich publizistisch um ein wachsendes Verständnis in der internationalen Geschäftswelt für die vermeintliche Sonderstellung Südafrikas als Aussenposten der Zivilisation im «schwarzen Kontinent» in Nordamerika und Europa in Form von Hintergrundinformationen, wie sie in Publikationen in Magazinform üblich sind. Rhoodie war um ein besseres Image des Apartheid-Staats im Ausland besorgt mit der Entwicklung des Organs *To the Point* in Zusammenarbeit mit südafrikanischen Zeitungsverlegern und dem holländischen Herausgeber des Magazins *Elsevier*.

Ab 1970 erschienen während einiger Jahre monatliche Ausgaben, doch nahm das Interesse des Publikums nach dem Verschwinden von Rhoodie in der Öffentlichkeit und der politischen Entwicklung Südafrikas in den 1980er-Jahren ab. Nach seinem Aufenthalt in Australien beschäftige sich Rhoodie während einiger Jahre mit dem Ausbau der Medienbeziehungen in den Vereinigten Staaten und in den Niederlanden. Rhoodies Einfluss auf Ministerpräsident Vorster war immens, überzeugte er ihn doch unter anderem davon, periodische Essen und Gespräche mit einflussreichen ausländischen und südafrikanischen Journalisten in seiner offiziellen Residenz durchzuführen, damit diese die Interessen Südafrikas und die südafrikanische Politik in vertraulicher Umgebung besser verstehen konnten.

1972 besuchte Conny Mulder anlässlich einer Vorstellungsrunde in Europa als neuer Informationsminister auch Rhoodie in Holland. Die beiden Männer entdeckten während dieses Aufenthalts zahlreiche politische Gemeinsamkeiten, und so war es naheliegend, dass Mulder Rhoodie den Posten eines Sekretärs für Information antrug, der 1974 entsprechend mit Ministerpräsident Vorster abgesprochen wurde. In einem nächsten Schritt wurde Finanzminister Diederichs über die künftigen Aktivitäten Rhoodies informiert. Rhoodie entwickelte den Plan eines eigentlichen Propagandakriegs und fand die Zustimmung der beiden Politiker, dies ohne Rücksicht auf Gesetze und Reglemente.

Als Budget für fünf Jahre stellte sich Rhoodie eine jährliche Investition von 25 Millionen Rand (damals rund 45 Millionen Schweizer Franken) vor. Um die Opposition nicht über diese Initiative orientieren zu müssen, wurde ein Anfangsbetrag von 65 Millionen Rand dem Ministerium für Verteidigung unter Leitung von Minister Pieter W. Botha überwiesen, dem späteren Staatspräsidenten, der die Summe dem Informationsdepartement weiterleitete. Botha bestritt sein Engagement und sein Wissen um diesen Transfer später in aller Öffentlichkeit, was aber unglaubwürdig war. Im Verlauf dieser Gespräche fand Rhoodie heraus, dass die Zusammenarbeit zwischen Vorster und Botha ohnehin nicht zum Besten bestellt war.

In den folgenden Jahren organisierte Rhoodie für Mulder und Vorster verschiedene meist geheim gehaltene Reisen zu Staatsoberhäuptern anderer afrikanischer Länder, um die Beziehungen Südafrikas mit der Aussenwelt zu verbessern. In den fünf Jahren seit April 1974 betrugen die Ausgaben des Departements für Information für den geheimen Propagandakrieg des Landes rund 85 Millionen Rand, und unter Berücksichtigung von sonstigen Spesen und Nebenschauplätzen nahezu 180 Millionen Rand (325 Millionen Franken). In der Manier eines James-Bond-Bösewichts baute Rhoodie ein ganzes Netzwerk unter führenden Politikern und einflussreichen Persönlichkeiten in zahlreichen Ländern auf, die ihm gegen Empfang von Bestechungsgeld über Organisationen berichteten, die den Anti-Apartheid-Bewegungen angehörten.

Es war das Verdienst von zwei Journalisten des *Rand Daily Mail*, Mervyn Rees und Chris Day, den Hinweisen aus einer anonym gehaltenen Quelle nachzugehen und die Aktivitäten des Informationsministeriums aufzudecken. Entsprechende Veröffentlichungen in den südafrikanischen Medien im Juni 1978 schlugen in der südafrikanischen Öffentlichkeit wie eine Bombe ein.

Anton Rupert informierte Saager umgehend am Telefon über die Vorkommnisse im Land und ergänzte, zusätzlich werde im Zusammenhang mit den Aktivitäten des Informationsministeriums ein von Südafrika eingerichtetes Konto bei der Thesaurus Continentale Effekten-Gesellschaft, als Tochter der UBS, erwähnt. Im Weiteren riet Rupert seinem Freund, in nächster Zeit Südafrika nicht aufzusuchen, da er unter Umständen als Zeuge vor südafrikanische Gerichte vorgeladen werden könnte. Tatsächlich mied Saager den Besuch Südafrikas für einige Zeit, und es wunderte ihn nicht, dass ihn Eschel Rhoodie im Herbst 1978, anlässlich eines Kuraufenthalts in den Thermen von Abano, besuchte. Er war mit einem Privatflugzeug angereist. Saager war gerade mit seiner Frau beim Golfspielen, als Rhoodie reichlich nervös eintraf und um eine Unterredung bat. Im Verlauf des Gesprächs erinnerte Rhoodie Saager an das hochgehaltene Bankgeheimnis in der Schweiz und ersuchte ihn, die Existenz des in den südafrikanischen Medien genannten Kontos nicht zu bestätigen. Saager entgegnete, dass ihn kein Geringerer als der Staatspräsident um eine Kontoeröffnung angefragt hätte. In gutem Glauben ginge er davon aus, dass es sich um eine legale Angelegenheit handle, die entsprechend im Staatshaushalt vom Parlament abgesegnet worden sei. Da er nun aber feststellen müsse, dass die Aktivitäten des Informationsministeriums illegal seien, sei er auch nicht an eine Geheimhaltung gebunden. Enttäuscht und reichlich aufgebracht musste Rhoodie nach dem Gespräch wieder zurückfliegen. Saager wurde später immer wieder von Vertretern der südafrikanischen Medien angegangen und um eine Stellungnahme zu Muldergate gebeten. Doch gab er zu all diesen Vorkommnissen bis ans Ende seiner Tage keine Erklärung ab. Nicht verbergen konnte er allerdings seine tiefe Enttäuschung über die südafrikanische Regierung, die ihn ohne sein Wissen in illegale Aktivitäten hineingezogen hatte.

Eine eigens eingesetzte Kommission des Parlaments, die sogenannte Erasmus Commission, untersuchte die Finanzgeschäfte des Informationsministeriums. Connie Mulder musste als Minister zurücktreten und die Verantwortung über das Informationsministerium Aussenminister Pik Botha übergeben. Mulder unterlag auch bei den Wahlen um die Parteiführung gegen Pieter W. Botha. Botha übernahm 1978 das Amt des Premierministers von seinem Rivalen John Vorster, der für kurze Zeit, vom 29. September 1978 bis Juni 1979, das Amt eines eher repräsentativ tätigen Staatspräsidenten übernahm, ein Wechsel, der offiziell mit gesundheitlichen Problemen Vorsters begründet wurde. 1983 starb Vorster als psychisch gebrochener Mann im Alter von 67 Jahren. Mulder erging es noch schlechter: 1979 wurde er aus der National Party ausgeschlossen. Erst acht Jahre später, im Mai 1987, errang er wieder ein Mandat für die Konservative Partei des früheren Ministers für Angelegenheiten des schwarzen Bevölkerungsteils, Andries Treurnicht, die im Parlament ab 1982 zur offiziellen Opposition im Parlament aufrückte. Er starb jedoch nach schwerer Krankheit sieben Monate nach der Wahl.

Diederichs übernahm am 19. April 1975 das Amt des Staatspräsidenten und übte dieses Mandat bis zu seinem Tod am 21. August 1978 aus. Seine geistige Gesundheit liess zunehmend nach. Seine Frau, der man Altersdemenz nachsagte, begleitete ihn oft auf Flugreisen. Sie war in hohem Mass verhaltensauffällig. So verlangte sie regelmässig vor dem Abflug, dass sich die Crew auf einem Glied besammelte, und kontrollierte sogar, ob die Fingernägel der Stewardessen und Stewards sauber waren. Nach dem Hinschied ihres Mannes lebte sie einsam und ohne grosse finanzielle Mittel in einem Haus, das ihr Anton Rupert grosszügig zur Verfügung stellte.

Und der umsichtige Spiritus Rector des Informationsskandals, die Spinne, die alle Fäden des Netzes in ihren Händen hielt, Eschel Rhoodie, wurde von seinen Komplizen Vorster und Diederichs wie eine heisse Kartoffel fallen gelassen. Diese beteuerten, dass sie von Muldergate nichts wussten. Rhoodie floh nach Frankreich und wurde im Oktober 1979 nach seiner Auslieferung in Südafrika wegen Betrugs zu sechs Jahren Haft verurteilt. In einem Berufungsverfahren wurde er aber freigesprochen. Er war bitter enttäuscht, weil seine Regierung ihn so schmählich im Stich gelassen hatte, und wanderte mit seiner Familie 1982 in die Vereinigten Staaten aus, wo er bereits 1993 als gebrochener Mann starb.

Dank Interhandel wird die UBS zur Nummer eins

Es begann an einem schönen Frühsommermorgen
Die Internationale Gesellschaft für chemische Unternehmungen AG, kurz Interhandel genannt, wurde nicht nur für Bruno Max Saager, sondern auch für die Schweizerische Bankgesellschaft (UBS) schicksalhaft. Die Titel dieser Gesellschaft wurden in den Jahren 1942 bis 1966 an den Schweizer Börsen gehandelt, und Kursbewegungen von 10 Prozent waren bei dieser Aktie an der Tagesordnung. Gerüchte und Mutmassungen um das Los der Gesellschaft, über das damals an den Gerichtshöfen, in den Chefetagen der Grossbanken und am Verhandlungstisch des amerikanischen Justizministers entschieden wurde, bewirkten ein vom übrigen Geschehen an den Börsen fast vollständig gelöstes Eigenleben für diesen Aktienkurs. Standen die Börsen im Zeichen einer allgemeinen Flaute, stürzte man sich umso heisshungriger auf Neuigkeiten über Interhandel, die den Börsen Umsätze von grösserem Ausmass sicherten. In normalen Zeiten mit durchschnittlichem Geschäftsgang oder an Sitzungen mit grösserer Hektik war Interhandel regelmässig der Spitzenreiter unter den Gewinnern, aber auch Verlierern. Mancher Anleger und manche Bank haben sich in dieser Nachkriegszeit durch eine Spekulation mit Interhandel ein Vermögen gescheffelt. Manche Investoren sind aber auch nach unglücklichem Einsatz zugrunde gegangen.
  Nach der Fusion mit Interhandel avancierte die UBS, bis anhin nach dem Schweizerischen Bankverein und der Schweizerischen Kreditanstalt klar Nummer drei unter den Schweizer Grossbanken, fast schlagartig zur Nummer eins. Die Eigenmittel der Bankgesellschaft konnten dank dieses Geschäfts von 390 auf 965 Millionen Franken vergrössert werden. Die aus der Fusion mit Interhandel gebildeten Reserven waren die Grundlage dafür, dass die Bank fortan ein gesundes Wachstum ver-

zeichnen konnte. Die Stellungnahme zum Interhandel-Fall ist diesem Bankinstitut, wie auch den übrigen Banken, nicht leichtgefallen. Es ist ein offenes Geheimnis, dass gerade bei der UBS die Führungsspitze bei der Lösung von Einzelfragen erst nach längeren Auseinandersetzungen einen Konsens finden konnte. Letzten Endes waren es aber doch die damaligen Verantwortlichen der UBS, denen es gelang, für die fast 25 Jahre dauernde Odyssee ein glückliches Ende zu finden.

Doch nicht nur für die Schweizer Bankgeschichte stellt die Auseinandersetzung um Interhandel ein besonderes Kapital dar. Interhandel wurde auch zum Prüfstein für die Schweiz als Kleinstaat, sich bei der Wahrung der Rechte seiner Staatsangehörigen gegenüber einer Grossmacht behaupten zu können. Wohl kaum intensiver als damals mussten sich amerikanische Aussen-, Justiz- und Finanzminister, ja sogar Präsidenten wie Dwight D. Eisenhower und John F. Kennedy mit Schweizer Interessen auseinandersetzen. Auch in der Rechtslehre und Rechtsprechung ist der Name «Interhandel» zum Begriff geworden. Selbst am Internationalen Gerichtshof in Den Haag mussten sich die Richter mit dem Schicksal dieser Gesellschaft befassen.

In den Vereinigten Staaten und in der Schweiz hat die Tages- und Wirtschaftspresse lebhaft über die Entwicklung des Interhandel-Dramas berichtet und leidenschaftlich Stellung bezogen, für die amerikanischen Behörden, für die Schweizer Aktionäre oder für einzelne Interessenkreise. In unserem Land wurde während mehrerer Jahre fast jede Wirtschaftszeitung mehr oder weniger offen zum Sprachrohr von unter sich zerstrittenen Aktionärsgruppen. Ja es wurden zeitweise sogar Presseorgane von Aktionären in erster Linie deswegen gegründet, um den eigenen Standpunkt mit möglichst grossem Gewicht in der Öffentlichkeit darlegen zu können.

Für die UBS und Bruno Saager hat der Interhandel-Fall auf recht harmlose Weise schon im Mai 1945 begonnen. Die Welt befand sich in der Euphorie des eben verkündeten Friedens in Europa. Nazideutschland hatte kurz zuvor kapituliert. Der Handel mit vornehmlich im Ausland engagierten Titeln zeichnete sich durch hohe Gewinnchancen aus, erforderte aber gründliche Sachkenntnisse über die wirtschaftlichen und politischen Verhältnisse in den einzelnen Ländern. Bei Saager meldete sich an einem schönen Frühsommermorgen ein Amerikaner. Er zeigte seine Identitätskarte und wies sich aus als Oberst der Armee und im Zivilleben Direktor des amerikanischen Konzerns Remington Rand. Der Amerikaner erklärte Saager, seine Firma interessiere sich für den Kauf der General Aniline and Film Company (GAF), ein amerikanisches Unternehmen der Fotobranche, deren Aktien zu 91,05 Prozent im Besitz der in Basel domizilierten Interhandel waren.

Der Vertreter von Remington Rand fragte Saager, was er über die I.G. Chemie (so hiess Interhandel damals) wisse, insbesondere, ob er Kenntnis habe über deren Besitzverhältnisse und über den Zusammenhang der I.G. Chemie mit dem deutschen Chemiekonzern I.G. Farben. Saager machte den Amerikaner darauf aufmerksam, dass Dr. Felix Iselin aus Basel das Amt des Präsidenten der I.G. Chemie seit 1940 ausübe, der als Advokat und Notar seit 1931 auch Mitglied des Verwaltungsrats des Schweizerischen Bankvereins sei. Ferner zähle seit 1940 Dr. Hans Sturzenegger vom ehemaligen Bankhaus Greutert & Cie. zum Verwaltungsrat, das über ein massgebliches Paket von Vorzugs- und Stammaktien dieser Gesellschaft verfüge. Über die Beziehungen der I.G. Farben mit der I.G. Chemie wusste Saager nichts Konkretes.

Der Vertreter von Remington Rand erklärte, weitere Nachforschungen in der Schweiz anstellen zu wollen, und verabschiedete sich mit der Bemerkung, dass man sich später sicherlich wieder treffen werde. In der Tat sprach eine Delegation von Remington Rand ein Jahr später bei der Bankgesellschaft vor. Sie bat die UBS um Unterstützung beim Kauf der GAF-Aktien. Der damalige Generaldirektor, später Verwaltungsratspräsident der UBS und Onkel von Saager, Fritz Richner, setzte sich sofort in Kontakt mit Sturzenegger in Basel und bot ihm im Namen der UBS 18 Millionen US-Dollar für die sich bei Sturzenegger befindliche Beteiligung an der I.G. Chemie. Seit 1942 war die GAF von der amerikanischen Regierung zum deutschen Feindesgut erklärt und beschlagnahmt worden. Bei Remington Rand glaubte man offensichtlich, durch den Übergang einer massgebenden Beteiligung an der I.G. Chemie aus ausländischem in amerikanischen Besitz auch die Genehmigung der amerikanischen Verwaltung zur Übernahme der GAF-Beteiligung zu erhalten. Doch konnte sich Sturzenegger in jenem Zeitpunkt nicht zu einem derartigen Verkauf entschliessen. Remington Rand gab ihr Vorhaben auf, doch Saager verfolgte fortan das Geschick dieser Gesellschaft mit besonderem Interesse.

Das Wirtschaftsnetz des Geheimrats Schmitz
Wer war die Interhandel, die ursprünglich I.G. Chemie hiess? Und wie kam es, dass diese Gesellschaft in der Schweiz gegründet wurde? Der Werdegang dieser Gesellschaft beinhaltet einen interessanten Teil deutsch-schweizerischer Wirtschaftsgeschichte zwischen den beiden Weltkriegen. Die Geburtsstunde der I.G. Chemie schlug am 25. Juni 1928. Damals, drei Jahre nach der Fusion der grossen deutschen Chemieunternehmen im Schoss der I.G. Farbenindustrie AG, beschloss dieser Chemiegigant, wesentliche Teile des ausländischen Vermögens in einer Holdinggesellschaft mit einem Anfangskapital von 20 Millionen Franken und Sitz in Basel zusammenzufassen: die Internationale Gesellschaft für chemische Unternehmungen AG (I.G. Chemie).

Als Zweck der Firma wurde in den Statuten «die Beteiligung an Industrie- und Handelsunternehmungen aller Art, insbesondere der chemischen Branche im In- und Ausland unter Ausschluss von Bankgeschäften und unter Ausschluss des gewerbsmässigen An- und Verkaufs von Wertpapieren» formuliert. Das Verhältnis zwischen der I.G. Chemie und I.G. Farben wurde in einem Options- und Dividendengarantievertrag festgehalten, wonach die I.G. Farben «jederzeit auch wiederholt, ganz oder teilweise die Überlassung der Beteiligungen und Effekten zum Buchwert und die sofortige Herauszahlung der auf dem Konto Rückzahlungen für Beteiligungen und Effekten gesammelten Beträge fordern» konnte. Den Stammaktionären der I.G. Chemie wurde dafür eine Dividende in der Höhe des Dividendensatzes garantiert, den die Aktionäre der I.G. Farben selbst für das gleiche Geschäftsjahr auf ihre Stammaktien ohne Abzug der Kapitalertragssteuer in Goldmark erhielten. Sodann war die I.G. Farben berechtigt, die Dividendengarantie jeweils auf Ende des Geschäftsjahres unter Wahrung ihres Optionsrechts für Beteiligungen, Effekten und Rückstellungen auf weitere fünf Jahre zu kündigen. Im Fall einer Kündigung wurde den Aktionären der I.G. Chemie seitens der I.G. Farben ein Recht auf Umtausch der Stammaktien der I.G. Chemie in Stammaktien der I.G. Farben zugesichert. Das Basler Bankhaus Greutert & Cie. stand an der Spitze eines Konsortiums, welches das Anfangskapital von 20 Millionen Franken zeichnete. Im Verlauf der folgenden Jahre erwarb die I.G. Chemie Beteiligungen von der I.G. Farben im Wert von 290 Millionen Franken, ein Betrag, der jeweils Zug um Zug an den deutschen Konzern überwiesen wurde.

Gleichzeitig wurde von der I.G. Farben auch in den Vereinigten Staaten eine Holding gegründet, die American I.G. Chemical Corporation, Delaware. Mit der Gründung dieser beiden Gesellschaften wollte sich der deutsche Chemiekonzern den Zugang zu den Kapitalmärkten in den USA und in der Schweiz sichern. An einer ausserordentlichen Aktionärsversammlung der I.G. Farben am 20. Februar 1929 erklärte jedenfalls der Vertreter des Vorstands, Dr. Hermann Schmitz, den Aktionären, die neue Firma in der Schweiz werde 19 Millionen US-Dollar durch Ausgabe von Anteilen an Schweizer Geldgeber aufbringen. Der eigentliche Grund für die Schaffung einer Holdinggesellschaft im Ausland wird verständlich, wenn man weiss, dass die I.G. Farben nach dem Ersten Weltkrieg einen grossen Teil ihrer ausländischen Vermögen verloren hatte. Nach dem «Trading with the Enemy Act» ist es den Vereinigten Staaten nämlich erlaubt, «Feindvermögen» entschädigungslos zu enteignen. Der Erlös der konfiszierten Guthaben ist dann dafür bestimmt, kriegsgeschädigte Amerikaner zu entgelten.

Geistiger Vater der Idee für die Schaffung einer Holding im Ausland war Geheimrat Schmitz. Schmitz, geboren 1881 als Sohn einer Arbeiterfamilie in Essen, war während des Ersten Weltkriegs im Rohstoffamt des deutschen Kriegsministeriums tätig und als junger, dynamischer Mann Carl Bosch aufgefallen, dem Nobelpreisträger für die Synthese von Salpeter und Mineralöl, Schöpfer der Massenproduktion von Ammoniak nach dem sogenannten Haber-Bosch-Verfahren, später Vorsitzender der Konzernleitung der Badischen Anilin und Soda-Fabrik (BASF) und der I.G. Farben, also desjenigen Mammutkonzerns, in dem

1925 die BASF, Bayer, Hoechst und weitere fünf Chemieunternehmen zusammengefasst wurden. Schmitz war vorerst ab 1906 in der Metallgesellschaft in Frankfurt tätig und leitete schon in jungen Jahren das Auslandsgeschäft dieses Unternehmens.

Auf Initiative von Schmitz gründete die Metallgesellschaft in der Schweiz vor dem Ersten Weltkrieg eine Verwaltungsgesellschaft, die den grössten Teil des ausländischen Besitzes unter ihrem Namen führte, geschützt vor dem deutschen Finanzamt, aber auch vor dem Zugriff feindlicher Regierungen in Kriegszeiten. Diese Gesellschaft war die Schweizer Gesellschaft für Metallwerte, eine Holding, die erst 1981 als an den Schweizer Börsen kotierte Gesellschaft zu existieren aufhörte. Mit der Gründung der I.G. Farben stellte Bosch Schmitz als Finanzdirektor dieses neuen Grossunternehmens ein. Schmitz erinnerte sich an seine Erfahrungen mit der Metallgesellschaft und rief in Basel die I.G. Chemie ins Leben, um bei einem zweiten Kriegsausbruch nicht ähnliche Verluste erleiden zu müssen, wie sie die I.G. Farben im Ersten Weltkrieg hinnehmen musste.

Die Zusammensetzung des Verwaltungsrats der I.G. Chemie zeigt, dass Schmitz nicht nur mit vertraglichen Absprachen und finanziellen Verflechtungen die ausländische Holding an die I.G. Chemie ketten wollte, sondern auch mit der Auswahl der Mitglieder im Verwaltungsrat der I.G. Chemie. Schmitz setzte an Schlüsselpositionen Personen ein, die in irgendeiner Weise in verwandtschaftlicher oder enger freundschaftlicher Beziehung zu ihm standen. Neben Schmitz als Präsident gehörten zum Verwaltungsrat sein Basler Freund Eduard Greutert sowie August Germann, Direktor der Bank für Elektrische Unternehmungen in Zürich, seinerseits ein Schwager von Greutert. Im Juni 1929 kamen dazu noch Dr. Fritz Fleiner, Professor für Staats- und Verwaltungsrecht an der Universität Zürich, der Basler Notar Dr. Felix Iselin, der nach dem Ersten Weltkrieg der Metallgesellschaft wertvolle Hilfe zur Sicherstellung ihrer Beteiligungen in den Vereinigten Staaten leistete, und Carl Roesch, ebenfalls Vorstandsmitglied der I.G. Farben. Das Basler Bankhaus Eduard Greutert & Cie. war übrigens ein Finanzinstitut, das kurz nach dem Ersten Weltkrieg von Schmitz für seinen dama-

Abb. 17: Der legendäre Geheimrat Hermann Schmitz (1881–1960), von 1935 bis 1945 Konzernchef der I.G. Farben und Gründer der Basler Finanzholding I.G. Chemie (später Interhandel).

ligen Arbeitgeber, die Metallgesellschaft, ins Leben gerufen worden war. Eduard Greutert übte früher ebenfalls eine leitende Funktion in der Metallgesellschaft aus, lernte in jener Zeit Schmitz kennen und widmete sich später ganz dem Aufbau der Basler Bank, die in der Folge verschiedene internationale Geschäfte der I.G. Farben und der I.G. Chemie betreute, besonders als der deutsche Farbenkonzern 1931 auch die Kommanditanteile der Metallgesellschaft an der Greutert-Bank übernommen hatte.

Die I.G. Chemie musste sich nun die Mittel für den Erwerb der bedeutenden Auslandsbeteiligungen der I.G. Farben beschaffen. Aus diesem Grund wurde am 20. Februar 1929 die Erhöhung des Aktienkapitals von 20 auf 290 Millionen Franken beschlossen, eingeteilt in 400 000 Vorzugsaktien mit Nennwert von 100 Franken und 460 000 Stammaktien zu 500 Franken und zu 20 Prozent einbezahlt, 130 000 Stammaktien mit Nennwert von 500 Franken und zu 100 Prozent einbezahlt, 160 000 Stammaktien mit Nennwert von 500 Franken und zu 50 Prozent einbezahlt sowie 210 000 Stammaktien mit Nennwert von 500 Franken und zu 20 Prozent einbezahlt. Dabei wurden in einem ersten Schritt die 400 000 Vorzugsaktien im Nominalwert von je 100 Franken ausgegeben und zu 20 Prozent einbezahlt. Die Bank Greutert übernahm mit Ausnahme von 160 000 Stammaktien sämtliche Titel auf Rechnung verschiedener Konsortien. Die nicht von der Greutert-Bank übernommenen 160 000 Stammaktien zeichnete die Schweizerische Kreditanstalt (heute Credit Suisse), die sie den Aktionären der I.G. Farben zum Umtausch gegen Aktien oder Teilschuldverschreibungen dieser Gesellschaft anbot. Sodann wurden die 20 000 bei der Gründung ausgegebenen Stammaktien im Nominalwert von je 1000 Franken in 40 000 Stammaktien zu nominal 500 Franken umgewandelt und voll einbezahlt. 30 000 Stammaktien wurden von einem holländischen und 60 000 Stammaktien von einem schweizerischen Bankenkonsortium übernommen und im Publikum zu 230 Prozent oder 1150 Franken platziert. Die übrigen zu 20 Prozent einbezahlten 210 000 Stammaktien wurden von der Greutert-Bank übernommen und dienten der I.G. Chemie als Reserve zur Finanzierung allfälliger weiterer Übernahmen. Während des Jahres 1929 wurden sodann die Stammaktien an den Börsen von Zürich, Basel, Amsterdam, Rotterdam, Berlin und Frankfurt kotiert. Ihr erster Kurs erreichte an der Basler Börse 1100 Franken.

Mit der I.G. Chemie baute Schmitz folgendes mit Kreuzverbindungen konstruierte Konglomerat auf: Einerseits wurden von den 400 000 Vorzugsaktien der I.G. Chemie je 100 000 Titel auf die folgenden drei ausländischen Beteiligungsgesellschaften der I.G. Farben aufgeteilt und damit die I.G. Chemie vor dem Zugriff der deutschen Steuerbehörden abgesichert: Chemo Maatschappij voor Chemische Ondernemingen N.V., Amsterdam, Industriebank AG, Basel, und Osmon AG, Schaffhausen. Die I.G. Chemie erwarb andererseits Beteiligungen an diesen drei Gesellschaften, ferner an der erwähnten, 1929 von Schmitz gegründeten amerikanischen Holding American I.G. Chemical Corporation. Diese in Delaware beheimatete Holding war wiederum die Muttergesellschaft der General Aniline Works Inc. und der Agfa Ansco Corporation. Ausserdem sicherte sich die I.G. Chemie in den Jahren bis zum Ausbruch des Zweiten Weltkriegs folgende Beteiligungen:

- Aktiengesellschaft für Industrie und Handel, Frankfurt am Main
- Allgemeine Kinematographen AG, Zürich
- Bank Hofmann AG, Zürich
- Chemofina AG, Zürich
- Cilag-Chemie AG, Schaffhausen
- Deutsche Länderbank, Frankfurt a. M.
- Durand & Huguenin, Farbstofffabrik Basel
- Gloria Film AG, Zürich
- Grutchemie-Konsortium, Zürich
- International Egyptian Oil Consortium Inc.., Kairo
- Internationale Gesellschaft für Stickstoffindustrie, Basel
- Konsortium Crillon, Lima
- Luxor Aktiengesellschaft, Zürich
- Norsk Hydro Electrisk, Oslo
- Kvaelstofaktieselbskabder I.G. Chemie, Oslo
- Rex-Film-Verleih AG, Zürich

- Turicop AG, Zürich
- Udic SA, Zürich
- Westfälisch-Anhaltische Sprengstoff-Actien-Gesellschaft, Reinsdorf bei Wittenberg

Die GAF als Perle der Beteiligungen
Die wichtigste Beteiligung der I.G. Chemie war zweifellos diejenige an der American I.G. Chemical Corporation. Dieses Unternehmen befasste sich hauptsächlich mit der Fabrikation von Farbstoffen, Pharmazeutika und fotografischen Produkten. Am ausgegebenen Kapital von 529 701 Aktien A ohne Nennwert und 3 Millionen Aktien B zu je 1 Dollar Nennwert war die I.G. Chemie mit 455 624 Aktien A und 2 050 000 Aktien B zu 89 Prozent beteiligt. Die American I.G. war ihrerseits in bescheidenem Mass an der I.G. Chemie beteiligt. Zum Zeitpunkt der Loslösung der I.G. Chemie von der I.G. Farben im Jahr 1940 befanden sich 56 300 voll- und 28 600 halbliberierte Stammaktien der I.G. Chemie im Besitz der American I.G. Die I.G. Farben war selbst nicht Aktionärin der American I.G., besass aber ein Optionsrecht. Im Verwaltungsrat dieser Gesellschaft sassen neben Carl Bosch und Hermann Schmitz bekannte Vertreter der amerikanischen Wirtschaft, wie Walter Teagle, Präsident der Standard Oil, Edsel Ford, Präsident der Ford Motor Company, Charles E. Mitchell, Präsident der Geschäftsleitung der National City Bank, und Paul M. Warburg aus der Bankiersfamilie Warburg.

In der 1933 einsetzenden politischen Radikalisierung Deutschlands unter dem Nationalsozialismus und mit den Bestrebungen der Regierung von Adolf Hitler, möglichst alle deutschen Vermögenswerte zu repatriieren, sah sich Schmitz, ab 1935 Vorstandsvorsitzender der I.G. Farben und ab April 1940, nach dem Hinschied von Carl Bosch, Vorsitzender des Aufsichtsrats, gezwungen, die Bande zur I.G. Chemie immer mehr zu lockern. Ein erstes von Adolf Hitler am 12. Juni 1933 in Kraft gesetztes Gesetz, das Schmitz zum Handeln zwang, war das Gesetz «gegen Verrat der deutschen Volkswirtschaft». In diesem Gesetz wurde jedem Deutschen die Todesstrafe angedroht, der gegen die Devisenbestimmungen des Landes verstiess. Die deutschen Finanzbehörden beschäftigten sich denn auch sehr bald mit den Wechselbeziehungen zwischen der I.G. Farben, der I.G. Chemie und der American I.G. Chemical Corporation. Das schweizerische Bankgeheimnis hinderte jedoch die deutschen Behörden an einer eingehenden Untersuchung über die Beziehungen zwischen der I.G. Farben und der I.G. Chemie. In einem Kompromiss zwischen der I.G. Farben und der deutschen Finanzbehörde verpflichtete sich aber die I.G. Farben zur Zahlung von 5 Millionen Dollar Steuern für ihre Standardanteile, dagegen stellte die deutsche Staatsbehörde jede weitere Untersuchung ein.

Auch in den Vereinigten Staaten gab es Schwierigkeiten. Gemäss den 1934 in Kraft gesetzten amerikanischen Wertpapier- und Börsengesetzen wurde von der American I.G. ein beeidigter Antrag auf Registrierung der Anteile gefordert. In einem dem Unternehmen zugestellten Formular war auch die Angabe der Mutterfirma gefordert. Bei bewusst falsch gemachten Eintragungen wurde ein Verfahren wegen Meineid und Falschaussage angedroht. Die American I.G. ging damals das Risiko ein, einzutragen, dass keine Mutterfirma existierte. Personell wurden die Banden zu I.G. Farben insoweit gelockert, als Schmitz als Vorsitzender der Geschäftsleitung der American I.G. zugunsten seines Bruders Dietrich A., einem seit 1909 eingebürgerten Amerikaner, zurücktrat und sich auf das Amt eines Verwaltungsratspräsidenten beschränkte. Die amerikanischen Behörden gaben sich mit diesem Bescheid nicht zufrieden und starteten eine eingehende Untersuchung. Dabei wurden direkt auch die I.G. Farben in Deutschland, die Greutert-Bank und die I.G. Chemie in der Schweiz über das Verhältnis zur American I.G. angefragt. Die I.G. Farben antwortete: «Wir möchten zur Kenntnis geben, dass wir weder an der American I.G. Company noch an den anderen in ihrem Schreiben erwähnten Firmen (es handelte sich um die American I.G.-Grossaktionäre Chemo, Voorindu und Mithras) beteiligt sind.» Die Greutert-Bank verweigerte ihre Aussage unter Hinweis auf das Schweizer Bankgeheimnis, und die I.G. Chemie erteilte ebenfalls keine Auskunft.

Die wachsenden Devisenbeschränkungen forderten jedoch eine

schrittweise Lockerung der Banden zwischen der I.G. Farben und der I.G. Chemie. Im Juni 1937 wurde eine Verrechnung der gegenseitigen Forderungen vereinbart. Demnach wurden von der I.G. Chemie gegenüber der I.G. Farben 64 Millionen Reichsmark und von der I.G. Farben gegenüber der I.G. Chemie 70 Millionen Reichsmark verrechnet. Den Saldo von 6 Millionen Reichsmark stellte die I.G. Chemie der I.G. Farben in Form von freien Devisen in New York und London zur Verfügung. Da unter der in der zweiten Hälfte der 1930er-Jahre einsetzenden Krise in der Weltwirtschaft auch das Geschäft der I.G. Chemie-Beteiligungen zu leiden begann, beschloss die Generalversammlung der I.G. Chemie ferner, 200 000 Vorzugsaktien und 200 000 der zu 20 Prozent liberierten Stammaktien einzuziehen und zu annullieren. Die restlichen 10 000 Stammaktien mit 20-prozentiger Einzahlung wurden dafür voll einbezahlt. Damit wurde das Aktienkapital der I.G. Chemie auf 170 Millionen Franken herabgesetzt, das heisst auf 200 000 Vorzugsaktien zu 100 Franken Nennwert und zu 20 Prozent einbezahlt und auf 300 000 Stammaktien zu 500 Franken Nennwert, von denen 140 000 voll und 160 000 zur Hälfte einbezahlt waren.

Hitlers Devisenpolitik wirft Probleme auf
Mit der geltenden Devisenzwangswirtschaft in Deutschland war auch der Dividendengarantievertrag der I.G. Farben gegenüber der I.G. Chemie wertlos geworden. Der Verwaltungsrat der I.G. Chemie forderte deshalb 1937 eine Aufhebung des Dividendengarantie- und Optionsvertrags. Nach mehreren Verhandlungen zwischen den beiden Unternehmensleitungen wurde am 15. September 1939 das Optionsrecht mit sofortiger Wirkung durch ein Vorkaufsrecht ersetzt. Bezüglich des Dividendengarantievertrags wurde offensichtlich keine Einigung erzielt, er blieb daher bestehen, war aber wegen des Devisenausfuhrverbots in Deutschland wirkungslos. Da nach Beginn des Zweiten Weltkriegs die amerikanischen Behörden immer hartnäckiger die Beziehungen zwischen der I.G. Farben und der American I.G. untersuchten, entschloss sich die I.G. Farben Anfang Juni 1940 zur Aufhebung des Dividendengarantievertrags und bestätigte gleichzeitig in einem Schreiben an den

Verwaltungsrat der I. G. Chemie den Verkauf von 50 000 Stammaktien der I. G. Chemie aus deutschem Besitz. Die I. G. Chemie überwies ihrerseits als Gegenleistung 10 Millionen Franken in freien Devisen, ein Paket deutscher Obligationen und Aktien im Nominalwert von 2,1 Millionen Reichsmark der Westfälisch Anhaltischen Sprengstoff AG Chemische Fabriken.

Ob und in welchem Umfang damals zwischen der Basler Bank und I. G. Farben, insbesondere zwischen Eduard Greutert und den Vorstandsmitgliedern der I. G. Farben, Hermann Schmitz und Carl Roesch, mündliche Treuhandabsprachen bezüglich der Interessen von I. G. Farben an der I. G. Chemie gemacht worden sind, konnte nie herausgefunden werden. Derartige mündliche Verträge, die aber von den deutschen Behörden strengstens verboten wurden, hatten bekanntlich viele andere deutsche Gesellschaften und Privatpersonen mit schweizerischen Vermögensverwaltern abgeschlossen. Umso unmöglicher wurde es später, abzuklären, ob ein Treuhandgeschäft erfolgt sei oder nicht, da Eduard Greutert und Carl Roesch 1939 und 1940 kurz hintereinander starben. Auch der im Nürnberger Prozess gegen I. G. Farben vom 29./30. Juli 1948 zu vier Jahren Gefängnis verurteilte Hermann Schmitz hat dieses Geheimnis 1960 mit ins Grab genommen. Immerhin hatte Schmitz während des Prozesses in Nürnberg eine Erklärung abgegeben, in der er betonte, dass eine vorbehaltlose Aufhebung des Optionsvertrags erfolgt sei.

Mit dem Zerreissen der letzten Bande zwischen der I. G. Farben und der I. G. Chemie wurde auch in den Vereinigten Staaten die American I. G. neu konstituiert. Die Firma erhielt den neuen Namen General Aniline and Film Corporation (GAF). Hermann Schmitz und Carl Bosch traten aus dem Verwaltungsrat aus. In einer Erklärung an die amerikanische Börsenaufsichtsbehörde SEC teilte die GAF ferner mit: «Es wurde uns von der I. G. Chemie ausserdem mitgeteilt, dass sie keine Tochtergesellschaft eines anderen Unternehmens ist, dass die Mehrheit ihrer stimmberechtigten Anteile von Schweizer Bürgern gehalten werden und dass niemand eine Option besitzt, welche die I. G. Chemie zum Verkauf irgendwelcher Anteile an unserem Unternehmen zwingen würde.» Dietrich A. Schmitz blieb jedoch weiterhin Mitglied der Direktion. In der Schweiz traten an die Stelle der Gründer neue Männer, die das Bankhaus Greutert & Cie. in H. Sturzenegger & Cie. umbenannten und fortan die Interessen der I.G. Chemie wahrten. Schmitz verzichtete an der Generalversammlung vom 29. Juni 1940 auf eine Wiederwahl und wurde von Dr. Felix Iselin abgelöst. Als Nachfolger des verstorbenen Greutert wurde auch sein Nachfolger in der Bank, Dr. Hans Sturzenegger, gewählt. Als Direktor der I.G. Chemie amtete weiterhin Dr. Albert Gadow, ein Schwager von Hermann Schmitz. Gleichzeitig wurde das Aktienkapital um weitere 40 Millionen auf 135 Millionen Franken herabgesetzt durch Einziehung und Annullierung der 50 000 aus deutschem Besitz erworbenen, zur Hälfte liberierten Stammaktien und von 100 000 Vorzugsaktien aus schweizerischem Besitz. Das Aktienkapital teilte sich somit auf in 100 000 Vorzugsaktien zu je 100 Franken und zu 20 Prozent einbezahlt und in 250 000 Stammaktien zu je 500 Franken, von denen 140 000 voll und 110 000 zur Hälfte einbezahlt waren.

Das Misstrauen der amerikanischen Behörde über die Beziehungen der GAF zur I.G. Farben vermochte die Trennung der I.G. Chemie von der I.G. Farben nicht zu beseitigen. Die Direktoren der GAF selbst suchten in dieser Zeit nach Möglichkeiten zur Überführung des Aktienbesitzes nach den Vereinigten Staaten. Unter anderem traten sie in Verhandlungen mit der International Telephone and Telegraph und mit der General Dyestuff Co. Von letzterer Firma besass die I.G. Farben bis im August 1939, also kurz vor Beginn des Zweiten Weltkriegs, eine Mehrheitsbeteiligung. Am 14. Juli 1940 wurde General Dyestuff eine Option, lautend auf 5,8125 Millionen Dollar, von der Bank Sturzenegger angeboten. General Dyestuff, die wegen ihrer deutschen Vergangenheit unter dem Verdacht stand, sich weiterhin unter deutscher Kontrolle zu befinden, wurde vom amerikanischen Finanzministerium überwacht und brauchte für diese Transaktion die Zustimmung der Behörde in Washington. Diese lehnte jedoch Mitte September diesen Antrag ab. Im selben Monat wurde ausserdem D. A. Schmitz als Präsident der Geschäftsleitung der GAF abgewählt und an seine Stelle John Mack gewählt, ein Freund und Nachbar des amerikanischen Präsidenten John D. Roosevelt.

Die GAF wird zum Feindesgut erklärt

Am 7. Dezember 1941 erfolgte der japanische Überraschungsangriff auf Pearl Harbour. Tags darauf erklärten die Vereinigten Staaten Japan den Krieg. Drei Tage später empfingen die Vereinigten Staaten die Kriegserklärung von Deutschland und Italien. Diese Ausweitung des Kriegs hatte eine schicksalhafte Bedeutung für die I.G. Chemie. Obschon die I.G. Chemie eine schweizerische Holdinggesellschaft war, wurde im Januar 1942 die GAF von der amerikanischen Regierung der staatlichen Aufsicht unterstellt und die I.G. Chemie auf die schwarze Liste gesetzt. Am 16. Februar wurden ferner die Aktiven der GAF gemäss dem «Trading with the Enemy Act» als feindliches Gut beschlagnahmt. Am 24. April des gleichen Jahres wurden schliesslich die GAF-Aktien dem Office of Alien Property Custodian (APC) übertragen. Bis zum Jahresende wurden 455 448 A-Aktien und 2 050 000 B-Aktien und 1943 weitere 176 A-Aktien beschlagnahmt. 1946 wurden ausserdem schrittweise die sich im Besitz der GAF befindlichen Banknoten im Umfang von 1,8 Millionen Dollar konfisziert. Mit diesen Massnahmen war die wichtigste Beteiligung für die I.G. Chemie wertlos. Per 31. Dezember 1941 wurde diese Beteiligung noch mit 151,223 Millionen Franken bilanziert und machte ungefähr 80 Prozent des Bilanzwerts der Interhandel-Aktiven aus. Die Protestaktionen der Vertreter von I.G. Chemie und der schweizerischen Gesandtschaft auf die Beschlagnahmung der GAF hatten in den Kriegsjahren wenig Erfolg. Der schweizerische Gesandte in Washington, Minister Carl Bruggmann, erhielt damals lediglich die Zusicherung, es bestehe nicht die Absicht, schweizerische Interessen zu verletzen.

Mit diesem Schlag gegen die GAF sollte es aber nicht sein Bewenden haben. Die amerikanische Regierung verlangte nämlich von der Schweiz, dass sie die deutschen Guthaben und Vermögenswerte im eigenen Land beschlagnahmte und den Erlös für deutsche Wiedergutmachungsleistungen zur Verfügung stellte. Der Bundesrat entsprach diesem amerikanischen Begehren und sperrte am 16. Februar 1945 sämtliche deutschen Vermögenswerte in der Schweiz. Die Schweizerische Verrechnungsstelle untersuchte nun als das mit der Ausführung dieses

Bundesbeschlusses bevollmächtigte Amt auch die Eigentumsverhältnisse der I.G. Chemie und der am Vorzugsaktienkapital beteiligten Bank Sturzenegger. Obschon die Verrechnungsstelle keinen Hinweis für eine Bindung zwischen der I.G. Chemie und der I.G. Farben fand und anerkannte, dass der überwiegende Anteil des Aktienpakets der I.G. Chemie sich in Schweizer Besitz befinde, wurde am 30. Oktober auf Weisung des Eidgenössischen Volkswirtschaftsdepartements und des Eidgenössischen Politischen Departements die provisorische Sperre über die im Besitz der I.G. Chemie befindlichen Vermögenswerte verfügt.

Die Massnahmen der schweizerischen Landesregierung wurden zwar als vorsorglicher Schritt begründet, um einwandfrei abklären zu können, ob es sich bei der I.G. Chemie wirklich um eine schweizerische oder um eine deutsch kontrollierte Gesellschaft handle. Wäre das Letztere der Fall gewesen, dann hätte die Sperre gemäss einer Vereinbarung mit den drei westlichen Siegermächten, dem sogenannten Abkommen von Washington, aufrechterhalten bleiben müssen. Eine ausserordentlich eingehend geführte und manchmal fast schikanös anmutende Untersuchung der Verrechnungsstelle ergab jedoch erneut, dass es sich bei der I.G. Chemie um ein echt schweizerisches Unternehmen handelte, das wohl früher sehr enge Beziehungen zur I.G. Farben unterhielt, diese aber schrittweise schon vor dem Zweiten Weltkrieg und abschliessend 1940 vollständig gelöst hatte.

Washingtoner Gericht verlangt Akteneinsicht bei Sturzenegger
Für die I.G. Chemie begann nun eine 20 Jahre dauernde Leidenszeit im Kampf um die Anerkennung ihrer Ansprüche auf die GAF, die von langwierigen Prozessen und Verhandlungen mit Verwaltungsstellen geprägt war und während der man kaum einen Schritt näher zum Ziel gelangte.

Am 25. Mai 1945 unterzeichnete die Schweiz das erwähnte Washingtoner Abkommen, in dem sie sich verpflichtete, ihre Nachforschungen über allfällige deutsche Vermögenswerte in der Schweiz fortzusetzen und aus diesem Grund eine Zusammenarbeit mit einer gemischten Kommission zu pflegen, die sich aus Vertretern der drei westlichen Siegermächte und einem Schweizer zusammensetzte. Im von den Alliierten besetzten Deutschland wurden gründliche Nachforschungen betrieben. Bei der UBS hatte Saager in späteren Jahren einen Mitarbeiter, der als schweizerisch-amerikanischer Doppelbürger im Team der Besatzungsmächte mitarbeitete, das in deutschen Archiven Urkunden über die I.G. Farben zu prüfen hatte. Wie dieser UBS-Angestellte später mitteilte, wurde in minutiöser Kleinarbeit jede auffindbare Akte peinlichst genau nach einem möglichen Anhaltspunkt durchforstet. Doch gelang es den Alliierten nicht, Beweise für ihre Behauptung zu liefern, dass die I.G. Chemie in Wahrheit von Deutschland beherrscht wurde.

Um auch äusserlich jeden Hauch der früheren Verbindung mit der I.G. Farben zu beseitigen, nahm ferner die I.G. Chemie die Initialen «I.G.» aus ihrem Namen und nannte sich ab Ende 1945 Internationale Industrie- & Handelsbeteiligungen AG (Interhandel). Ausserdem wurden zwecks Offenlegung der Aktionärsverhältnisse die Stammaktien in vinkulierte Namenaktien umgewandelt. Damit wurde namentlich Vorwürfen Rechnung getragen, die in der Öffentlichkeit vorgebracht wurden, dass die Besitzverhältnisse bei Interhandel unklar seien. Die bereits 1942 vom Politischen Departement erhobene Anschuldigung, dass vor allem die Besitzverhältnisse über die Vorzugsaktien schleierhaft seien, wurde zu diesem Zeitpunkt noch nicht berücksichtigt. Ferner traten Ende 1945 der Schwager von Hermann Schmitz, Albert Gadow, wie auch der seit 1938 im Verwaltungsrat amtierende aargauische Ständerat Dr. Gottfried Keller aus der Geschäftsleitung aus. Neu kamen in den Verwaltungsrat ab 1945 der bekannte Zürcher Rechtsanwalt Dr. Hans Pestalozzi und ab 1946 Charles Rudolph, Küsnacht ZH, sowie Dr. Alfred Keller, Brugg. Ab 1947 wurde dieses Gremium ergänzt durch Dr. Friedrich von Tscharner, Basel, und ab 1948 durch den Sohn von August Germann, den Bankier Walter Germann. Bis Ende 1957 leiteten fortan diese Persönlichkeiten das Geschick der Interhandel.

Für die Schweizer Richter war das negative Ergebnis der Gemischten Kommission im Rahmen des Washingtoner Abkommens Grund genug, um die Blockierung der Aktiven von Interhandel aufzuheben. Am 5. Januar 1948 verfügte die von Bundesrichter Georg Leuch präsidierte schweizerische Rekursinstanz eine Aufhebung der Sperre, rückwirkend auf den 30. Oktober 1945. Im Anschluss an diesen Entscheid hielt es die Gemischte Kommission nicht für notwendig, den Rekursentscheid an ein Schiedsgericht weiterzuleiten. Damit war der Weg für die Schweizer Behörden frei, die Interhandel in ihrem Kampf um die Freigabe der Vermögenswerte in den Vereinigten Staaten aktiv zu unterstützen.

In den USA selbst nahm schon seit 1941 mit John J. Wilson ein angesehener Anwalt die Interessen der Interhandel wahr, der insbesondere im Ruf stand, beste Beziehungen zur Regierung zu pflegen. Wilson bekam mit diesem Mandat bald alle Hände voll zu tun. Während sich nun die Schweizer Behörden auf das Washingtoner Abkommen beriefen und Freigabe der Vermögenswerte in den USA verlangten, vertraten die amerikanischen Behörden den Standpunkt, das Abkommen beziehe sich nur auf Besitztum innerhalb der Schweiz, insbesondere nicht auf Güter, welche die Regierung aufgrund von «vesting orders» beschlagnahmt habe. Nicht feindliche Ausländer, also Schweizer, hätten ihre Forderungen nach Freigabe von in den Vereinigten Staaten beschlagnahmten Gütern über den dort üblichen Rechtsweg nach amerikanischem Recht vorzubringen. Im Juli 1948 wurde ausserdem ein Gesetz in den USA in Kraft gesetzt, das vorsah, dass kein Feindbesitz an seine alten Eigentümer zurückzugeben, sondern in einen eigens dafür geschaffenen Fonds einzubringen sei, welcher der Abgeltung von Kriegsforderungen dienen sollte.

Nachdem Wilson schon 1943 und noch am 2. Juni 1948 vergeblich versucht hatte, dem Anliegen von Interhandel auf administrativem Weg Nachachtung zu verschaffen, hielt er den Zeitpunkt für gekommen, um den Rechtsweg zu beschreiten. Am 21. Oktober 1948 reichte er eine Beschwerde gemäss Paragraf 9 des Gesetzes über den Handel mit dem Feind ein. Als Beklagten nannte er den Vorsteher des Justizdepartements, Tom C. Clark, dem die Aufsichtsbehörde für dieses Gesetz unterstellt war. Wilson klagte auf Rückgabe sämtlicher beschlagnahmter Vermögenswerte und des aus diesen seither hervorgegangenen Wertzuwachses. Wilson begründete seine Klage mit dem Hinweis, dass die Beschlagnahmung unrechtmässig sei, da Interhandel nie ein Feind oder

Verbündeter eines Feindes der USA gewesen und Interhandel der rechtmässige Besitzer der beschlagnahmten Güter sei. Sodann seien ab 1940 alle Bande zur I.G. Farben zerrissen worden, insbesondere habe man die Option der I.G. Farben gelöscht, Hermann Schmitz sei aus dem Verwaltungsrat ausgetreten und die noch in deutschem Besitz befindlichen Aktien seien gekauft worden. Für die Beklagten waren diese Massnahmen lediglich Tarnungsmanöver. Ferner wurde behauptet, Interhandel sei bis zu Deutschlands Kapitulation 1945 Komplize der I.G. Farben geblieben. Gleichzeitig klagte das Justizdepartement auf Zahlung einer angeblichen Steuerschuld der Interhandel aus den Jahren 1929 bis 1933 im Umfang von 9,5 Millionen Dollar plus Zinsen.

Vom Beschreiten des prozessualen Wegs durch Rechtsanwalt Wilson erhoffte man sich an der Börse zumindest kurzfristig keinen Erfolg. An der Zürcher Börse schwankte der Titel von Interhandel 1948 zwischen 462 und 800 Franken. Je nach Prozessausgang errechnete man sich einen inneren Wert von 1085 bis 3280 Franken. Die von Wilson vorgelegten Beweismittel genügten dem Washingtoner Distriktgericht in der Tat nicht. In einem Entscheid vom 5. Juli 1949 forderte es von Interhandel eine Einsichtnahme in sämtliche Akten dieser Gesellschaft. Unter Berücksichtigung der engen Verbindung zwischen Interhandel und der Bank Sturzenegger verlangte es ausserdem die Vorlage sämtlicher Akten dieser Bank, obschon diese nicht Partei im Prozess war. Letztere Forderung komplizierte nun den Fall ausserordentlich. Denn eine Einsichtnahme in die Akten der Bank Sturzenegger hätte nicht nur das Schweizer Bankgeheimnis, sondern auch den Artikel über den verbotenen Nachrichtendienst im Schweizer Strafgesetz verletzt. Im Sinn einer vorsorglichen Massnahme beschlagnahmte daher die schweizerische Bundesanwaltschaft am 15. Juni 1950 die Akten der Sturzenegger-Bank. Das Washingtoner Gericht zeigte sich von der Einrede der Verletzung von schweizerischem Recht nicht beeindruckt. Am 19. Februar 1953 entschied es, die Hauptklage von Interhandel sei abzuweisen, wenn die Klägerin nicht die von der Bundesanwaltschaft beschlagnahmten Sturzenegger-Akten innerhalb von drei Monaten vorlege.

Mit diesem Entscheid geriet die Bank Sturzenegger in eine arge

Zwickmühle. Sie versuchte das Unmögliche möglich zu machen und schrieb im Einvernehmen mit der Bundesanwaltschaft sämtlichen Kunden mit der Bitte, auf den Schutz des Bankgeheimnisses zu verzichten und die Einsichtnahme dem Washingtoner Gericht zu erlauben. Das Gericht kam der Bank insofern entgegen, als es die Frist für die Vorlage der Akten verlängerte. Wohl gelang es der Bank Sturzenegger, rund 260 000 Dokumente für die Vorlage freizubekommen. Einige Bankkunden, darunter der bekannte belgische Chemiekonzern Solvay, der erhebliche Beteiligungen am deutschen Unternehmen Kali Chemie besass, verweigerten indessen die Einsichtnahme. Da das Washingtoner Gericht auf einer hundertprozentigen Vorlage beharrte, stellte die Bank Sturzenegger beim Bundesrat das Gesuch, die völlige Freigabe der Akten zu bewilligen. Doch war natürlich auch der Bundesrat an das Schweizer Recht gebunden und musste das Gesuch ablehnen. Obschon das Gericht in Washington den guten Willen für eine vollständige Vorlage der Akten anerkannte, wies es am 21. Dezember 1953 die Klage von Interhandel ab. Auch ein Weiterziehen des Falls an das Appellationsgericht in Washington blieb mit einem abschlägigen Entscheid vom 30. Juni 1955 erfolglos.

Nun versuchte Interhandel beim Distriktgericht in Washington den Fall mit dem Angebot weiterzubringen, den Beweis für die Bedeutungslosigkeit der fehlenden Akten für den Prozess durch eine neutrale Kontrollstelle zu liefern. Doch das Gericht zeigte sich mit einem abschlägigen Entscheid am 3. August 1956 unerbittlich. Als auch dieses Vorgehen fehlgeschlagen war, klagte Interhandel beim obersten amerikanischen Gerichtshof, der am 15. Oktober 1957 Interhandel das Recht auf Anhörung gewährte. Am 16. Juni 1958 wurde sogar die Berufung gutgeheissen und der Fall erneut an das Distriktgericht zurückgewiesen. Der oberste Gerichtshof begründete seinen Entscheid mit der Auffassung, dass die Klage von Interhandel nicht wegen mangelhafter Aktenvorlage abgewiesen werden dürfe, wenn die Klägerin darlegen könne, dass sie sich intensiv um die Beibringung der Unterlagen bemüht und anscheinend alles ihr Mögliche getan habe.

Auf prozessualem Weg wurde zu jener Zeit für die Interhandel-Aktionäre ein anderer Erfolg erzielt. Durch Entscheid vom 9. November

1955 verfügte Richter David A. Pine vom Distriktgericht Washington gegen das Begehren des amerikanischen Justizdepartements, den Aktionären keinen Prozessanspruch einzuräumen, die ihre Interhandel-Aktien nach Beschlagnahme der GAF erworben hatten. Dieses Urteil ermöglichte es, dass Aktionäre, die am Prozess teilnahmen, ihre Aktien verkaufen konnten, ohne deswegen ihre Prozessrechte zu verlieren, und dass andererseits neue Aktionäre in den Prozess eintreten konnten. Voraussetzung eines solchen Anspruchs war aber immer der Status eines «nicht feindlichen» Aktionärs. Einen weiteren Erfolg verzeichneten in der Folge die vom Rechtsanwalt Irving Moskovitz vertretenen Interventionisten mit einer Einsprache gegen die Absicht des Justizdepartements, das GAF-Kapital neu zu klassifizieren und den grössten Teil der GAF-Aktien zu verkaufen. Moskovitz darf übrigens nicht verwechselt werden mit seinem Zeitgenossen und jüdischen Gelehrten der USA, Irving Moskovitz.

Interhandel sucht Käufer

In der Zwischenzeit versuchte Interhandel auch auf anderem Weg, die Angelegenheit um die in den USA blockierten Guthaben aus der Welt zu schaffen. In einem ersten Schritt wurde die Aktienstruktur schrittweise bereinigt. Bereits am 22. November 1948 beschloss die Generalversammlung die Volleinzahlung der halbliberierten Stammaktien. Anstelle der Bareinzahlung konnten auch zwei halbliberierte in eine volleingezahlte Stammaktie umgetauscht werden. Damit gelangte die Gesellschaft bis Jahresende in den Besitz von 22 000 eigenen Aktien zum Nennwert von 250 Franken, von denen 3000 für Härtefälle zurückbehalten wurden und die restlichen 19 000 kaduziert werden sollten. Das Aktienkapital im Umfang von noch 126,708 Millionen Franken gegenüber zuvor 135 Millionen bestand nun aus 100 000 Vorzugsaktien zu je 100 Franken Nennwert und zu 20 Prozent einbezahlt und aus 233 416 Stammaktien zu je 500 Franken Nennwert, von denen 206 000 voll und die restlichen 27 416 zur Hälfte einbezahlt waren. Letztere zur Hälfte einbezahlten Aktien waren diejenigen, die sich im Besitz der GAF befanden oder von ihr in den Jahren 1944 bis 1946 als Dividende verteilt worden waren. Sie konnten nicht zusammengelegt werden, weil das Distriktgericht in Washington in einer vorsorglichen Massnahme einen derartigen Schritt untersagte.

Ferner gelang es Interhandel 1951, gegen eine Bezahlung von 1,1 Millionen Franken und Rückgabe von 85 681 Aktien der Norsk Hydro-Elektrisk Kraelstofaktieselb 21 405 volleinbezahlte Stammaktien von Interhandel einzutauschen, von denen 21 000, zusammen mit den 19 000 aus der Kaduzierung, annulliert wurden. Damit verminderte sich der Bestand der volleinbezahlten Stammaktien von 206 000 auf 166 000 und das Aktienkapital von 126,708 auf 106,708 Millionen Franken. Diese friedliche Bereinigung einer kreuzweisen Verbindung zwischen Interhandel und Norsk Hydro kam zustande, nachdem Norwegen Massnahmen gegen die Beteiligung der Interhandel an der bedeutenden norwegischen Unternehmung der Elektrizitätsindustrie erwogen hatte. Doch befürchteten die Norweger Gegenmassnahmen in der Schweiz. Zum Nachteil beider Seiten hätte sich mit Sicherheit ein gegenseitiger Sanktionskrieg im Fall eines befriedigenden Ausgangs des Interhandelsprozesses in Washington ausgewirkt.

Da zu Beginn der 1950er-Jahre die Aussichten auf eine gerichtliche Bereinigung der Lage in den USA für Interhandel wenig verheissungsvoll aussahen, bemühte sich die Verwaltung von Interhandel, das Problem durch Verkauf der Forderungen zu lösen. 1950 bot sie den amerikanischen Behörden eine Abtretung ihrer Forderungen für 14 Millionen Dollar an. Justizminister Clark zeigte sich nicht abgeneigt, auf einen solchen Handel einzugehen, versuchte aber die Summe auf 12 Millionen herunterzuhandeln. Doch ging man bei Interhandel auf ein derartiges Angebot nicht ein, sondern erhöhte die Summe sogar auf 35 Millionen, ein Betrag, der dem Nettowert der GAF im Zeitpunkt der Beschlagnahme entsprach. Die amerikanischen Behörden waren mit einem solchen Preis erst recht nicht bereit, die Forderungen zu übernehmen, dies umso mehr, als man in Kreisen des Justizdepartements weiterhin glaubte, Beweise dafür finden zu können, dass die GAF lediglich ein getarntes Unternehmen der I.G. Farben sei.

1953 trat die Interhandel-Verwaltung in Kontakt mit der Blair-

Gruppe. Im Februar 1953 schloss sie mit der Blair Holding Corporation, New York City, einen Übernahmevertrag für 60 Millionen Dollar ab, unter der Voraussetzung, dass alle Vermögenswerte der GAF vor dem 31. August zurückgegeben würden. Die Blair-Gruppe erklärte sich ausserdem bereit, Beiträge an die amerikanische Regierung und deren Prozess- und Verwaltungskosten zu übernehmen, die diese allenfalls gefordert hätte. In einem Zusatzvertrag sollte die Blair-Gesellschaft für eine mögliche Tätigkeit als Agent für die Überführung der GAF in amerikanisches Eigentum eine Kommission von 3 Prozent der Verkaufssumme erhalten. Da zu jener Zeit keine Lösung erreicht wurde, ist der Vertrag mit der Blair-Gruppe im Frühjahr 1954 wieder aufgelöst worden.

Das Vorgehen der Interhandel-Verwaltung wurde in der Öffentlichkeit und insbesondere in der Presse sowohl der Schweiz als auch der Vereinigten Staaten lebhaft diskutiert. Für die einen ging die Verwaltung gegenüber den amerikanischen Behörden zu wenig vehement vor, für die anderen schlug sie falsche Wege ein. Selbst in den eidgenössischen Räten gab der Interhandel-Fall Anlass zu parlamentarischen Vorstössen. Namentlich war vielen Aktionären weiterhin die Struktur der Verwaltung suspekt, und in diesem Zusammenhang gab die Einrichtung der sich in den Händen der Sturzenegger-Bank und der Industrie Bank, Basel, befindlichen Vorzugsaktien Anlass zu Kritik. Verschiedene Aktionärsgruppen versuchten, sich durch Interventionsklagen Zugang zum Hauptprozess zu verschaffen. Bereits im Sommer 1949 reichte Remington Rand, die sich bald nach Kriegsende für die GAF interessierte, ein Begehren um Zulassung zum Hauptprozess ein. Remington Rand behauptete, sie habe 1947, als sie Verhandlungen mit Interhandel führte, von der Direktion von Interhandel eine Kaufoption von 25 Millionen Dollar für den Erwerb der GAF-Aktien erworben. Die Interhandel-Verwaltung bestritt jedoch diese Behauptung entschieden. Da Remington Rand keinen ausreichenden Beweis für das Vorliegen einer solchen Option liefern konnte, lehnte am 31. März 1950 das Washingtoner Gericht die Zulassung von Remington Rand zum Hauptprozess ab. Die in der Folge erhobenen Berufungsklagen von Remington Rand wurden ebenfalls abgewiesen.

Moskovitz schaltet sich ein

1950 richteten in den Vereinigten Staaten die jüdischen Flüchtlinge Eric G. und Anna Kaufmann eine Petition im Namen aller Interhandel-Aktionäre nicht feindlicher Nationalität ein, in der sie behaupteten, die Geschäftsleitung von Interhandel betreibe nach wie vor eine Politik, die im Interesse der Deutschen liege. Rechtsanwalt der beiden Kaufmanns war Irving Moskovitz, ein gewiefter Taktiker, der über den Interhandel-Fall als früherer Angestellter des Justizdepartements bestens im Bild war. Die Kaufmanns befürchteten, die Geschäftsleitung von Interhandel würde aus Angst vor einer endgültigen Beschlagnahme der in den USA liegenden Vermögenswerte einem Kompromiss zustimmen, der nicht einmal dem Wert des nicht feindlichen Anteils entspräche. Ausserdem würden ehemalige Feinde durch eine solche Auszahlung erst noch in den Genuss eines nicht unerheblichen Vermögens gelangen. Damit verlangten sie bei der prozessualen Behandlung des Falls eine getrennte Beurteilung der feindlichen und nicht feindlichen Aktionäre. Sodann forderten sie eine Zulassung zum Hauptprozess. Das Washingtoner Distriktgericht und später das Appellationsgericht lehnten diese Petition ab. Der oberste Gerichtshof der USA gewährte jedoch im Oktober 1951 den Kaufmanns das Revisionsrecht und entschied am 7. April 1952 zu ihren Gunsten. Gleichzeitig beschloss das Gericht, dass nicht feindliche Aktionäre ihre proportionalen Teilansprüche am Gesellschaftsvermögen der GAF gegenüber der amerikanischen Regierung geltend machen könnten, falls Interhandel den Hauptprozess verlieren würde.

Vom Erfolg der Geschwister Kaufmann angespornt, versuchten auch andere Interventionisten ihr Glück. Die Interhandel-Verwaltung, die anfänglich die Begehren der Kaufmanns erbittert bekämpft hatte, änderte nun ihre Taktik. Sie bildete selbst eine Interventionsgruppe, welche die subsidiären Eventualansprüche der Aktionäre zu vertreten hatte. Wortführer dieser Gruppe wurde der Zürcher Rechtsanwalt und Interhandel-Verwaltungsrat Dr. Hans Pestalozzi, der den Auftrag erhielt, die Aktionäre von Interhandel in einer Gruppe zu vereinigen. Dieses Ziel wurde jedoch nicht erreicht. Lediglich die Aktionärsgruppe Attenhofer konnte mit der Gruppe Pestalozzi vereinigt werden. Immerhin avancierte damit diese Gruppe zur stärksten unter den Aktionären, und 1952 wurde sie vom Gericht als Intervenient zugelassen.

An den Interessen der Geschwister Kaufmann beteiligte sich hauptsächlich die Zürcher Bank Schoop, Reiff & Co., vertreten durch Direktor Hans Gut. In den Vereinigten Staaten selbst hatte Rechtsanwalt Irving Moskovitz als Vertreter der Kaufmanns das Vorgehen der verschiedenen Interventionsparteien aufmerksam verfolgt. Moskovitz war nach dem Krieg Mitglied der amerikanischen Behörde, welche die Verbindungen der I.G. Farben mit der I.G. Chemie zu untersuchen hatte. Er hatte aus diesem Grund gute Kenntnisse über den Interhandel-Fall und verstand es in der Folge als freier Anwalt, diese Kenntnisse für die nicht feindlichen Interhandel-Aktionäre auszunutzen. Mitte Juni 1956 hatten die vereinigten Interventionsparteien unter Führung von Moskovitz beim Special Master des Washingtoner Distriktgerichts ein Urteil erwirkt, das für die nicht feindlichen Stammaktionäre sehr günstig lautete, indem diese ihren vollen Anspruch an den amerikanischen Aktiven der Interhandel erhalten sollten, während die ehemaligen Feinde weiterhin blockiert blieben. Als Stichtag galt das Datum der Beschlagnahme durch die amerikanische Regierung von 1942. Gemäss Bericht der Verrechnungsstelle kam man auf rund 17 Prozent feindliche Aktionäre, wozu noch nach amerikanischer Auffassung die seit Kriegsende an den Börsen gehandelten sogenannten Ring-Aktien und die Vorzugsaktien der Interhandel kamen, sodass die feindliche Quote total etwa 40 Prozent ausmachte. Pro nicht feindliche Aktie Interhandel ergab sich damals unter Zugrundelegung eines Werts der GAF von 150 Millionen Dollar ein rechnerischer Wert von etwa 6000 Franken. Die nicht angemeldeten, nicht feindlichen Aktien wurden bei den Interventionskomitees den angemeldeten Aktien gleichgestellt. Es war naheliegend, dass die Börse auf diesen Entscheid mit einer kräftigen Haussebewegung reagierte.

Die Finanzblätter werteten den Entscheid des vom Distriktgericht für den Interhandel-Fall eigens eingesetzten Special Master als grossen Erfolg, betrachteten ihn jedoch nur als Rückversicherung für die nicht feindlichen Stammaktionäre. Sie rechneten nicht damit, dass die effektive Freigabe schneller stattfinden würde, nämlich entweder mit der allgemeinen Rückgabe der deutschen Privatguthaben während des folgenden Jahres oder auf dem diplomatischen Verhandlungsweg zwischen der Eidgenossenschaft und Washington. Insbesondere auf die Tätigkeit des beim Politischen Departement mit der Angelegenheit Interhandel beauftragten Minister Dr. Walter Stucki setzte man grosse Hoffnungen. Man wertete den Entscheid auch als Erfolg gegen das amerikanische Justizdepartement, das in den Augen des Schweizer Aktionärspublikums mit allen Mitteln den GAF-Fall zu einem grossen Geschäft für die amerikanische Regierung machen wollte.

Neben den genannten Interventionsparteien war noch die schweizerische Interventionsgruppe Klinger-Curator aktiv, die sich ohne Erfolg um einen Gerichtsentscheid bemühte, gemäss dem Interventionsklagen hätten abgewiesen werden sollen, solange der Hauptprozess nicht abgeschlossen war. Moskovitz versuchte ferner, das zeitraubende Einwirken von Splittergruppen auf den Prozessverlauf zu verhindern, indem er behauptete, die Gruppe Kaufmann-Schoop-Reiff vertrete alle Ansprüche der nicht feindlichen Aktionäre. Ein entsprechendes Begehren auf Nichtzulassung von sämtlichen Interventionsklagen wurde jedoch abgelehnt.

Interhandel wird zum Politikum
Unter den Aktionären wurde in diesen Tagen auch der Vorwurf laut, die Schweizer Gesandtschaft in Washington verhalte sich in der Interhandel-Frage zu passiv. Obschon sie durch die Minister Bruggmann und de Torrenté mit verschiedenen Noten bei der amerikanischen Regierung vorstellig wurde, begründete sie eine bewusst zurückhaltende Politik durch den 1944 bis 1960 verantwortlichen Vorsteher des Politischen Departements, Bundesrat Max Petitpierre, vor der Bundeshauspresse, mit dem Hinweis, dass zu viele Noten und Demarchen in den USA eher ungünstig wirkten. Zu viele Vorstellungen erweckten nach Auffassung im Bundeshaus den Eindruck einer routinemässigen Behandlung. Man würde in Washington die Sache noch weniger ernst nehmen. Ein Stupfen der Gesandtschaft erwecke auf der «anderen» Seite lediglich den

Eindruck, als sei die Gesandtschaft nur halb bei der Sache und als sei ihr an einer befriedigenden Lösung gar nicht besonders gelegen. Das wieder hätte jenen Kräften, welche die konfiszierten Werte verwalteten und darüber selbstherrlich verfügten, neuen Auftrieb verliehen, also eine Freigabe noch mehr verzögert.

Auch in den eidgenössischen Räten gab der Fall Interhandel Anlass zu Diskussionen. Am 6. März 1957 reichte der Zürcher Sozialdemokrat Hans Oprecht im Nationalrat eine Interpellation ein, in der er sich bei Bundesrat Petitpierre erkundigte, welche Schritte der Bundesrat zu unternehmen gedenke, um die Freigabe der nach wie vor in den Vereinigten Staaten widerrechtlich beschlagnahmten schweizerischen Vermögenswerte zu erwirken. In seiner Antwort in der Herbstsession des gleichen Jahres wies der Bundesrat vor allem auf die gerichtlichen Schritte hin, welche die Schweiz in die Wege geleitet hatte, so auf die Klage vor dem Internationalen Gerichtshof in Den Haag, über die das mündliche Verfahren in jenen Tagen gerade durchgeführt wurde.

Zu jenem Zeitpunkt wurden ausserdem die Washingtoner Verhandlungen zwischen den Vereinigten Staaten und der Bundesrepublik Deutschland mit grosser Aufmerksamkeit verfolgt. Das «Wirtschaftswunder» in der Bundesrepublik machte im Ausland grossen Eindruck. Die Regierung Konrad Adenauer erwies sich für die amerikanische Regierung in zunehmendem Mass als wertvoller und verlässlicher Bündnispartner im Kalten Krieg. Die westdeutsche Armee übernahm wichtige Aufgaben innerhalb der nordatlantischen Allianz. So war es naheliegend, dass aus politischen Gründen das amerikanische Aussenministerium und ihr Chef, John F. Dulles, darauf drängten, Belastungen aus der Vergangenheit, die das Verhältnis trüben könnten, möglichst rasch aus der Welt zu schaffen. Gegen diese Politik zeigte allerdings das Justizministerium unter Herbert Brownell und später William Rogers einen gewissen Widerstand. Als die Deutschen eine hundertprozentige Rückgabe der deutschen Vermögenswerte verlangten, erschwerte das Justizdepartement die Verständigungsbereitschaft auf amerikanischer Seite spürbar.

Doch nicht nur durch Dulles, sondern auch im Kongress fand die Rückgabe der deutschen Vermögenswerte grosse Unterstützung. Bereits im Herbst 1954 brachten die Senatoren Kilgore, Präsident der sehr einflussreichen Justizkommission, und Dirksen eine Gesetzesvorlage ein, die vorsah, dass man beschlagnahmtes Eigentum aus dem Weltkrieg an seine früheren Besitzer zurückgeben solle. Die durch die USA beschlagnahmten Werte wurden auf 20 Milliarden Franken geschätzt. In den folgenden Monaten versuchten die beiden Senatoren die «Kilgore-Dirksen-Bill» mit grossem Einsatz im Kongress durchzubringen. Der Republikaner Dwight D. Eisenhower musste, nach Beendigung des Koreakriegs 1953 und der Verweigerung einer Unterstützung für Grossbritannien und Frankreich in der Suezkrise, im Jahr 1956 der Sowjetunion in der Raumfahrtforschung eine Führungsrolle zugestehen. Innenpolitisch versuchte er eine liberale Politik durchzusetzen, geriet aber dadurch in scharfen Gegensatz zum konservativen Flügel seiner Partei.

Die seit 1957 zunehmende Kritik an Eisenhowers Amtsführung betraf vor allem die Vernachlässigung von Sozialreformen, das Verschleppen der Bürgerrechtsreformen und sein passives Zuschauen während des ungarischen Volksaufstands. Ferner zeigte die Wirtschaft der westlichen Industrieländer ab 1956 Anzeichen einer Konjunkturüberhitzung. Die Regierungen mussten sich weltweit mit dem Phänomen der Inflation auseinandersetzen. Auch in der Schweiz begann man ab 1957 das Abflauen der Konjunktur zu spüren. Die verlangsamte wirtschaftliche Aktivität trat spürbar mit einer Verknappung des Geld- und Kapitalmarkts bei steigenden Zinssätzen in Erscheinung. Der Aktienmarkt und mit ihm auch der Titel von Interhandel verzeichnete scharfe Kurseinbrüche. Die festverzinslichen Werte standen wie immer in solchen Zeiten hoch im Kurs. Vorübergehend musste die Schweiz sogar den Emissionsmarkt für Auslandsanleihen einstellen.

Was ist die GAF für eine Firma?
Im Trend der allgemeinen Kritik, der die amerikanische Politik hauptsächlich in Europa ausgesetzt war, lag auch das Verhalten des Justizdepartements im Interhandel-Fall gegenüber der Schweiz. Doch bei der GAF handelte es sich eben um Vermögenswerte, die selbst der amerikanischen Regierung nicht gleichgültig sein konnten. Die GAF hatte auch

unter staatlicher Verwaltung ihre Stellung am amerikanischen Markt als führender amerikanischer Produzent von Teerfarbstoffen aus Kohle und Bindemitteln und zweitgrösster Hersteller fotografischer Ausrüstungen nach der Firma Kodak halten können. Ausserdem stellte die GAF lichtempfindliches Papier und Zellulose-Azetat-Filme her. Doch die Geschäftsleitung der GAF wurde meistens von Persönlichkeiten gebildet, die nicht wegen ihrer Fähigkeit als Wirtschaftsführer, sondern wegen ihrer Verdienste gegenüber der amerikanischen Regierung eingesetzt worden waren. Der Umsatz der GAF betrug 1951 99,54 Millionen Dollar, überstieg 1953 die Grenze von 100 Millionen Dollar und erreichte bis 1959 die Marke von 150 Millionen. 1960 arbeiteten fast 8000 Angestellte bei diesem Unternehmen. Auf die Chemie-Abteilung Antara entfielen zeitweise bis zu 45 Prozent, auf die Fotoabteilung Ansco bis zu 40 Prozent der Verkäufe und auf die Ozalid-Abteilung, in der Kameras, Vervielfältigungsapparate und Kleiderstoffe hergestellt wurden, bis zu 17 Prozent der Verkäufe. Die Fabriken der GAF befanden sich in Linden (New Jersey), Rensselaer, Binghamton, Johnson City und Vestal (New York), Huntsville (Alabama), Calvert City (Kentucky), Le Habra (Kalifornien) sowie in Detroit.

In den Vereinigten Staaten betrachteten es Wirtschaftsexperten als ein Wunder, dass die GAF bei einem derart gemischten und teilweise völlig untauglichen Management überhaupt rentieren konnte. Sie wurde von den Regierungen Truman über Eisenhower bis zu Kennedy immer dazu benützt, um verdienten Parteifreunden und Politikern eine Pfründe zuzuschanzen. Den Vogel mit einer derartigen Politik schoss wohl Truman ab, als er den bekannten Sänger Morton Downey zum Verwaltungsrat ernannte. Bis zum Verkauf 1965 lösten sich nicht weniger als sieben Persönlichkeiten auf dem Sessel des GAF-Präsidenten ab. Nach der Beschlagnahmung der GAF durch die amerikanische Regierung 1942 bestimmte Schatzsekretär Henry Morgenthau einen pensionierten Mineningenieur, Robert E. McConnell, zum ersten Präsidenten. Bereits nach 16 Monaten etablierte sich Leo Crowley auf diesem Posten, der im Sommer 1943 mit der fast vollständigen Auswechslung der Direktion und mit dem Rauswurf von McConnell aus dem Verwaltungsrat zum ersten Mal ein nach betriebswirtschaftlichen Grundsätzen arbeitendes Management schaffen wollte. Auch während dieser Periode, die mit seinem Nachfolger James E. Markham bis 1947 dauerte, wechselten 16 Verwaltungsräte ihre Stelle.

1947 stellte der damalige Justizminister und spätere Richter des Obersten Gerichtshofs, Tom Clark, auf Empfehlung seines alten Freundes Robert Hannegan, Postmaster General und Vorsitzender der Demokratischen Partei der USA, Jack Frye ein, der gerade zuvor von Howard Hughes als Präsident der Fluggesellschaft TWA entlassen worden war und dringend eine Stelle brauchte. Frye hatte von der Chemiebranche zu Beginn seiner Amtszeit keine Ahnung, erwies sich aber in der Folge als recht brauchbarer Manager. Selbst als Eisenhower zum Präsidenten der Vereinigten Staaten gewählt wurde und damit die Verwaltung der Demokratischen Partei ablöste, konnte er sich noch für zwei Jahre, nämlich bis 1953, halten. Die Republikaner ersetzten mit Beginn ihrer Verwaltungsperiode sieben der elf Verwaltungsräte. Unter denjenigen, die ihr Amt behalten konnten, war mit dem ehemaligen Konzernleiter der Sperry Corp., Thomas Morgan, nur ein Demokrat zu finden. Von den sieben neuen Mitgliedern waren sechs Republikaner, inklusive Winston Paul, Delegierter der Republikanischen Partei für New Jersey am Parteikongress des Jahres 1952, und ein Parteiloser. 1955 wurde John Hilldring zum Präsidenten ernannt, ein ehemaliger Generalmajor und alter Freund Eisenhowers.

1961, nach dem Wahlsieg der Demokraten, wurde die ganze Verwaltung erneut auf den Kopf gestellt. Bis auf den Demokraten Morgan, der zum Präsidenten bestimmt wurde, wurden sämtliche Posten neu besetzt. Alle waren bekannte Demokraten oder Persönlichkeiten, die Kennedy im Wahlfeldzug unterstützt hatten, wie John I. Snyder, Präsident der U.S. Industries, Ross D. Siragusa, Präsident der Admiral Corp. und alter Freund von Kennedys Vater, Bailey K. Howard, Präsident der Field Enterprises Educational Corp., und William Peyton Marin, Hauptanwalt der Kennedy-Unternehmungen. Selbstredend standen auch sämtliche Rechtsanwälte, die jeweils die Interessen der GAF zu vertreten hatten, regelmässig in persönlicher Verbindung mit dem betreffenden Präsidenten oder dessen Partei. Selbst die Revisionsgesellschaft wechselte mit Beginn der Kennedy-Administration. War es während 20 Jahren die weltbekannte Treuhand- und Revisionsgesellschaft Arthur Andersen & Co., wurde ab 1961 für diese Aufgabe eine reichlich unbekannte und obskure Firma mit Namen Wright, Long & Co. aus New York dafür ausersehen. Es ist damals der amerikanischen Geschäftswelt nicht entgangen, dass einer der Teilhaber dieser Firma Carmine Bellino war. Bellino amtierte zuvor als Hauptfinanzprüfer für eine Kommission des Senats, deren Präsident Robert Kennedy war. Auch der Chef der Agentur, die schliesslich ab 1961 für die Produkte der GAF zu werben hatte, war niemand anderes als K. LeMoyne Billings, einer der engsten Freunde von John F. Kennedy.

Grösseren Schaden als diese Vetternwirtschaft hat die Ungewissheit über die Eigentumsverhältnisse seit 1942 verursacht. So konnte die GAF aus Angst vor gerichtlichen Massnahmen der Interhandel nie neue Aktien ausgeben, weder zum Erwerb anderer Unternehmen noch zur Bezahlung leitender Funktionäre. Die Firma musste daher immer mit äusserst beschränkten Mitteln wirtschaften und Investitionen tätigen. Zudem operierten die jeweiligen Direktoren der Firma sehr vorsichtig bei der Bewältigung ihrer Aufgabe, da die Zukunft der GAF ungewiss blieb. Immerhin gab es in der GAF auch einige Köpfe, die sich dank ihrer Arbeit und nicht wegen ihrer Verbindung zur Partei oder zum Staatspräsidenten einen Namen machen konnten. Dazu zählte in erster Linie Dr. Jesse Werner, der sich namentlich um die Entwicklung der Azetylenprodukte verdient gemacht hatte, seit 1938 bei der GAF angestellt, seit 1959 als Vizepräsident und seit 1961 als Präsident der Konzernleitung tätig war. Diesem Mann verdankte die GAF denn auch eine wesentliche Verbesserung der Finanzlage und der Wettbewerbsstellung seit Ende der 1950er-Jahre.

Brupbacher und Spiess attackieren die Verwaltung
In der Schweiz beschäftigte sich im Interesse von Stammaktionären namentlich der Zürcher Rechtsanwalt Dr. Arnold Spiess mit dem Interhandel-Fall. In der Presse und an den Generalversammlungen griff er

wiederholt die von Walter Germann und Hans Sturzenegger geführte Verwaltung an. Unter anderem behauptete Spiess, die I.G. Farben habe in den 1930er-Jahren Gewinne im Umfang von 120 Millionen Franken zur damaligen Bank Greutert und heutigen Bank Sturzenegger verschoben und aus diesem Kapital den Kauf von 100 000 Vorzugsaktien für die Industriebank AG, Basel, und für ein grösseres Paket von Stammaktien finanziert. Diese angebliche Manipulation war für Spiess der Hauptgrund dafür, dass die Klage der Interhandel um Herausgabe der GAF in den USA abgewiesen wurde. Ausserdem schob er der Verwaltung die Verantwortung dafür zu, dass die Interhandel-Beteiligung Cilag AG in Schaffhausen einen Verlust von 25 Millionen Franken erlitten hatte. Bezüglich der defizitär arbeitenden Cilag richtete sich der Vorwurf auch aus Schaffhauser Kreisen vor allem gegen Sturzenegger, der schon in den Verwaltungsrat der Cilag gewählt wurde, bevor die Interhandel diese Beteiligung erworben hatte. Seitdem die Cilag eine Tochtergesellschaft von Interhandel geworden war, habe sich in diesem Unternehmen eine eigentliche Misswirtschaft breitgemacht.

Ein weiterer prominenter Opponent der Interhandel-Verwaltung und zugleich Haupt der um Spiess gescharten Aktionäre war Charles Brupbacher, Direktor der Affida-Verwaltungsbank. Brupbacher, Sohn des angesehenen Bankiers und ehemaligen Präsidenten des Zürcher Effektenbörsenvereins Carl Jakob Brupbacher, lernte das internationale Bankgeschäft in langjährigen Aufenthalten im Ausland kennen. Er profilierte sich als Kenner der amerikanischen Finanzszene. Über direkte Kanäle zur amerikanischen Verwaltung verfügend, warf er den offiziellen Vertretern von Interhandel vor allem Unfähigkeit bei den Verhandlungen gegenüber der amerikanischen Regierung und den Gerichten vor. Prozess- und andere Unkosten hatten bei der Verwaltung der Interhandel bis 1956 den Umfang von 15 Millionen Franken erreicht.

Andere Aktionäre kritisierten an Generalversammlungen und in Leserbriefen in der Presse namentlich die aufwendigen Reisespesen von Walter Germann, seit 1953 Konsul von Panama in Basel, der ständig zwischen den USA und der Schweiz hin- und herreiste, einmal sogar eigens eine Chartermaschine für den Transatlantikflug mietete, um für die Osterfeiertage wieder rechtzeitig in der Schweiz zu sein. Er lasse sich etwa in der Öffentlichkeit an der Seite Eisenhowers fotografieren und brüste sich mit seinen direkten Interventionen bei obersten Verwaltungsstellen, sei aber bis heute nach dem Motto «ausser Spesen nichts gewesen» erfolglos geblieben. Auch die Personalpolitik von Germann löste Kritik aus. Als nicht gerade glücklichen Schachzug wertete man die Massnahme, Dr. Max Ott als Direktor bei der Interhandel einzusetzen, eine Persönlichkeit, über deren Integrität zwar kein Anlass zu Zweifeln bestand, die jedoch ausgerechnet nach dem Zweiten Weltkrieg in der Eidgenössischen Verrechnungsstelle tätig war. Namentlich bei den amerikanischen Behörden verursachte diese Anstellung Stirnrunzeln und löste Spekulationen aus. Die Polemik in Artikeln und Leserbriefen der Zeitungen und in Voten an Generalversammlungen war hüben und drüben gross.

Die Verwaltung von Interhandel wies diese Behauptungen in öffentlichen Stellungnahmen als unrichtig und irreführend zurück. Insbesondere machte sie darauf aufmerksam, dass in den Jahren 1945 und 1946 die Verhältnisse bei den beteiligten schweizerischen Firmen von der Schweizerischen Verrechnungsstelle gründlich untersucht und abgeklärt worden seien. Daraus habe sich ergeben, dass keine Bindungen an deutsche Interessen bestehen würden und die Interhandel einwandfrei als schweizerisch anzusprechen sei. Auch bei den Vorzugsaktionären sei das Resultat besonders eingehender Untersuchungen eine eindeutige Feststellung des rein schweizerischen Charakters. In diesem Zusammenhang wird sogar auf eine Stellungnahme der I.G. Farben vom 21. März 1956 in der NZZ hingewiesen und zitiert: «Zu dem in New York schwebenden Prozess der Interhandel wird seitens der Liquidatoren der IG Farbenindustrie erklärt, dass aus den bisher vorliegenden beziehungsweise bekannt gewordenen Akten eindeutig hervorgehe, dass die Interessengemeinschaft zwischen der IG Farbenindustrie und der Interhandel vor dem Ausbruch des Zweiten Weltkrieges in aller Form und definitiv gelöst worden sei. Auch die Liquidatoren hätten bisher nichts Gegenteiliges feststellen können.»

Des Weiteren teilte die Interhandel-Verwaltung in Zeitungsinseraten mit, dass von den 120 Millionen Franken Gewinn, die in den 1930er-Jahren erzielt wurden, 90 Millionen an die Interhandel und ihre Tochtergesellschaften weitergegeben wurden. Sodann seien die Aktionäre der Industriebank AG ausschliesslich Schweizer, wobei sich insgesamt 30 Prozent der Aktien in den Händen von Sturzenegger und Germann befänden. Im Übrigen habe der Verlust bei der Cilag AG nicht 25 Millionen, sondern nur 10,75 Millionen Franken ausgemacht. Schliesslich erklärte die Interhandel-Verwaltung: «Aktionären, die noch daran zweifeln, dass die Tätigkeit der Gruppe Dr. Spiess unserem Kampf in den USA und damit dem Interesse unserer Gesellschaft schadet, empfehlen wir, einige in der ‹Finanz und Wirtschaft›, dem Sprachrohr der Gruppe Dr. Spiess, erschienenen Artikel nachzulesen. Form und Inhalt, Stil und Behauptungen sprechen für sich selbst.»

Geteilte Lager in der Presse
Die von der Interhandel-Verwaltung erhobene Anschuldigung an die Adresse der *Finanz und Wirtschaft* illustriert das hitzige Klima, in der die Öffentlichkeit den Kampf der Interhandel um ihr beschlagnahmtes Vermögen in den USA verfolgte. Die damals von Hans Herrmann herausgegebene Zeitung versuchte jedoch mit ihren Artikeln über den Fall Interhandel konsequent die Interessen der Publikums-Stammaktionäre insgesamt zu verteidigen und keinem Anliegen von irgendwelchen Splittergruppen Nachachtung zu verschaffen. Ton und Stil, die sie dabei verwendete und ihr in Börsenkreisen den Übernamen «Finanz-Blick» eintrug, mochten allerdings nicht jedermanns Geschmack gewesen sein.

Die Interhandel-Verwaltung schlug übrigens in dieser Zeit mit gleichen Mitteln zurück. So gründete sie 1957 eine Nachrichtenagentur, die AG für Wirtschafts-Publikationen (AWP), mit dem Ziel, in ihrem Interesse liegende Informationen den Zeitungen weiterzuleiten. Herausgeber waren damals der namentlich bei Radio und Fernsehen tätige Bundeshausredaktor Walter von Kaenel und sein Mitarbeiter, der spätere Dozent an der Universität und Generaldirektor der Berner Kantonalbank, Dr. Paul Risch. Beide bemühten sich, möglichst objektiv und sachlich in den AWP-Nachrichten den Zeitungen über den Interhandel-Fall zu berichten, und hoben sich in wohltuender Weise von der polemischen Art anderer Blätter ab.

Ebenfalls auf der Seite der Interhandel-Verwaltung war die *Agence Economique et Financière* zu finden, eine Tageszeitung, die damals noch ausschliesslich in der Schweiz redigiert wurde. Deren Chefredaktor, der Franzose Jean Hussard, schien allerdings bereit gewesen zu sein, im Interesse jedes Meistbietenden zu schreiben. Jedenfalls musste ihm einmal Saager bei der UBS in seinem Büro die Tür weisen, als er ihm anbot, man könnte zusammen ein Gerücht über den Verlauf der Verhandlungen zwischen der amerikanischen Behörde und Interhandel in die Welt setzen und dann von der dadurch entstehenden Reaktion an der Börse kräftig profitieren. Mit Artikeln, in denen das Vorgehen der Interhandel-Verwaltung verteidigt wurde, machte sich schliesslich zu jener Zeit auch Redaktor Oberholzer von der in Basel erscheinenden *Schweizerischen Finanz-Zeitung* bemerkbar.

Natürlich lagen sich Interhandel-Verwaltung und Opposition auch mit Ehrverletzungs- und Schädigungsklagen in den Haaren. So sandte die Interhandel-Verwaltung 1956 dem Chefredaktor der *Finanz und Wirtschaft* einen Zahlungsbefehl von 50 Millionen Franken und weitere Zahlungsbefehle an verschiedene Persönlichkeiten der Opposition im Ausmass von weiteren 300 Millionen ins Haus. Doch der konzertierte Angriff von Stammaktionären, der Presse und Politiker auf die Institution von Vorzugsaktien war schliesslich von Erfolg gekrönt. Im Dezember 1957 wurden an der Generalversammlung von Interhandel die Vorzugsaktien abgeschafft. Damit wurde eine Beherrschung durch Stimmrecht der Interhandel durch Sturzenegger eliminiert. Gleichzeitig gab Sturzenegger seinen Rücktritt aus dem Verwaltungsrat bekannt. Bereits 1955 waren Rudolph und Keller aus dem Verwaltungsrat ausgeschieden und durch Dr. Charles H. Gossweiler, Bern, und den Bauingenieur und Generaldirektor der Bauunternehmung SA Conrad Zschokke, Dr. Curt F. Kollbrunner, ersetzt worden. Mit der Abschaffung der Vorzugsaktien kaufte Interhandel alle 100 000 Vorzugsaktien von der Industrie-Bank in Basel als der alleinigen Inhaberin dieser Titel gegen Rückzahlung des darauf einbezahlten Teilbetrags von insgesamt 2 Millionen Franken, worauf das Aktienkapital der Interhandel um den Nominalbetrag der Vorzugsaktien von total 10 Millionen auf 96,708 Millionen Franken herabgesetzt wurde.

Die Schweiz klagt die USA vor dem Internationalen Gerichtshof an

Aus der fortschreitenden Klärung der Aktionärsstruktur bei Interhandel zog man allerdings bis anhin bei den amerikanischen Gerichten keinen Nutzen. In erhöhtem Mass fand aber die Gesellschaft die Unterstützung der Öffentlichkeit und der schweizerischen Behörden. Seit 1953, als das Verfahren vor den amerikanischen Gerichten keine Fortschritte machte, bemühte sich der Bundesrat um eine Bereinigung der Streitfrage und schlug die Einsetzung einer Schieds- oder Vergleichsinstanz entweder nach dem Washingtoner Abkommen oder nach dem Vertrag zwischen der Schweiz und den USA aus dem Jahr 1932 vor. Die USA lehnten jedoch beides ab. Am 1. Oktober 1957 forderte die Schweizerische Eidgenossenschaft am Internationalen Gerichtshof in Den Haag die Restitution der der Interhandel gehörenden GAF-Aktien, oder es solle hilfsweise festgestellt werden, dass der Streitfall einer Schieds- oder Vergleichsinstanz unterbreitet werden müsse. Ausserdem beantragte die Schweiz am 3. Oktober eine einstweilige Anordnung des Gerichtshofs, durch die Massnahmen, die eine endgültige Entscheidung präjudizieren könnten, untersagt werden sollten. Die Schweiz wurde in diesem Prozess von den Genfer Professoren Paul Guggenheim und Georges Sauser-Hall vertreten.

Die amerikanische Regierung meldete jedoch sofort eine sogenannte vorgängige prozessuale Einrede («exception préliminaire») an, in der sie geltend machte, dass sie am 14. August 1946 zusammen mit einigen anderen amerikanischen Ländern die obligatorische Zuständigkeit des Gerichtshofs durch die Unterzeichnung der sogenannten Fakultativklausel anerkannt habe, in der sie sich ausdrücklich vorbehalten hätte, Rechtsprobleme, die im Wesentlichen in die nationale Kompetenz fielen, von der Unterstellung unter die Anerkennung der obligatorischen Gerichtsbarkeit auszunehmen. Vorbehalte dieser Art waren im Völkerrecht nichts Neues. Neu war hingegen im von den Vereinigten Staaten 1946 gemeldeten Vorbehalt, den Bereich jener Angelegenheiten nach freiem Ermessen selbst zu bestimmen, der zur essenziellen nationalen Kompetenz der USA gehören sollte.

Zum ersten Mal machten nun die Vereinigten Staaten 1957 diesen Vorbehalt geltend. Sie beschränkten ihn jedoch auf den Verkauf oder die Verfügung der Aktien der GAF, welche die amerikanische Regierung in Ausübung ihres originären Okkupationsanspruchs gegenüber dem Feindesgut zu Eigentum besässe. Andererseits hatte entsprechend der amerikanischen Auffassung die Geltendmachung des sogenannten automatischen Vorbehalts nicht zur Folge, dass der Gerichtshof nicht die Zuständigkeit besässe, sich über eine grosse Reihe von Rechtsfragen auszusprechen, die durch die schweizerische Interhandel-Klage aufgeworfen würden. So widersetzte sich anlässlich des prozessualen Verfahrens über die amerikanischen vorgängigen prozessualen Einreden der amerikanische Anwalt Loftus Becker keineswegs einer Beurteilung der Frage durch den Gerichtshof, ob die GAF schweizerisches oder amerikanisches Eigentum sei, obwohl er geltend machte, auch diese Frage gehöre zum landesrechtlichen Bereich der Vereinigten Staaten. Er behauptete aber nicht, diese Frage gehöre in den landesrechtlichen Bereich, wie er von den USA nach freiem Belieben fixiert sei. Die Vereinigten Staaten billigten somit trotz der Geltendmachung des sogenannten automatischen Vorbehalts dem Gerichtshof das Recht zu, eine Schadenersatzsumme für die Veräusserung der GAF festzusetzen, falls der Gerichtshof entgegen der amerikanischen Auffassung zur Überzeugung gelangte, das Restitutionsproblem sei ein völkerrechtliches und nicht ein landesrechtliches, und des Weitern, dass es sich im vorliegenden Fall nicht um Feindesgut handle. Nur die Befugnis, die Restitution des eventuell zu Unrecht konfiszierten Aktienbesitzes an die Schweiz vorzunehmen, wurde von den USA als ausserhalb der Jurisdiktion des Gerichtshofs stehend und seiner Zuständigkeit entzogen erklärt.

Durch Beschluss vom 24. Oktober lehnte der Internationale Gerichtshof den Erlass der beantragten einstweiligen Anordnung mit der Begründung ab, dass angesichts der inzwischen ergangenen Entscheidung des obersten Gerichtshofs der USA vom 14. Oktober und einer Zusicherung der amerikanischen Regierung, die Anteile an der GAF vorerst nicht zu veräussern, eine vorläufige Regelung nicht notwendig sei. Mit Spannung wartete man nun auf einen Entscheid über die Hauptklage. Nach anderthalb Jahren, nämlich am 21. März 1959, wies der Gerichtshof durch Urteil die Klage als zurzeit unzulässig ab, da die amerikanischen Gerichte noch mit der Angelegenheit beschäftigt seien. Der Gerichtshof nahm im Einzelnen wie folgt Stellung:

1. Die USA hätten die Zuständigkeit des Gerichtshofs zwar nur für nach 1946 entstehende Streitigkeiten anerkannt, doch sei im vorliegenden Fall diese zeitliche Voraussetzung erfüllt, weil sich die Standpunkte der beteiligten Staaten erst im Sommer 1948 endgültig unvereinbar gegenübergestanden hätten.
2. Aus der Tatsache, dass die Schweiz die Zuständigkeit des Gerichtshofs erst 1948 – ohne Beschränkung auf nach diesem Zeitpunkt entstehende Streitigkeiten – anerkannt habe, folge nicht, dass die USA nach dem Prinzip der Gegenseitigkeit ihrerseits berechtigt seien, diesen Zeitpunkt für massgeblich zu erklären.
3. Die Schweiz behaupte einmal eine Verletzung völkerrechtlicher Verpflichtungen durch die USA. Die hierfür herangezogenen völkerrechtlichen Vorschriften könnten für die Entscheidung des Streitfalls von Bedeutung sein, womit eine ausschliesslich nationale Zuständigkeit der USA entfalle. Zum anderen wurde der weitere Einwand der USA, sie selbst könnten entsprechend einem Vorbehalt bestimmen, ob eine Angelegenheit in die nationale Zuständigkeit falle, und sie würden dies im vorliegenden Fall tun, vom Gerichtshof durch die Feststellung umgangen, dieser Standpunkt sei während der mündlichen Verhandlung abgeschwächt worden und die Entscheidung des Gerichtshofs zum folgenden Punkt 4 mache eine Stellungnahme unnötig.
4. Da die amerikanischen Gerichte das Verfahren noch nicht abgeschlossen hätten, sei die Klage wegen Nichterschöpfung der innerstaatlichen Rechtsbehelfe «irrecevable».

Nur die Entscheidung zu Punkt 2 erging einstimmig. Im Übrigen haben mehrere Mitglieder des Gerichtshofs abweichende Stellungnahmen abgegeben und dabei vor allem erörtert, ob der unter 3. erwähnte Vorbehalt mit dem Statut des Gerichtshofs vereinbar ist. Diese Streitfrage hatte jedenfalls zur Folge, dass seither der Interhandel-Fall unter den Völkerrechtlern einige Berühmtheit erlangt hat.

Der Ausgang des Prozesses vor dem Internationalen Gerichtshof hat zwar für die Schweiz und die Interhandel-Aktionäre keinen Sieg, aber immerhin einen Achtungserfolg gebracht. Die amerikanische Regierung wusste nun, dass der Schweizer Bundesrat gewillt war, die Interessen der Interhandel-Aktionäre bis zur letzten Konsequenz zu verteidigen. Bei einer solchen Haltung musste sie künftig politische Konflikte befürchten, namentlich die Wahrung von Rechten auf dem Prozessweg, der sich über Jahrzehnte dahinziehen konnte. Eine derart geschlossene Haltung und das Risiko eines Weiterzugs bis an den Gerichtshof in Den Haag haben bestimmt dazu beigetragen, dass sich die amerikanische Regierung in späteren Jahren zu einem Kompromiss bereitfand.

Um Saager bildet sich ein Konsortium
Seit der Abschaffung der Vorzugsaktien im Dezember 1957 war die Vormacht der mit den Gründern der I.G. Chemie in direktem Kontakt stehenden Verwaltungsräte Iselin, Sturzenegger sowie August und Walter Germann gebrochen. In zunehmendem Mass übernahmen nun die Schweizer Grossbanken, angeführt von der UBS, das Kommando. Bruno Saager, seit 1957 Mitglied der Generaldirektion der UBS, hat als Börsenchef das Geschehen um Interhandel ständig verfolgt und dank seiner Kenntnisse über den internationalen Effektenmarkt die Aussichten für die Interhandel-Aktionäre als derart günstig beurteilt, dass er für die Bank und seinen Kundenkreis immer wieder Interhandel-Papiere an der Börse kaufte. Die Geschäftsleitung von Interhandel schien bereits im Herbst 1957 ihr Interesse an der Verantwortung für dieses Unternehmen verloren zu haben, das heisst also bevor die Eliminierung der Prioritätsaktien Tatsache wurde. Man musste aber schon zu jener Zeit damit rechnen, dass in der bevorstehenden Generalversammlung im Dezem-

ber der Antrag zur Abschaffung der Vorzugsaktien gestellt und zumindest zahlenmässig die überwiegende Unterstützung der Aktionäre finden würde.

Jedenfalls trat Walter Germann in dieser Zeit mit Hans Gut, dem Direktor der zum Bührle-Konzern gehörenden Industrie- und Handelsbank Zürich AG, in Kontakt und bot ihm das im Besitz von Sturzenegger befindliche Aktienpaket zum Kauf an. Hans Gut ist nicht zu verwechseln mit dem gleichnamigen Direktor der Bank Schoop Reif & Co. Gut lehnte ein derartiges Engagement für seine Bank ab. Solange noch Interhandel-Vorzugsaktien bestanden, war ihm das Risiko zu gross, dass eines Tages eben doch eine Verbindung der ehemaligen I.G. Farben mit den Besitzern dieser Titel entdeckt würde und damit die amerikanischen Behörden mit ihrem Verdacht recht haben könnten. Gut erzählte seinem Freund Saager, den er wöchentlich im Goethe-Stübli des Restaurants Kaisers Reblaube in der Zürcher Altstadt zum Mittagessen traf, von diesem Kontaktgespräch, mit der Auffassung, dass eine Grossbank diese Verantwortung besser übernehmen könnte. Über den Kauf der Aktien konsultierte Saager noch den Zürcher Rechtsanwalt Dr. Louis Gutstein, Spezialist für amerikanisches Recht und während des Zweiten Weltkriegs in den USA wohnhaft gewesen, der ihm zu diesem Geschäft riet, aber gleichzeitig darauf aufmerksam machte, dass die Aussichten für Interhandel vor den amerikanischen Gerichten und der Öffentlichkeit wesentlich besser wären, wenn die Vorzugsaktien abgeschafft und damit der Einfluss von Sturzenegger, Iselin und Germann abgebaut würden.

Saager beriet sich auch mit anderen Kennern der Materie, darunter seinen Geschäftsfreunden in Deutschland. Schon wenige Jahre nach Kriegsende hatte Saager Kontakt mit den Finanzinstituten in Deutschland aufgenommen, als noch die Auffassung weitverbreitet war, die zum Teil völlig zerstörten Städte und Industrieunternehmen würden nie mehr auferstehen. Vor allem bei der Dresdner Bank und bei der Metallgesellschaft Frankfurt hatte Saager enge Verbindungen hergestellt, darunter mit den Vorstandsmitgliedern der Dresdner Bank, Ernst Matthiensen und Erich Vierhub, sowie mit Richard Merton, einem

Sohn des Gründers der Metallgesellschaft und Freund von Hermann Schmitz. Merton musste ebenfalls nach dem Krieg in jahrelangen Auseinandersetzungen mit den amerikanischen Behörden um die Vermögenswerte seines Unternehmens kämpfen. Er bestätigte Saager, dass er, der damals in Grossbritannien und in den USA verhört wurde, immer wieder über die Verbindung zwischen der I.G. Farben und Interhandel ausgefragt wurde und damals nur bestätigen konnte, dass die Trennung, schon bevor Deutschland den USA den Krieg erklärte, vollständig war. Auch mit einigen Grossanlegern, von denen Saager wusste, dass sie grössere Aktienpakete von Interhandel hielten, führte Saager ausführliche, fast tägliche Gespräche über die aktuellen Börsenkurse. Daneben tauschte er sich genauso oft mit Schaefer und mit Charles Zoelly, Vizepräsident des Verwaltungsrats der UBS, aus. Zoelly hatte als ehemaliger Direktor der vor dem Krieg in Deutschland stark engagierten Eidgenössischen Bank besondere Kenntnisse über den I.G.-Farben-Komplex. Zum späteren Konsortium zählten André Rueff-Béguin, ein in Paris lebender gebürtiger Basler und Gatte der Mitbesitzerin des französischen Industriekonzerns Béguin, ferner Walter Floersheimer, Partner des bekannten New Yorker Brokerhauses Sutro und vor dem Krieg Direktor der Dresdner Bank, sowie Charles Allen, Hauptpartner des Finanzhauses Charles Allen jr.

Bei der UBS selbst beriet sich Saager hauptsächlich mit seinem Onkel Fritz Richner, der seit 1953 Verwaltungsratspräsident der Bank war. Mit Richner erwog Saager hauptsächlich die Möglichkeit, dass die anderen zwei Schweizer Grossbanken die Kontrolle über Interhandel ergreifen könnten, wenn die UBS nicht handeln würde. Saager zeigte sich nie recht begeistert über diese Dreierlösung. Sowohl mit Rudolf Pfenninger vom Bankverein als auch mit Eberhard Reinhardt von der Credit Suisse bestand zwar eine gewisse Kollegialität im Privatleben, aber im täglichen Börsengeschehen stand man in ständiger Konkurrenz zueinander. Und dort beanspruchte die UBS mit ihren Umsätzen wegen Saagers Aktivitäten eindeutig die Führungsrolle.

Aufgrund all dieser Konsultationen entschloss sich Saager zum

Handeln. Es gelang ihm, innert kurzer Zeit ein Konsortium zu bilden, das über 14 000 bis 15 000 Aktien zum damaligen Kurswert von rund 2200 Franken verfügte. Für die UBS und Beteiligungsgesellschaften der UBS, darunter die Eidgenössische Bank, kaufte Saager Aktien im Umfang von rund 5 Millionen Franken. Floersheimer, Rueff und die Dresdner Bank gaben je weitere 6,5 Millionen Franken ins Konsortium. Weitere Anleger stützten das Konsortium mit kleineren Kaufaufträgen, darunter der Comte Maurice de Mohl, der Privatbankier Pierre du Pasquier, der Financier Robert Greif, der Leiter der IHAG Bank in Zürich, Hans Gut, und der Generalunternehmer Karl Steiner. Diese Gruppe von Aktionären bildete sich, ohne dass die Öffentlichkeit davon erfuhr. Die Aktien wurden ausschliesslich an der Börse erworben. Nach etwas mehr als zwei Jahren wurde ausserdem das Gewicht des Konsortiums und der UBS durch den Kauf der 12 000 Sturzenegger-Aktien auf der damals gültigen Börsenkursbasis verstärkt.

In der Öffentlichkeit wurden nach der Abschaffung der Vorzugsaktien Stimmen laut, die eine Neubesetzung des Verwaltungsrats von Interhandel forderten. Innerhalb der UBS trat der seit 1953 als Präsident der Generaldirektion tätige Dr. Alfred Schaefer für ein gemeinsames Engagement der drei Schweizer Grossbanken ein, um das Interhandel-Schiff wieder flottzumachen. Auf Initiative von Schaefer wurde das weitere Vorgehen an zwei Sitzungen beraten. An der ersten Sitzung am 7. Mai 1958 bei der UBS und an der zweiten am 9. Juni in Basel nahmen neben Schaefer und Saager teil: Generaldirektor Dr. Eberhard Reinhardt (SKA), Generaldirektor Dr. Rudolf Pfenninger (SBV), Dr. Hans Pestalozzi (Verwaltungsrat der Interhandel und Leiter der Aktionärsgruppe Pestalozzi) sowie Dr. R. Niederer und Dr. C. Peyer (H. Sturzenegger & Co., Basel). An diesen Gesprächen war man sich einig, dass im Interesse des Ansehens des Finanzplatzes Schweiz die Führungsspitze bei der Interhandel ausgewechselt werden müsse.

Saager wurde mit der Aufgabe betraut, bei den oppositionellen Gruppen um Charles Brupbacher (Präsident der Affida Verwaltungsbank), der Direktion der Schoop Reiff & Co. AG, Zürich, Jacques Lienhart (Direktor der Schweizerischen Volksbank) und Dr. Arnold Stehlin, Basel, ein gemeinsames Vorgehen gegen die Interhandel-Verwaltung zu erörtern und mit diesen Aktionären zu erwirken, dass Germann als Delegierter des Verwaltungsrats aus der Geschäftsleitung ausscheiden müsse.

Diesem gemeinsamen Druck der Opposition war die Interhandel-Verwaltung nicht mehr gewachsen. Bereits einige Wochen nach diesen Sitzungen gaben Iselin und die beiden Germanns ihren Rücktritt aus Verwaltungsrat und Direktion der Interhandel bekannt. Sturzenegger hatte bereits Ende 1957 sein Ausscheiden in Aussicht gestellt. In der auf den 25. Juni einberufenen Generalversammlung war somit der Weg frei für Neuwahlen in den Verwaltungsrat. Zu neuen Verwaltungsräten wurden gewählt: der damalige Präsident der Schweizerischen Bankiervereinigung und Partner der Genfer Privatbank Hentsch & Co., Charles de Loës, Schaefer, Reinhardt und Pfenninger. Die vier bisherigen Verwaltungsräte Gossweiler, Kollbrunner, Pestalozzi und von Tscharner wurden in ihrem Amt bestätigt. Im Anschluss an die Generalversammlung bestimmte der Verwaltungsrat de Loës zum Präsidenten und Schaefer zum Vizepräsidenten. Anlässlich der Generalversammlung gaben die Vertreter der drei Grossbanken eine gemeinsame Erklärung ab. Sie betonten, dass sie dieses Mandat nicht gesucht hätten, sondern einer von den verschiedensten Seiten laut gewordenen Aufforderung folgten, wonach, angesichts der zwischen einzelnen Aktionärsgruppen bestehenden Meinungsverschiedenheiten, die Voraussetzungen für eine sachliche und ruhige Erledigung der bestehenden Probleme zu schaffen seien.

Damit die Interhandel künftig die laufenden Geschäfte wirksamer abwickeln konnte, bildeten Schaefer, Reinhardt und Pfenninger einen Verwaltungsratsausschuss. Zum Sekretär des Präsidenten und Verbindungsmann zwischen Ausschuss und Verwaltungsrat wurde Ulrich Wehrli, Vizedirektor der UBS, bestimmt. Mit Wehrli pflegte Saager ein gutes Einvernehmen. Weniger gut stand das Verhältnis zwischen Wehrli und Schaefer, der ihn nicht zum stellvertretenden Direktor befördern wollte. Insbesondere eine spätere Aufnahme in die Generaldirektion war für Schaefer ein unmögliches Ansinnen. Wehrli machte denn auch seine

Karriere in späteren Jahren nicht bei der UBS, sondern als Partner der Bank Rüegg. Der Ausschuss beschloss, die laufenden Aufgaben in den Vereinigten Staaten selbst zu übernehmen und nicht der Direktion zu übertragen, der seit einigen Jahren Hans M. Wettstein in Zürich vorstand.

Die als Vertreter der Grossbanken neu gewählten Verwaltungsräte und der als Führer des Konsortiums über das grösste Aktienpaket verfügende UBS-Generaldirektor Saager bemühten sich ab 1958 darum, einen aussergerichtlichen Vergleich mit der amerikanischen Regierung zu erreichen. Sie suchten also nach ähnlichen Lösungen wie vor ihnen der frühere Interhandel-Verwaltungsrat Walter Germann, verfügten aber mit dem internationalen Ansehen ihrer Banken und mit ihrem weitverzweigten Netz von Geschäftspartnern in den Vereinigten Staaten über eine viel grössere Rückendeckung als Germann, Sturzenegger und Iselin.

Saager verfügte dank der Freundschaft von Adolf Jann mit Irving Moskovitz über einen direkten Draht. Denn beide hatten sich anlässlich der Vertragsverhandlungen um das Washingtoner Abkommen kennengelernt, als Jann noch als Sekretär der Schweizerischen Bankiervereinigung tätig war. Die gesamte Lage, Interhandel betreffend, diskutierte Saager mit Moskovitz an regelmässigen Telefongesprächen. Moskovitz scheute sich auch nicht, einmal mit seiner Familie die Winterferien in Klosters zu verbringen, um dort täglich mit Saager zu konferieren. Bei beiden wurde es im Verlauf dieser Gespräche immer offensichtlicher, dass der Kampf um Interhandel nur mit einem Vergleich aus der Welt geschaffen werden konnte.

Auf der Suche nach einem aussergerichtlichen Vergleich
Saager nahm zu jener Zeit auch mit Germann Verbindung auf und orientierte sich über dessen Erfahrungen mit amerikanischen Kontaktstellen. Neben dem federführenden Prozessanwalt John J. Wilson fungierten in den USA als solche General Edwin Norman Clark, General J. Donavan von der Anwaltsfirma Donavan, Leisure, Newton & Irving, Edmond L. Jones als Anwalt der Interventionsgruppe Pestalozzi, der Lobbyist Ray J. Jenkins und die Public-Relations-Firma Bernhard Relin

Associates. In der Schweiz waltete als Rechtsvertreter von Interhandel der Zürcher Anwalt Dr. Edmund Wehrli-Bleuler. Diese Kontakte kosteten die Interhandel jährlich über 1 Million Dollar und erregten wegen ihrer scheinbaren Nutzlosigkeit oft den Unwillen der Aktionäre. Saager teilte immerhin die Ansicht Germanns, dass der Weg über die Gerichte letzten Endes ins Uferlose führen und noch Jahrzehnte zum Spielball von Rechtsanwälten werden könnte. Allein ein durch eine Regierungsinstanz gefällter politischer Entscheid konnte innert vernünftiger Frist das jahrelange Seilziehen um die Vermögenswerte in den USA beenden. Saager kam aus diesem Grund wiederholt mit Germann in ihrem gemeinsamen Ferien- und Weekend-Ort Klosters im Prättigau zusammen. In den folgenden Jahren machte der Basler Bankier in der Öffentlichkeit durch Affären um Fluchtgelder aus den Vereinigten Staaten von sich reden. Sein aufwendiger Lebensstil schien nicht spurlos an seinem Vermögen vorbeizugehen. Jedenfalls ist er praktisch mittellos Ende der 1960er-Jahre aus dem Leben geschieden.

Saager wurde ausserdem über die Stimmung an der Börse und in der amerikanischen Verwaltung von seinen Geschäftsfreunden Walter Floersheimer und Charles Allen beinahe täglich übers Telefon ausgezeichnet informiert. Diese Gespräche verliefen wegen der Zeitverschiebung mit New York für Saager oft bis gegen Mitternacht. Die beiden New Yorker Bankiers pflegten insbesondere Beziehungen mit dem stellvertretenden Justizminister und Verwalter der sich in den USA befindlichen feindlichen Güter, Dallas Townsend. Allen hatte zuvor beim Verkauf und bei der Placierung der Vermögenswerte von American Bosch in den Vereinigten Staaten das Vertrauen von Townsend erworben. Zu jener Zeit wurde Charles Allen von der Interhandel-Verwaltung ermächtigt, mit den amerikanischen Behörden unverbindliche Gespräche zu führen. In diesem Zusammenhang machte er unter anderem den Vorschlag, den Streitfall durch eine Pauschalentschädigung durch die amerikanische Regierung zu beenden.

Auch der Vertreter des Bankvereins im Interhandel-Verwaltungsrat, Dr. Pfenninger, ein alter Freund der Familie Germann, nahm direkten Kontakt mit den amerikanischen Behörden auf, so ebenfalls mit Dallas Townsend. Gegenüber Pfenninger erklärte sich Townsend grundsätzlich bereit, Vergleichsverhandlungen zu führen. Dabei kursierten von amerikanischer Seite Vorstellungen von 35 bis 50 Prozent des GAF-Vermögens als Abfindung für Interhandel, während die Interhandel-Verwaltung mehr als die Hälfte für sich beanspruchte. Auch über die Verkaufsart war man sich uneins. Die Vertreter von Interhandel befürworteten einen Verkauf der GAF-Aktien über die Börse, das Justizministerium dagegen eine öffentliche Versteigerung mit versiegelten Angeboten. Townsend gab sich gegenüber der neuen Interhandel-Verwaltung zwar konzilianter, indem er nicht mehr von einem feindlich beherrschten, sondern von einem feindlich beschmutzten («tainted») Verhältnis zwischen der I.G. Farben und Interhandel sprach. Rechtlich half dieser Unterschied der Interhandel wenig. Denn nach geltender Auffassung in den USA rechtfertigte ein feindlich beschmutztes Verhältnis auch schon eine Beschlagnahme.

Ende der 1950er-Jahre wurde in Zusammenhang mit dem Interhandel-Fall in Parlamentarierkreisen der Vereinigten Staaten das Verhältnis der USA mit der Schweiz ganz allgemein zur Diskussion gestellt. Es geisterte die Vorstellung des Finanzplatzes Schweiz als Hort der «Kriegsgewinnler» herum. Vielerorts zeigte man vor allem für das schweizerische Bankgeheimnis wenig Verständnis. In Artikeln der amerikanischen Presse wurde dessen Preisgabe als Gegenleistung für ein Entgegenkommen im Interhandel-Fall gefordert. Als Pfenninger 1958 wegen Vergleichsverhandlungen in den Vereinigten Staaten weilte, musste er Hals über Kopf in die Schweiz zurückfliegen, da ihn das von Senator Olin Johnston geleitete Komitee über allgemeine Fragen des Schweizer Bankgeheimnisses einvernehmen wollte.

Nachdem der Oberste Gerichtshof der Vereinigten Staaten am 16. Juni 1958 den Hauptprozess an das Distriktgericht in Washington zurückgewiesen hatte, klärte der vom Distriktgericht eingesetzte Special Master prozessuale Vorfragen ab. Das amerikanische Justizdepartement versuchte später, die Abberufung des Special Master zu erwirken, fand jedoch mit diesem Vorstoss sowohl beim Appellationsgericht als auch beim Obersten Gerichtshof keine Gnade. Ausserdem gelang es der Interhandel-Verwaltung mit einer Klage beim zuständigen Richter im Herbst 1959, eine Schädigung ihrer Interessen durch die von der GAF-Verwaltung beabsichtigte Aufhebung des Rückkaufrechts für die A-Aktien abzuwenden. Während der Dauer des Prozesses wurden der GAF-Verwaltung entsprechende Schritte verboten.

Der Vertreter der Credit Suisse im Verwaltungsrat von Interhandel, Eberhard Reinhardt, ergriff ebenfalls die Initiative zur Lösung des Falls. Jedoch gab er sich bezüglich der Aussichten für einen erfolgreichen Abschluss wesentlich pessimistischer. Dieser spätere Präsident der Generaldirektion der Credit Suisse machte wegen seiner wenig zuversichtlichen Haltung zum Fall Interhandel gegenüber seinen Gesprächspartnern aus seinem Herzen nie eine Mördergrube. 1958 klagten die Liquidatoren der I. G. Farben auf gerichtliche Feststellung ihres angeblichen «beneficial interest» an den in den USA beschlagnahmten Vermögenswerten von Interhandel. Ihr Begehren wurde zwar durch einen am 19. Dezember 1958 gefällten Entscheid des Distriktgerichts von Washington abgewiesen. Doch hinterliessen der Vorstoss der Liquidatoren und der an der Börse folgende Kurssturz bei Reinhardt einen grossen Eindruck.

Gegenüber Saager meinte Reinhardt damals im Anschluss an einen gemeinsam besuchten Vortragsabend vor der Volkswirtschaftlichen Gesellschaft, dass diese erneute Schwierigkeit für Interhandel wohl das Ende vom Lied sei. Man sei mit diesem Engagement der Schweizer Grossbanken den Deutschen wohl auf den Leim gegangen. Diese könnten jetzt wahrscheinlich doch einen Beweis für die Abhängigkeit der I. G. Chemie von der I. G. Farben zur Zeit des Kriegseintritts der Amerikaner liefern. Die Aktie werde aus diesem Grund an der Börse noch bis auf 1200 Franken sinken. Die Credit Suisse trat in der Folge als Grossverkäuferin am Markt in Erscheinung und verkaufte selbst Aktien auf Termin. Auch Schaefer äusserte sich bei der UBS wenig zuversichtlich über die weiteren Aussichten von Interhandel. Er meinte, die UBS sollte ebenfalls aus der Sache aussteigen und sei damit mit einem blauen Auge davongekommen. Saager konnte jedoch wieder auf sein ausgezeichnetes Informationsnetz bei seinen Geschäftsfreunden zurückgreifen.

Diesmal erkundigte sich Saager bei Ernst Matthiensen von der

Dresdner Bank, der gleichzeitig Präsident des Aufsichtsrats bei der I.G. Farben in Liquidation war. Matthiensen bagatellisierte den Vorstoss der Liquidatoren als Sonderaktion der Direktion. Er selbst sei vor Einreichung der Klage nicht über ein solches Vorgehen informiert worden. Er werde sich mit dem Aufsichtsrat einsetzen, dass einem derart unbegründeten Treiben ein Ende gesetzt werde. Diese beschwichtigende Aussage überzeugte Saager, die Interhandel-Aktien des Konsortiums zu behalten und an der Börse für die auf bis 2000 Franken gestürzten Interhandel-Aktien Kurspflege zu betreiben. Auch gelang es ihm, Generaldirektion und Verwaltungsrat der UBS für eine solche Politik zu gewinnen. Unterstützt wurde er dabei vor allem von Präsident Fritz Richner und Vizepräsident Charles Zoelly. Innert weniger Tage stieg denn auch die Aktie wieder auf über 2300 Franken.

Die geringen Chancen, die Reinhardt einem für Interhandel günstigen Abschluss einräumte, kamen auch dadurch zum Ausdruck, dass er 1959 mit der New Yorker Brokerfirma Bache & Co. ein Abkommen eingehen wollte, wonach diese Firma im Tenderverfahren alle Interhandel-Aktien zum Preis von 3750 Franken pro Aktie, abzüglich einer Kommission von 150 bis 250 Franken pro Aktie für die Grossbanken, hätte erwerben sollen. Schaefer zeigte sich gegenüber diesem Vorschlag wohlwollend. Saager erhielt jedoch von einem Verwaltungsratsmitglied der General Dynamics und ehemaligen Verteidigungsminister Alvord die Nachricht, dass ein derartiger Handel beim Justizdepartement kaum Gnade finden dürfte. Für Saager waren insbesondere die mit der vorgeschlagenen Vereinbarung verknüpften Bedingungen unrealistisch, dass vorgängig das Einverständnis des Justizdepartements und die prinzipielle Zustimmung für den Verkauf der GAF-Aktien in den Vereinigten Staaten eingeholt werden müssten. Auch der New Yorker Bankier Charles Allen mit seinen Beziehungen zum stellvertretenden Justizminister Townsend riet Saager sehr zur Ablehnung des Vorschlags.

Die Finanzpresse bekämpfte Reinhardts Vorschlag ebenfalls. Denn zu jenem Zeitpunkt wurde die Interhandel-Aktie bereits zu einem Kurs von um die 5000 Franken gehandelt. Die Kollegen von Reinhardt im Verwaltungsrat versagten daher diesen Plänen ihre Gefolgschaft. Charles

Brupbacher, als Vertreter der zweitgrössten Aktionärsgruppe, ging wegen der Verhandlungen mit der Firma Bache und mit Reinhardt an der Generalversammlung vom 30. Juni 1960 hart ins Gericht und nannte Letzteren einen «wirtschaftlichen Defätisten». Die General Dynamics zeigte übrigens zu jener Zeit ein grosses Interesse am Erwerb der Interhandel-Aktien. Dabei trug sie sich mit dem Gedanken, der Interhandel mit Genehmigung der Gesellschaft die Aktienmehrheit abzukaufen, mit der GAF zu fusionieren und den Kaufpreis an die Interhandel-Aktionäre teils in Bargeld und teils durch Überlassung neuer General-Dynamics-Aktien zu begleichen. Diese Idee zerschlug sich in der Folge wegen der Kurssteigerungen, welche die Interhandel-Aktie 1958 und 1959 verzeichnete. Es ist allerdings zu vermerken, dass sie von der 1958 einsetzenden allgemeinen Erholung an den Börsen profitierte. Dieser Trend setzte sich 1959 fort. Innerhalb des Jahres 1958 erhöhten sich beispielsweise die Umsätze an der Zürcher Börse um unglaubliche 50 Prozent.

In der Schweiz zeigte sich die breitere Öffentlichkeit am Interhandel-Fall zunehmend interessiert. Zahlreiche Leserzuschriften in Tages- und Wirtschaftszeitungen bekundeten ihr Unverständnis darüber, dass der amerikanische Justizminister Rogers weiterhin versuchte, die Schweizer hinzuhalten, nachdem der Internationale Gerichtshof die GAF als schweizerisches Eigentum anerkannt hatte. Die Publikumsaktionäre äusserten sich enttäuscht über ein vermeintlich passives Verhalten der Vertreter der Grossbanken im Verwaltungsrat von Interhandel und des Politischen Departements unter Bundesrat Max Petitpierre, der im Frühjahr 1961 nach 16-jähriger Zugehörigkeit aus der Landesregierung ausschied und durch den Berner Traugott Wahlen, ehemaliger Generaldirektor der FAO, ersetzt wurde. Man fand es insbesondere unerklärlich, warum das Politische Departement nicht das Haager Urteil zu seinen Gunsten auswertete und eine klare Note an die amerikanische Regierung sandte, die Gerechtigkeit für die Schweizer Aktionäre forderte. Ein solcher diplomatischer Schritt verlangt normalerweise auch eine Antwort, und man meinte, die amerikanische Regierung hätte es nicht leicht gehabt, ihre bisherige Haltung zu begründen und zu verteidigen. Es wurde anerkannt, dass Bundesrat Petitpierre mit der Anrufung des Haager Schiedsgerichts ein grosses Risiko auf sich genommen hatte, und man fand es nun umso unbegreiflicher, dass diese Angelegenheit nicht mehr weiterverfolgt wurde. Denn durch den Haager Entscheid wurde grundsätzlich eine neue Situation geschaffen, da das höchste Staatengericht die GAF als unter das Washingtoner Abkommen fallend bezeichnete und damit die Rückgabe an die Schweiz für normal befunden hatte. Einmal mehr fühlte man sich in der Schweiz in die Rolle von David im Kampf gegen Goliath versetzt.

Selbst in den Vereinigten Staaten fehlte es nicht an Sympathiekundgebungen für die Schweizer Aktionäre. In Zeitungen gaben prominente Amerikaner ihrem Erstaunen Ausdruck, dass der amerikanische Justizminister der neutralen Schweiz ihr Eigentum vorenthielt und nicht herausgab. Ein hoher amerikanischer Beamter hatte sogar in der Schweiz vor Journalisten erklärt, er schäme sich, als Amerikaner mit Schweizer Bürgern über den Fall Interhandel zu sprechen, und hoffe gleichwohl, dass diese Angelegenheit so schnell wie möglich geregelt werde. In einem Artikel der *New York Herald Tribune* wurde es als ungeheuerlich bezeichnet, dass ehemaligen Feinden, wie den Italienern und den Japanern, im Krieg beschlagnahmte Privatvermögen längst zurückerstattet worden waren und selbst Deutschland wieder mit einer baldigen Freigabe der Guthaben rechnen konnte. Doch die neutrale Schweiz müsse nach wie vor um die Rückgabe ihrer unrechtmässig blockierten Guthaben kämpfen. Bei ihr spreche man nach wie vor von «feindlich beschmutzten» Guthaben. Und man blieb den Beweis dafür schuldig, dass es sich tatsächlich um ehemals feindlich beschmutzte Guthaben handelte. Man warf der amerikanischen Regierung vor, dass die berühmte Unantastbarkeit von Privateigentum im Kriegsfall, zu der sich gerade die USA immer wieder bekannt haben, im Interhandel-Fall mit Füssen getreten werde.

Ehemaliger Präsident von General Electric als Vermittler
Im Herbst 1959 tauchte in der Schweiz eine weitere Persönlichkeit auf, die sich bemühte, im Kampf um die amerikanischen Vermögenswerte von Interhandel ein Wort mitzureden. Es war Robert A. Schmitz, der

Sohn des früheren GAF-Präsidenten D. A. Schmitz und Neffe von Hermann Schmitz. Schmitz hatte in früheren Jahren im amerikanischen Unternehmen W. R. Grace & Co. gearbeitet. Dort lernte er in den frühen 1950er-Jahren Charles E. Wilson kennen, ehemaliger Präsident von General Electric und einflussreicher Mann bei der Republikanischen Partei. Wilsons Aufgabe war es, aus Grace einen Konzern mit diversifizierter Branchenstruktur aufzubauen. Schmitz wollte damals Charles Wilson beibringen, dass die GAF gerade das richtige Unternehmen sei, um bei Grace eine entsprechende Änderung zu erreichen. Tatsächlich versuchte man bei Grace solche Schritte in die Wege zu leiten. Als sich aber Wilson mit Peter Grace über die weitere Entwicklung des Unternehmens überworfen hatte und die Firma verliess, zeigte man sich auch nicht mehr am Kauf der GAF interessiert.

Während seines Aufenthalts in der Schweiz kam Schmitz zuerst zu Schaefer und später zu Saager in die UBS mit einem Empfehlungsschreiben von Sturzenegger in Basel. Sturzenegger wies darin auf die verwandtschaftlichen Beziehungen von Schmitz zur früheren I. G. Farben und GAF-Leitung hin und wertete ihn als profunden Kenner dieser beiden Gesellschaften. Dank der Schmitz zur Verfügung stehenden Dokumente über den Geschäftsgang der GAF sei er wahrscheinlich der beste Kenner der Materie in den USA. Schmitz pflegte längere Unterredungen mit den beiden Vertretern der UBS und schlug vor allem angesichts der gegenwärtig blockierten Situation einen guten Mittelsmann bei der amerikanischen Regierung vor. Denn nach seiner Ansicht habe Interhandel in ihrem Kampf um die Freigabe der Aktien deswegen keinen Erfolg erzielt, weil es ihr nicht gelungen sei, das Interesse derer zu wecken, die auf der höchsten Ebene der amerikanischen Regierung gehört wurden.

Schmitz schlug Charles E. Wilson als geeignete Persönlichkeit für eine solche Aufgabe vor. Wilson habe unter zwei demokratischen Präsidenten wichtige Funktionen im Bereich der nationalen Sicherheit der USA ausgeübt. Ferner sei er ein persönlicher Freund von Präsident Eisenhower und von Vizepräsident Richard Nixon. Nach den Vorstellungen von Schmitz sollte Wilson von Interhandel mit ausserordentlichen Vollmachten ausgestattet werden, damit er möglichst ungehindert eine Regelung mit der amerikanischen Regierung treffen könne. Die Regierung Eisenhower hatte zu jener Zeit wieder an Prestige im Ausland gewonnen. Nach dem Tod von Dulles ergriff Präsident Eisenhower selbst die Initiative zur Aufweichung der erstarrten Fronten zwischen Ost und West. Seine Zusammentreffen mit der Kremlspitze, mit Parteichef Nikita Chruschtschow und Staatschef Nikolai Bulganin, leiteten einen neuen Dialog der beiden Supermächte ein. Ob Schmitz und Wilson die richtigen Leute waren, um zu diesem Zeitpunkt neue Kontakte mit der Regierung Eisenhower zu suchen, bezweifelte Saager.

Saager hatte einen recht zwiespältigen Eindruck von Schmitz. Er bezeichnete ihn später als Phantasten und Wichtigtuer. Von der Bedeutung der GAF hatte Schmitz unglaubliche Vorstellungen. Beispielsweise behauptete er, ohne die chemisch-pharmazeutische Produktion der GAF wäre der Krieg für die Amerikaner viel schwieriger zu gewinnen gewesen. Insbesondere konnten gemäss Schmitzs Erklärungen die Japaner nur deshalb besiegt werden, weil es GAF gelungen sei, Chinin zur Bekämpfung der Malaria auf synthetische Art herzustellen. Schmitz schien von der Aufgabe geradezu besessen, die Zukunft der GAF zu regeln. Als ihn Saager im Gespräch geradeheraus fragte: «Sie kommen nach Europa, opfern dadurch viel Zeit und Geld, warum machen Sie das?», antwortete Schmitz, er wolle nichts, er sei Amerikaner, sein Vater habe jedoch wegen seiner deutschen Abstammung die Gesellschaft verlassen müssen. Ihm gehe es heute allein darum, die Ehre seines Vaters in der amerikanischen Öffentlichkeit wiederherzustellen. Auch sei es ihm ein Anliegen, den Schweizern in der Interhandel-Frage zu ihrem Recht zu verhelfen.

Schmitz vermittelte für die Vertreter von Interhandel ein erstes Gespräch mit Wilson Ende April 1960 in Paris. An diesem Treffen nahmen vonseiten der Interhandel Schaefer und der für Interhandel bei der UBS besonders Beauftragte, Dr. Ulrich Wehrli, teil. Das Gespräch wurde geheim geführt, um an der Börse im Fall eines negativen Ausgangs möglichst keinen Kurssturz auszulösen. Schaefer zeigte sich dabei bereit, Wilson mit ausserordentlichen Vollmachten auszustatten. Der persönliche Anwalt von Wilson, Charles Spofford, sollte für die bei der Bewältigung dieser Aufgabe nötigen Rechtsberatungen honoriert werden. Schaefer kehrte aus Paris ziemlich euphorisch zurück und glaubte, in Wilson das Trojanische Pferd zur Eroberung der Festung Amerika gefunden zu haben. In der Tat hinterliess diese Nachricht an der Börse am 6. Juni 1960, als bekannt wurde, dass Wilson dieses Mandat übernommen habe, einen grossen Eindruck. Der Wert der Interhandel-Aktien avancierte an einer Sitzung um 50 Millionen Dollar, die einzelne Aktie auf 5450 Franken. Zum Vergleich dazu schwankte sie zu Jahresbeginn auf einem Tiefkurs von 3430 Franken. Die UBS-Aktie profitierte ebenfalls vom Engagement ihres Managements für die Belange von Interhandel. Der Aktienkurs der Bank rückte auf über 3725 Franken vor. Die Börse befand sich im Jahr 1960 in einer allgemeinen Haussestimmung.

Die UBS wurde zur führenden Börsenbank mit einem Anteil von fast 50 Prozent des gesamten Umsatzes am Zürcher Ring. Der Katzenjammer sollte jedoch nicht ausbleiben. Charles Wilson wollte sofort nach Antritt seines Mandats mit Justizminister William Rogers zusammenkommen, um ihn von der Rechtmässigkeit der Forderungen der Schweizer Aktionäre zu überzeugen. Rogers gab aber die Angelegenheit «nur» seinem Stellvertreter Townsend weiter und schaltete sich nicht persönlich in den Fall ein. Und Townsend und seine Mitarbeiter liessen sich an einigen Gesprächen mit Wilson und Spofford nicht von der vorgefassten Meinung abbringen, dass Interhandel zur Zeit des Kriegsausbruchs zumindest «enemy tainted» gewesen sei. Townsend liess zwar durchblicken, einer aussergerichtlichen Lösung mit der Formel 50:50 zuzustimmen. Und Allen riet Saager dringend, auf diesen Vorschlag als bestmögliche Lösung für Interhandel einzugehen. Saager gelang es jedoch nicht, seine Kollegen bei Interhandel für diese Lösung zu gewinnen. Insbesondere Schaefer fand, sein «Schweizer Stolz» lasse es ihm nicht zu, auf einen derartigen Kompromiss einzugehen. Auf der anderen Seite des Ozeans schäumte Allen vor Wut über diese Reaktion. Er empfahl seinem Freund Floersheimer, der hauptsächlich den geschäftlichen Kontakt mit Saager pflegte, das Engagement mit diesen «sturen Schweizern» mit der Bemerkung «Walter, sell out» aufzugeben. Saager musste seine ganze Überzeugungskraft aufbieten, um Allen und Floersheimer weiterhin bei der Stange zu halten. Zu jener Zeit drängte auch der Anwalt der vereinigten Interventionsparteien, Rechtsanwalt Moskovitz, Saager wiederholt, die Verwaltung von Interhandel für eine Einigung auf der Basis 50:50 zu gewinnen.

Die Börsenhausse des Jahres 1960 setzte sich fast während des ganzen Jahres 1961 fort. Liquidität und lange Jahre guter Konjunktur brachten breiteste Kreise der Bevölkerung an die Börse. Die Nachfrage für Aktienkäufe weitete sich aus, während anderseits das Angebot an Aktien trotz vereinzelter Kapitalerhöhungen führender Gesellschaften nicht wesentlich zugenommen hatte. Der Aktienindex der Schweizerischen Nationalbank hatte sich zwischen 1957 und 1961 beinahe verdreifacht. Namentlich in den Jahren 1960 und 1961 war ein starker Kapitalzustrom aus dem Ausland in die Schweiz zu beobachten. Der Umsatz der Zürcher Börse verdoppelte sich von 1958 bis 1961 und erreichte einen Rekord von 24 Milliarden Franken, der erst 1967 übertroffen werden sollte. Von dieser allgemeinen Aufwärtsbewegung profitierte auch die Interhandel-Aktie, die bis auf die Limite von 5465 Franken zu steigen begann und während des ganzen Jahres nie unter 4100 Franken rutschte. Erneut zog auch der Titel der UBS von ihrem Engagement bei Interhandel Nutzen und erreichte einen Rekordstand von 6300 Franken ex Anrechte von 230 Franken. Manche Beobachter hielten einen solchen Kurs für die Interhandel-Aktie bei einem Nominalwert von 500 Franken und keiner Dividendenausschüttung für nicht mehr mit der Realität vereinbar.

Als Grund für die Kurssteigerungen von Interhandel nannte Redaktor Werner Meyer in der Basler *National-Zeitung* Hoffnungen, die sich auf die Freigabe der GAF gründeten. Er anerkannte zwar, dass sich der Wert der GAF in den letzten Jahren infolge der guten Chemiekonjunktur in den USA und dank einiger spezieller kaufmännischer Erfolge des von der Regierung kontrollierten Unternehmens beträchtlich vermehrt habe. Nach zuverlässigen Berechnungen wurde denn auch der Wert der GAF damals auf 200 bis 300 Millionen Dollar geschätzt. Das entsprach einem Mittelwert von rund 1000 Millionen Franken. Rechnete man diesen Wert auf die 166 000 voll einbezahlten Stammaktien (hier machte Meyer allerdings einen Fehler, denn es handelte sich bloss um 92 000 anteilsberechtigte Aktien), so resultierte ein Aktienwert von rund 6000 Franken. Zählte man noch den Wert der anderen Beteiligungen hinzu, schien ein Kurs von mehr als 5000 Franken vertretbar. Doch berücksichtigte diese Rechnung für Meyer die vielen Wenn und Aber nicht, die sich zwischen die Schätzungen über den Wert der GAF und die Verfügbarkeit dieser Summe für die Interhandel-Aktionäre stellten. Meyer meinte, «ein Hindernislauf ist noch zu bestehen, und wir wissen gar nicht, ob die Hürden überhaupt genommen werden können». Auch glaubte er, den neu gewählten Präsidenten Kennedy erwarteten weit wichtigere Aufgaben, als sich persönlich um einen Prozess zu kümmern, an dem das amerikanische Volk nur ein geringes, wenn überhaupt ein Interesse habe.

Neue Verhandlungspartner nach Kennedys Wahlsieg

Als das amerikanische Volk, für Wilson wider Erwarten, den Demokraten Kennedy statt Nixon zum Nachfolger Eisenhowers wählte, gelang es Wilson Ende 1960, mit Beratern des späteren Präsidenten im Haus von Joseph P. Kennedy, dem Vater von John F., in Palm Beach zusammenzukommen. Dieses Gespräch verlief jedoch ohne nennenswerte Ergebnisse. Immerhin gelang es Spofford, mit dem neuen stellvertretenden Justizminister William H. Orrick, der mit der Betreuung der beschlagnahmten Feindgüter betraut wurde, Verbindung aufzunehmen und diesen über den Interhandel-Fall aus seiner Sicht zu informieren. Als Spofford im Frühjahr 1961 in Zürich weilte, erklärte ihm Schaefer, dass er mit dem Fortgang der Verhandlungen nicht zufrieden sei und selber in Washington zum Rechten sehen wolle. Tatsächlich flog Schaefer im Mai 1961 nach Washington und traf dort neben einigen Senatoren und leitenden Vertretern der Verwaltung auch Orrick. Die Unterredung mit Orrick verlief besonders lebhaft. Schaefer zeigte sich über die Arbeitsmethoden der amerikanischen Gerichte und der Verwaltung höchst unbefriedigt und sagte dies Orrick unverblümt. In einem späteren Gerichtsfall liess Orrick protokollieren: «Ich erinnere mich, dass Schaefer in meinem Büro auf und ab lief und unhöfliche Bemerkungen über die

Regierung der Vereinigten Staaten machte, was mich aufregte, und ich erinnere mich, ihn zum Verlassen meines Büros aufgefordert zu haben.» Wie eingangs dieses Buchs dargestellt, liess es Schaefer wiederholt an diplomatischem Fingerspitzengefühl missen, wenn er mit eindeutig stärkeren Verhandlungspartnern konfrontiert war, wie der Regierung der Vereinigten Staaten von Amerika.

Auf gerichtlicher Ebene war es Interhandel weiterhin nicht möglich, alle vom Distriktgericht Washington verlangten Akten vorzulegen. Die amerikanische Botschaft in Bern unterbreitete dem Bundesrat ein Gesuch um Einsichtnahme in die Bücher des Bankhauses Sturzenegger durch amerikanische Regierungsbeamte. Am 10. Februar 1961 erteilte der Bundesrat die Bewilligung für eine solche Einsichtnahme. Als Überwachungsorgan sollte die Bundesanwaltschaft fungieren. Da die amerikanischen Beamten die Absicht äusserten, die Dokumente auch Dritten, darunter der I.G. Farben in Liquidation, zugänglich zu machen, klagte die Interhandel beim Special Master auf Verbot eines prozessfremden Gebrauchs der Akten. Der Special Master entsprach im März 1961 diesem Begehren und untersagte dem Justizdepartement, die Dokumente anders als nach Massgabe des amerikanischen Prozessrechts zu verwenden. Die anschliessende Büchereinsicht beim Bankhaus Sturzenegger brachte nichts Neues an den Tag. Obwohl Interhandel zusätzlichen Begehren der amerikanischen Behörden für eine weitere Aktieneinsicht zustimmte, blieb der Umfang der gewährten Einsicht für die amerikanischen Gerichte ungenügend. Damit kam der Prozess über die Abklärung von Vorfragen nie hinaus.

Nicht nur die Interhandel-Verwaltung, sondern auch einzelne Aktionäre versuchten auf aussergerichtlicher Ebene eine Lösung für Interhandel zu finden. So suchte Charles Brupbacher im Februar 1961 den amerikanischen Schatzsekretär Dillon auf, um mit ihm Lösungsmöglichkeiten zu erörtern. Zu jener Zeit erklärte jedenfalls Douglas Dillon vor der Presse, er hoffe, dass das seit 15 Jahren hängige Problem der GAF einer Lösung entgegengeführt werden könne. Er persönlich stehe dem Gedanken positiv gegenüber, dass eine Lösung auf die eine oder andere Weise in einer Angelegenheit erreicht werden sollte, die für die Schweiz von solcher Bedeutung sei. Die Aussage des Schatzsekretärs liess jedenfalls durchblicken, dass innerhalb der amerikanischen Regierung selbst die Ansichten über den Interhandel-Fall zumindest teilweise unterschiedlich waren. Während man im Justizdepartement bis zu diesem Zeitpunkt eher einen harten Kurs verfolgte und immer wieder behauptete, man könne Beweise für die Abhängigkeit der Interhandel von der I.G. Farben liefern, zeigte sich das Schatzamt, das an einer Zusammenarbeit mit dem Finanzplatz Schweiz interessiert war, zum Einlenken auf eine Kompromisslösung eher bereit. Brupbacher erregte im April 1961 ausserdem dadurch Aufsehen, dass er an der Generalversammlung der GAF die Absicht hatte, das Wort zu ergreifen und den Standpunkt der Schweizer Aktionäre darzulegen. Auf Wunsch des amerikanischen Justizdepartements nahm er von einem solchen Vorhaben Abstand, beteuerte aber an einer anschliessenden Pressekonferenz vor zahlreichen Journalisten, dass die Interhandel eine schweizerische Holdinggesellschaft sei, ohne Bindungen an die I.G. Farben. Der Schweizer Bundesrat würde es sonst nicht gewagt haben, den Fall vor den Internationalen Haager Gerichtshof zu bringen. Das Interhandel-Problem habe einen anderen, weit wichtigeren Aspekt, der in Europa Sorge bereite. Das gefährliche Beispiel der USA könnte Milliardeninvestitionen aller westlichen Länder in Übersee und namentlich in Entwicklungsländern in Gefahr bringen. Die Schweiz wisse genau, welche Aufgabe ihr in der Hilfe an Entwicklungsländer zufalle. Sie habe so unter anderem schon zehn Weltbankanleihen gezeichnet und weitere Anstrengungen zur Entlastung der USA unternommen, «und wie soll man dem Publikum seine Pflichten gegenüber der Entwicklungshilfe klarmachen, solange ein Klima der Unsicherheit besteht, indem Tausende von schweizerischen Investoren ihr Eigentum vom ersten Land der westlichen Welt noch nicht zurückerhalten haben, während sogar Krupp das seine schon seit langem wieder bekommen hat». Diese Ausführungen fanden in der amerikanischen Finanzpresse grosse Beachtung und wurden entsprechend kommentiert.

Innerhalb der Interhandel-Führung selbst war inzwischen eine erneute Bereinigung im Gang. An einer Verwaltungsratssitzung Ende August 1960 gab Reinhardt bekannt, dass das Problem seines Mandats als Verwaltungsrat der Interhandel im Verwaltungsrat der Credit Suisse wiederholt Anlass zu Diskussionen gegeben habe. Sofern sein Mandat darauf beschränkt sei, mitzuhelfen und die heissen Kastanien für Interhandel aus dem Feuer zu holen, um dann im Fall eines Erfolgs auszuscheiden, müsse er sich einen sofortigen Rücktritt jederzeit vorbehalten. Pfenninger schloss sich den Ausführungen von Reinhardt an und erklärte, dass das gleiche Problem auch im Verwaltungsrat des SBV zur Sprache gekommen sei. Am Schweizerischen Bankiertag im Herbst des gleichen Jahres auf dem Bürgenstock teilte Reinhardt Saager mit, er gedenke aus dem Verwaltungsrat der Interhandel auszutreten, da das Engagement seiner Bank bei Interhandel zu gering sei und man sich lediglich als «Juniorpartner» der UBS fühle.

Saager offerierte Reinhardt ein Paket Aktien aus dem Konsortium zum Börsenkurs von 4000 Franken pro Aktie, um dieses Missverhältnis zu beseitigen. Reinhardt fand das Angebot fair, wollte sich aber noch mit dem Schweizerischen Bankverein absprechen. Doch beim Bankverein erklärte man sich lediglich bereit, einen wesentlich niedrigeren Preis zu bezahlen, womit sich die Frage einer Neuaufteilung des Aktienpakets zerschlug. Auf die Generalversammlung im Juni 1961 erklärten schliesslich Reinhardt und Pfenninger ihren Rücktritt aus dem Verwaltungsrat von Interhandel. Aus Altersgründen demissionierte auch Dr. Friedrich von Tscharner. An ihre Stelle traten Saager und Brupbacher, Letzterer als Vertreter des zweitgrössten Aktienpakets. Der Verwaltungsrat beschloss in einer Sitzung am 11. April 1962, die Portefeuille-Dispositionen der Interhandel einem «Bankier-Komitee» zu unterstellen, dem Schaefer, Saager, Brupbacher und der Direktor der Interhandel, Hans M. Wettstein, angehörten.

Prinz Radziwill bietet seine Dienste an
Saager suchte in diesen Tagen weiter nach einer aussergerichtlichen Lösung im Interhandel-Fall. Von einer ganz anderen Seite öffnete sich plötzlich eine neue Tür. Im Sommer 1961 suchte ihn ein alter Geschäftsfreund, der Financier Robert Greif, auf. Dieser erzählte ihm, er sei be-

freundet mit dem bereits erwähnten Comte de Mohl. Der Comte wiederum sei ein enger Freund des polnischen Prinzen Stanislas Radziwill. Radziwill war mit einer Schwester von Jacqueline Kennedy verheiratet und so mit Präsident Kennedy verschwägert. In einem Gespräch habe dieser vorgeschlagen, er könnte als Vermittler im Interhandel-Fall dienen. De Mohl teilte diesen Vorschlag sofort Greif mit, und man arrangierte ein Treffen mit Schaefer und Saager im Hotel Baur au Lac in Zürich. An diesem Gespräch gab Radziwill seine prinzipielle Zustimmung, sich als Vermittler bei den Brüdern Kennedy zur Verfügung zu stellen. Saager wünschte für diese Zustimmung den Vermerk in einem Protokoll. Für das Aufsetzen einer solchen Schrift und als künftigen Berater für die Zusammenarbeit mit Radziwill wollte er einen im amerikanischen Recht versierten Rechtsanwalt und schlug Schaefer für diese Arbeit Dr. Louis Gutstein vor.

Schaefer akzeptierte diesen Vorschlag sofort. Man begab sich gemeinsam zu Gutsteins Büro und lud ihn zur Mitarbeit ein. Gutstein sagte zu und teilte seinen überraschten Besuchern mit, dieses Mandat sei bei ihm umso mehr in guten Händen, als er bereits als Anwalt für die Familien Kennedy und Radziwill tätig sei. Gutstein hatte sich in der Vergangenheit immer wieder als Berater der UBS einen hervorragenden Ruf verschafft. Sowohl mit Schaefer als auch mit Saager pflegte er eine enge Freundschaft. Für die Vermittlungsrolle zwischen Kennedy/Radziwill einerseits und der UBS andererseits wurde ein Vertrag abgeschlossen, in dem die Aufgaben von Gutstein im Detail formuliert waren.

Die Zusammenarbeit mit Radziwill begann dank der Vermittlung des Comte de Mohl und von Gutstein vielversprechend. Der Prinz, ein alter Freund der Schweiz und ehemaliger Student in Freiburg, leitete erste Kontakte mit seinen amerikanischen Verwandten ein. Schaefer schrieb jedenfalls anschliessend mit sichtlicher Genugtuung dem Anwalt Spofford in die Vereinigten Staaten: «Es ist mir eine Freude, Ihnen mitteilen zu können, dass es uns gelungen ist, durch Vermittlung Dritter Kontakt zu höchsten Stellen aufzunehmen. Ich möchte Sie darum bitten, diese Information vertraulich zu behandeln, und hoffe, dass ich Ihnen in den nächsten Tagen von weiteren Entwicklungen berichten kann. Meine Mitteilung wird jedoch wahrscheinlich wieder vertraulich und persönlich sein.» Dank der Anverwandtschaft von Radziwill mit Kennedy schien auch Kennedy guten Willens dafür zu sein, den Fall auf dem Weg eines Vergleichs aus der Welt zu schaffen.

Durch die Vermittlung Radziwills konnte am 30. und 31. Oktober 1961 Schaefer den Justizminister und Bruder des Präsidenten, Robert Kennedy, aufsuchen. Um dieses Zusammentreffen nicht durch Dritte stören zu lassen, wies Schaefer am 24. August Spofford und Wilson an, ihre Aktivitäten beim Justizdepartement einzustellen. Schaefer hatte schon vorher dem amerikanischen Justizdepartement offeriert, die GAF der Interhandel unter der Bedingung zurückzugeben, dass diese das Unternehmen amerikanisiert und den Verkaufserlös zur Gründung einer privatwirtschaftlichen europäischen Investitionsbank für die Hilfe an Entwicklungsländer und auch Staaten in Europa verwende. Das Justizdepartement zeigte sich an einem solchen Vorschlag nicht interessiert. Orrick signalisierte jedenfalls Spofford, nach Kennedys Meinung sei dieser Vorschlag nicht der richtige Weg, um das Problem zu lösen.

Kennedy erklärte sich in seinem Gespräch mit Schaefer unter vier Augen bereit, auf Vergleichsverhandlungen einzutreten. Ferner teilte Schaefer später mit, es sei eine Vereinbarung möglich, wonach die Interhandel 75 Prozent und die Vereinigten Staaten 25 Prozent des Verkaufserlöses erhalten sollten oder einen festen Betrag von 140 Millionen Dollar. Eine Steuerforderung von über 22 Millionen Dollar, die im ganzen Interhandel-Prozess immer wieder geltend gemacht wurde und auf die Zeit vor dem Krieg datierte, resultierend aus einem Geschäft mit Standard Oil, sollte ebenfalls gestrichen werden. Diese Abmachung ist nach Schaefers Vorstellungen mit «handshake» bekräftigt worden. Gemäss Kennedys Version umfasste jedoch der «handshake» lediglich die Bereitschaft auf beiden Seiten, auf aussergerichtliche Vergleichsverhandlungen einzutreten. Nach seiner Rückkehr aus Washington zeigte sich Schaefer an einer Verwaltungsratssitzung am 7. November höchst befriedigt vom Ausgang der Verhandlung. Er glaubte das Ziel in greifbarer Nähe. Aufgrund der Angaben Schaefers wurde für die weiteren Gespräche folgende Diskussionsgrundlage festgehalten:

Die B-Aktien der GAF sollten im Verhältnis von 8:1 in A-Aktien umgewandelt werden. Damit würden total 848 992 Aktien bestehen. Davon sind 51 848 Aktien oder 6 Prozent des Aktienkapitals im Publikum. Von den beschlagnahmten 797 144 Aktien gehören 711 874 (83 Prozent) der Interhandel und 85 270 (11 Prozent) der amerikanischen Regierung. Es sollen somit 797 144 Aktien verkauft werden. Vom Verkaufserlös gehen zunächst 11 Prozent an die amerikanische Regierung, da ihr diese ohnehin gehören. Vom Restverkaufserlös sollen weitere 40 Millionen Dollar (dem Schätzungswert der GAF im Zeitpunkt der Beschlagnahme) an die amerikanische Regierung fallen. Was darüber hinaus gelöst wird, fällt zu einem Viertel an die amerikanische Regierung und zu drei Vierteln an die Interhandel. Die Barforderungen der Interhandel sollen je hälftig geteilt werden, die Steuerforderungen gestrichen und die aus dem Crossholding stammenden Interhandel-Aktien der Interhandel zurückgegeben werden. Die Interhandel erhält Einblick in die Situation der GAF, deren Verkauf erfolgt durch die Interhandel oder mit ihrer Mitwirkung. Dieser Vorschlag ging von der Annahme aus, dass der Wert der GAF 140 Millionen Dollar übersteige. Bei einem Verkaufserlös von rund 140 Millionen Dollar würde also eine Lösung 50:50 resultieren.

Auf Anregung von Saager und Brupbacher wurde noch ein Zusatz beigefügt, wonach die Interhandel, sofern sie den Verkaufspreis als zu niedrig erachte, ihren Anteil ganz oder teilweise in GAF-Aktien übernehmen könne. Denn Saager erklärte, dass die Mehrzahl der Interhandel-Aktionäre die Interhandel-Aktien im Hinblick auf die GAF bewertete und es deshalb den Aktionärsinteressen eher entspreche, an der GAF beteiligt zu bleiben. Telefonisch wurde anschliessend zwischen dem Justizdepartement und Interhandel die Regelung einiger Vertragsklauseln weiter besprochen.

Im Justizdepartement setzte man die Arbeit an der Lösung des Falls auf aussergerichtlichem Weg fort. Kennedy schien von der unterschiedlichen Interpretation des «handshake» bereits Wind bekommen zu haben. Jedenfalls telegrafierte der Justizminister im Dezember Schaefer: «Nehme an, dass die Vereinigten Staaten zuerst 11 Prozent des Erlöses erhalten, als Kompensation für Anteile, die Interhandel nicht beansprucht, und der Rest wird zu gleichen Teilen zwischen Interhandel und den Vereinigten Staaten aufgeteilt. Wenn diese Annahme richtig ist, dann sind wir bereit, diesen und weitere Aspekte eines Abkommens mit Ihnen zu besprechen.» Während also nach den Vorstellungen von Interhandel nach Ausklammerung von 11 Prozent und 40 Millionen Dollar nur ein Viertel an die Vereinigten Staaten fallen sollte, wollte das Justizdepartement eine hälftige Teilung nach der unbestrittenen Zuteilung von 11 Prozent an die Vereinigten Staaten.

Der direkte Kontakt mit dem Justizdepartement veranlasste Schaefer, sich der Dienste Wilsons und Spoffords zu entledigen. In einem Brief vom 12. Februar 1962 erklärte er Wilson, die Verhandlungen würden sich auf einer guten Ebene bewegen, und er habe Hoffnung, bald zu einer Einigung zu kommen, wenn man weiter auf diesem Weg fortschreite, der für Interhandel direkt geöffnet wurde. Schaefer bat Wilson, die Treuhandvollmacht, die er freundlicherweise vor zwei Jahren angenommen habe, als nicht mehr gültig anzusehen. Charles Wilson zeigte sich recht enttäuscht über den Verlauf der Dinge. Denn er betonte in einem Schreiben an Schaefer Ende März: «Ich möchte rundheraus sagen, dass Sie mit mir nicht in der offenen Art verfahren sind, die eine befriedigende Geschäftsbeziehung verlangt, und dass Ihre Methoden nicht so waren, wie ich mir sie vorgestellt hatte, als ich die Vollmacht annahm. Ich beziehe mich besonders auf die aussergewöhnlichen Schritte, die Sie unternahmen, um ohne mein Wissen an den Justizminister heranzukommen.»

Saager zeigte sich von Anfang an skeptisch über den Gang der Verhandlungen nach Schaefers Rückkehr aus den USA. Er teilte Schaefers Auffassung keineswegs, dass nach dessen «handshake» mit Kennedy die Angelegenheit im Wesentlichen bereinigt sei. Insbesondere kritisierte er, dass nicht schon zu jenem Zeitpunkt wenigstens die Punkte, über die offensichtlich eine Einigung bestand, schriftlich festgehalten wurden. Zwei Besuche Saagers bei Radziwill in London bestärkten ihn in seinen Befürchtungen, dass nicht alles zum Besten bestellt sei. Radziwill bestätigte Saager denn auch, dass zwar ein «handshake» stattgefunden habe. Dieser habe sich nach den Äusserungen Kennedys jedoch nur darauf bezogen, dass Kennedy sich gewillt zeige, die Angelegenheit aussergerichtlich zu bereinigen. In der Tat harzte es beim Fortgang der Verhandlungen.

An der Börse war in der Zwischenzeit der Aufwärtstrend einer Baissestimmung gewichen. Die Konjunktur zeigte Überhitzungstendenzen. Die Inflation zehrte an der Substanz der Unternehmen, und namentlich in den USA warfen die Gesellschaften immer geringere Gewinne ab. Die GAF erzielte 1961 eine Umsatzsteigerung von 159,791 auf 163,229 Millionen Dollar, musste aber einen Gewinnrückgang von 7,179 auf 4,810 Millionen Dollar ausweisen. Der Börse war zudem die liberal geführte Administration des Demokraten Kennedy wenig sympathisch. In der Schweiz griff man zu Massnahmen zur Dämpfung der Konjunktur. Die Kreditrestriktionen des Bundes beeinflussten das Kursgeschehen an den Börsen negativ. Der Bundesrat erliess als Massnahme zur Bekämpfung der Inflation für Ausländer ein Kaufverbot für Wertpapiere. Die Kurse purzelten im Sturzflug zu Tal. Nach einem Kurseinbruch in New York erlebte die Zürcher Börse am 29. Mai 1962, dem Schwarzen Dienstag, die stärksten Kursrückgänge seit dem Schwarzen Freitag des Jahres 1930 an der Wall Street.

Die UBS-Aktie fiel im Jahr ihres 100-Jahr-Jubiläums von einem Höchstkurs von 6525 Franken im Vorjahr auf 2900 Franken ex Anrechte von 387 Franken. Den anderen Grossbanktiteln ging es nicht viel anders. Die Credit Suisse verzeichnete beispielsweise zu Jahresbeginn einen Höchstkurs von 4400 Franken und schloss am 28. Mai bei 2600 Franken. Im Verlauf des folgenden Tages fiel der Kurs dieser Bank bis auf 2200 Franken und erholte sich bis zum Schluss der Sitzung auf 3300 Franken.

Der Titel von Interhandel konnte am 28. Mai nach einem absoluten Höchstpreis von 5650 Franken im Frühjahr gerade noch einen Kurs von 2200 Franken halten, wobei der Preis an einer Börsensitzung 69-mal neu festgelegt wurde. Die Situation schien verzweifelt, bei Interhandel umso mehr, als sich die neue Verbindung mit der Kennedy-Administration bis zu diesem Zeitpunkt keineswegs als erfolgreich erwies. An der äusserst lebhaft verlaufenen Generalversammlung der Interhandel im Juni 1962 musste selbst Verwaltungsrat Brupbacher zugeben, dass er einen Teil seiner Interhandel-Aktien aus «börsentechnischen Gründen» verkaufen musste. Man sprach davon, dass zu einer Zeit, als der Interhandel-Kurs noch über 5000 Franken betrug, Brupbacher bereits 6000 bis 7000 Stück verkauft haben soll.

Die Staatsmänner der Grossmächte machten sich daran, das politische Klima zu verbessern. Kennedy bereitete eine Europareise vor und bemühte sich, in den Ländern der Bündnispartner mehr Goodwill für seine Politik zu schaffen. Vor allem die Herzen der Deutschen flogen ihm zu, als er an einer Massenkundgebung in Berlin auf Deutsch öffentlich erklärte: «Ich bin ein Berliner.» Im April weilte auch der stellvertretende Justizminister Orrick, gleichzeitig Präsident des Olympischen Komitees der Vereinigten Staaten, in Deutschland. Er benützte die Gelegenheit, eine Delegation von Interhandel im amerikanischen Konsulat in München zu treffen. An diesem Gespräch nahmen auf der Seite von Interhandel teil: Schaefer, Saager, Brupbacher und der Rechtsanwalt von Interhandel in Zürich, Dr. Edmund Wehrli-Bleuler. Eine Einigung konnte auch an diesem Gespräch nicht erzielt werden. Es wurde im Gegenteil offenbar, dass weiterhin Meinungsunterschiede über die Teilung der amerikanischen Vermögenswerte von Interhandel bestanden. Einige Monate später verliess Orrick seinen Posten als stellvertretender Justizminister und wurde durch Nicholas Katzenbach ersetzt.

Im September des gleichen Jahres kam aus Washington die Nachricht, dass der amerikanische Senat mit 47 gegen 24 Stimmen der amerikanischen Regierung die Vollmacht erteilte, die GAF an private Interessenten zu verkaufen. Da das Repräsentantenhaus schon früher seine Zustimmung erteilt hatte, konnte das Gesetz nach Unterzeichnung durch Präsident Kennedy in Kraft treten. Der Präsident tat dies in jenen Tagen, obschon seine Regierung und mit ihm die ganze Welt durch die Kubakrise erschüttert wurde. Die Bill of Sale sah vor, den Verkaufserlös der GAF-Aktien in einen Fonds zu legen und darin aufzubewahren, bis der Rechtsstreit über das GAF-Vermögen entweder durch Gerichtsentscheid oder durch einen Vergleich erledigt würde. Der stellvertretende

Justizminister schätzte übrigens an den parlamentarischen Beratungen die mögliche Dauer weiterer Prozessmassnahmen auf 14 Jahre.

Im November 1962 führte Schaefer mit Orrick, mittlerweile Leiter des Antitrust Departement, und Murray Bring sowie Guilfoyle vom amerikanischen Justizdepartement weitere Gespräche. Am 22. November veröffentlichte der Verwaltungsrat der Interhandel folgendes Pressecommuniqué: «Ein Vertreter unserer Gesellschaft hat im Verlaufe der letzten Woche erneut die Möglichkeit und die Grundlagen eines Vergleichs mit der amerikanischen Regierung im Prozess um die General Aniline & Film Corporation mit den Chefbeamten des Justizdepartements der USA besprochen, wobei auch eine kurze grundsätzliche Aussprache mit dem Attorney General stattfand. Eine Lösung ist nicht erzielt worden. Es ist verständlich, dass die allfällige gütliche Beilegung eines jahrzehntelangen vielschichtigen und komplizierten internationalen Prozesses Zeit braucht. Wir sind aber durch die Verhandlungen in unserem Glauben ermutigt worden, dass ein vernünftiger Vergleich erreicht werden dürfte.» Diese Bekanntmachung gab in der Öffentlichkeit Anlass zu Spekulationen, umso mehr, als sich die Interhandel-Verwaltung in den letzten Jahren nicht gerade durch Mitteilungsfreudigkeit auszeichnete. Jedenfalls zeigten sich die Kommentatoren über den Inhalt dieses Communiqués eher skeptisch.

Das ganze Jahr 1962 verlief aussergewöhnlich hektisch an der Börse. Im Jahr des 100-Jahr-Jubiläums der UBS wurde die Aktie zeitweise zu einem Höchstkurs von über 6500 Franken gehandelt. Neben einem Jubiläumsgeschenk an die Aktionäre wurden zwei Kapitalerhöhungen beschlossen. Doch es kam zum Debakel, als der Verkauf von Schweizer Aktien an Ausländer und der Geldverkehr mit Ausländern untersagt wurde. Ausländische Gesellschaften, die Schweizer Gesellschaften beherrschten, mussten einen Strafzins entrichten. In einer sofort einberufenen Krisensitzung versuchte Saager seine Kollegen von der Generaldirektion dazu zu gewinnen, Stützungsaktionen durchzuführen, um den Kurs wieder auf 4000 Franken zu bringen, dies in Anbetracht der kürzlich vorgenommenen Kapitalerhöhung. Die Kollegen, an der Spitze Schaefer, entschieden sich jedoch gegen eine Intervention mittels Stützungskäufen. An einer Sitzung des Vorstands des Effektenbörsenvereins teilte Saager diesen Entscheid als Vizepräsident dieses Organs den Vorstandskollegen mit. Mithilfe von Kunden Saagers, die ihre Aktien zum grossen Teil behielten, ja sogar noch zukauften, konnte ein einigermassen geordneter Rückzug eingeleitet und der zeitweilige Tiefstkurs von 2200 Franken wieder überschritten werden.

Wie andere Mitstreiter schien Schaefer während dieser Zeit seine Geduld für ein gutes Gelingen im Interhandel-Fall zu verlieren. Nach den Weihnachtsferien stürmte er Anfang Januar 1963 in Saagers Büro und zeigte ihm ein Telegramm, das vom amerikanischen Anwalt John J. Wilson eingegangen war. Resigniert meinte Schaefer, man könne nichts weiter machen. Sechzehn Juristen des Justizdepartements seien gegen weitere Verhandlungen. Nicht nur die Rechtsberater im amerikanischen Justizdepartement, sondern auch der Verwaltungsrat der GAF würden Vergleichsverhandlungen strikte ablehnen. Der neue stellvertretende Justizminister Katzenbach sei zudem nur dann für einen Vergleich zu gewinnen, wenn gleichzeitig die seit den 1930er-Jahren aufgelaufenen Steuern der GAF und der Rückkauf der im Besitz der GAF befindlichen Interhandel-Aktien ausschliesslich von Interhandel finanziert würden.

Saager entschloss sich zu einem sofortigen Flug nach London zu Radziwill. Diese Aktion gipfelte im Treffen am 27. Februar 1963 zwischen den UBS-Vertretern und Robert Kennedy in Washington, wie eingangs geschildert, als der Hund Kennedys für Entspannung sorgte.

Unterschiedliche Reaktionen auf den Vergleich
An einer Konferenz nach der Sitzung vom 27. Februar orientierte Justizminister Kennedy die Presse über die Einigung. In seinen einleitenden Bemerkungen erklärte er, das erste Anliegen der Vereinigten Staaten während der Verhandlungen sei die Ablösung der Regierung aus ihrer unnatürlichen Rolle als Verwalter eines privaten Unternehmens und die Beendigung der ins Uferlose gehenden Prozesse in dieser Angelegenheit gewesen. Katzenbach ergänzte an der Pressekonferenz, dass Interhandel wegen Prüfung der Verfassungskonformität der Gesetzesänderung von 1962 vor Gericht gegangen wäre, wenn man einen Verkauf ohne vor-

herige Einigung durchgeführt hätte. Wenn Interhandel den Prozess vor den amerikanischen Gerichten verloren hätte, wäre ein Weiterzug vor den Internationalen Gerichtshof in den Haag die unausweichliche Folge gewesen.

An einer Pressekonferenz zwei Tage später musste sich auch Präsident John F. Kennedy zum erreichten Abkommen äussern. Ein Journalist meinte, 20 Jahre lang habe das Justizdepartement dem Kongress versichert, dass es Beweise in der Hand habe, die eindeutig belegten, dass Interhandel ein Tarnunternehmen der I.G. Farben gewesen sei und die Beschlagnahme der GAF daher berechtigt war. Er erkundigte sich, ob denn jetzt das Justizdepartement erkannt habe, dass es über falsche Angaben verfüge, oder die Einigung auf Druck der Schweizer Regierung erfolgt sei. Präsident Kennedy wich einer direkten Antwort aus und erklärte wörtlich: «Nein, ich glaube, dass das Abkommen eine abgewogene Einigung ist. Der Rechtsstreit hätte sich noch über zehn Jahre und länger hinziehen können, und er hat schon 15 oder 20 Jahre gedauert. Die Anwälte haben das genossen, aber ich glaube nicht, dass es sonst jemandem etwas brachte. Ich glaube nicht, dass wir zu einer besseren Einigung kommen, wenn wir den Rechtsstreit zehn weitere Jahre fortsetzen. Wir glauben, dass die Übereinkunft geeignet ist, den Besitz an die zurückzugeben, die ein Recht darauf haben, und ich glaube, dass die Aufteilung des Erlöses fair ist.»

Offensichtlich hatte das Justizdepartement bis anhin mit der Behauptung geblufft, es verfüge über die nötigen Beweismittel, dass Interhandel ein Tarnunternehmen der I.G. Farben gewesen sei. Denn in der Juli/August-Ausgabe 1964 des Magazins *Jewish Veteran* musste Katzenbach in einem Artikel zugeben, dass es «sehr schwer» sein würde, nachzuweisen, dass Interhandel ein Tarnunternehmen deutscher Interessen sei. Im Kongress bot der Vergleich ebenfalls Anlass zu parlamentarischen Vorstössen. Die Vertreter der Regierung mussten dabei detailliert den Vergleich begründen und über die Verhandlungen mit Interhandel Bericht erstatten. Der Kompromiss fand auch im Parlament nicht überall Zustimmung. Der einflussreiche republikanische Senator Keating von New York griff im Senat die Bedingungen der Verständigung als «übertrieben generös» gegenüber der schweizerischen Gesellschaft an.

An der Börsensitzung vom 1. März 1963 zeigte die Einigung zwischen Interhandel und dem Justizdepartement ihre ersten Wirkungen. Die Interhandel-Aktie avancierte um 140 Franken auf 3635 Franken. Zudem machte die GAF mit einem guten Jahresabschluss von sich reden. Sie erzielte 1962 einen Umsatz von 179 Millionen Dollar und einen Reingewinn von 9,5 Millionen Dollar. Auf der Fortune-Liste der 500 grössten amerikanischen Industriegesellschaften figurierte die GAF an 273. Stelle. Für 1963 wurde mit noch besseren Ergebnissen gerechnet.

Nach der Rückkehr von Schaefer und Saager in die Schweiz veröffentlichte am 4. März auch Interhandel ein Pressecommuniqué über das erzielte Abkommen. In dieser Schrift wurde hervorgehoben, dass die amerikanische Regierung erstens die hauptsächlich aus aufgelaufenen Dividenden entstandenen Guthaben im Betrag von 5,277 Millionen Dollar erhalte. Zweitens sei aus den auf Interhandel entfallenden Verkaufserlösen an die amerikanische Regierung für die seit den 1930er-Jahren aufgelaufenen Steuern ein Betrag von 17,5 Millionen Dollar zu bezahlen. Die amerikanische Regierung erkläre sich andererseits bereit, die in ihrem Besitz befindlichen Interhandel-Aktien für total 6,43 Millionen Dollar an Interhandel zu verkaufen. Der gesamte restliche Verkaufserlös werde im Verhältnis 50:50 geteilt, wobei der auf die Interhandel entfallende Anteil von amerikanischen Steuern befreit werde. Mit dieser Einigung fand ein seit 1942 dauernder Rechtsstreit ein Ende.

In der Presse wurde die Mitteilung über das Vergleichsabkommen unterschiedlich aufgenommen. Während die einen es seltsam fanden, dass man nun plötzlich auf die Kompromissformel 50:50 eingeschwenkt sei, nachdem man diese jahrelang als für die Schweizer ungerechte Lösung gewertet habe, sprachen die anderen von einem «Sieg der Vernunft». Die *Neue Zürcher Zeitung* meinte: «Ist der erzielte Kompromiss auch ein harter Friede, so bleibt dadurch der Interhandel-Verwaltung doch eine nochmalige jahre- oder jahrzehntelange Fortsetzung des Prozessierens mit den amerikanischen Gerichtsinstanzen ohne sichere Aussicht auf Erfolg erspart. Auch die Bundesbehörden dürften durch den

Kompromiss erleichtert sein, werden sie doch dadurch um die politisch unerwünschte neue Anrufung des Haager Gerichtshofes gegen Amerika herumkommen.»

An der Generalversammlung von Interhandel am 29. März 1963 genehmigten die Aktionäre das Vergleichsabkommen. Die endgültige Abschreibung des Prozesses, die Abwicklung des Verkaufs der GAF und die vollständige Überweisung des Erlöses erforderten jedoch weitere fünf Jahre. Während des gesamten Jahres 1963 hatte die Interhandel-Aktie einen Höchstkurs von 4290 Franken erreicht, sich also von einem Tief von 2850 Franken zu Jahresbeginn verhältnismässig rasch erholt. Kurzfristige Kurseinbrüche stellten sich nur ein, wenn an der Börse wieder einmal ein Gerücht kursierte, dass seitens der I.G. Farben in Liquidation neue gerichtliche Schritte in die Wege geleitet würden, um den GAF-Verkauf zu verhindern.

Anfang 1964 trat ein Wechsel in der Führung des amerikanischen Justizdepartements ein, der jedoch den Fortgang der Versteigerungsvorbereitungen in keiner Weise behinderte. Robert Kennedy war im Herbst 1964, also fast ein Jahr nach der Ermordung seines Bruders im November 1963, von seinem Posten zurückgetreten und hatte erfolgreich als Senator von New York kandidiert. Damit wollte er seinen Feldzug für das Präsidentenamt im Jahr 1968 vorbereiten. Zu Kennedys Nachfolger als Justizminister ernannte der neue Präsident Lyndon B. Johnson den bisherigen stellvertretenden Justizminister Nicholas Katzenbach. Während des Wahlfeldzugs im Herbst 1964 griff allerdings der republikanische Gegenkandidat und bisherige Senator Keating Kennedy scharf an und beschuldigte ihn unter anderem, er habe als Justizminister durch das Vergleichsabkommen mit Interhandel «einem grossen Nazi-Kartell» 60 Millionen Dollar geschenkt. Mit dieser Behauptung konnte aber Keating seine Wahlniederlage nicht verhindern.

Die grösste Auktion in der Geschichte der Wall Street

Verzögerungen bei den Vorbereitungen zum Verkauf stellten sich jedoch auch in den folgenden Monaten ein, weil nicht alle Interventionisten dem Abkommen zustimmen wollten. Das Distriktgericht in

Washington unter Richter David A. Pine verlangte ausserdem einen direkten Vertrag zwischen den Prozessparteien mit einer Präzisierung der Rechte der nicht zustimmenden Interventionisten. Diese neue Vergleichsvereinbarung im Umfang von 28 Seiten wurde am 20. Dezember 1963 von Justizminister Kennedy und vom Anwalt der Interhandel, John J. Wilson, unterzeichnet und aufgrund von nachfolgenden Gerichtsverhandlungen durch einen Zusatz vom 25. März 1964 ergänzt. Nach weiteren Gerichtsverhandlungen vom 8. und 14. April 1964 vor dem Distriktgericht in Washington hatte der Richter am 15. April 1964 die von den Parteien gemeinsam beantragten prozessualen Verfügungen erlassen, die es ermöglichten, den Verkauf der beschlagnahmten Aktien der GAF vorzubereiten.

Nach Abschluss des Verfahrens vor dem Distriktgericht bildeten die Vergleichsparteien das im Abkommen zur Beratung des Justizdepartements über die Durchführung des Verkaufs der GAF-Aktien vorgesehene Komitee der Finanzberater, wobei auf Vorschlag von Interhandel Robert C. Baker, Präsident und Vorsitzender der Geschäftsleitung der American Security and Trust Company in Washington, zum Mitglied des Komitees ernannt wurde. Zunächst empfahl das Komitee die Bereinigung der Kapitalstruktur der GAF, um den Verkauf der beschlagnahmten Aktien zu erleichtern. Die Generalversammlung der GAF vom 12. November 1964 billigte diesen Vorschlag. Dabei wurden die alten A- und B-Aktien abgeschafft und durch neue «shares of common stock» zum Wert von 1 Dollar pro Aktie ersetzt.

Die Umwandlung erfolgte auf der Basis von 15 neuen Aktien für jede alte A-Aktie und von 1,5 neuen Aktien für jede alte B-Aktie. Das ergab für die im Prozess liegenden 455 624 A-Aktien und 2,05 Millionen B-Aktien insgesamt 9,909 360 Millionen neue Aktien. Von diesen mussten 21 972 Stück für diejenigen Interventionisten, die bis zum Datum der Unterzeichnung dem Vergleich nicht zugestimmt hatten, reserviert bleiben. Somit gelangten vorerst nur 9,887 388 Millionen Aktien zum Verkauf. Da der Justizminister ausser den Interhandel zustehenden Aktien noch über weitere GAF-Aktien verfügte, die er gleichzeitig zum Verkauf bringen wollte, erhöhte sich das gesamte Paket der zum Verkauf gelangenden GAF-Aktien auf insgesamt 11,166 438 Millionen neue Aktien oder rund 93,3 Prozent des gesamten ausgegebenen Kapitals der GAF.

Der Verkauf dieser Aktien hatte nach der amerikanischen Gesetzgebung durch öffentliche Versteigerung zu erfolgen. Das Justizdepartement hatte es abgelehnt, auch direkte Offerten von Selbstinteressenten der Industrie zuzulassen, wobei vor allem Rücksichten auf die amerikanische Antitrust-Gesetzgebung und Politik massgebend waren. Das Verfahren sah eine Versteigerung an sogenannte Underwriters vor, die sich unter anderem darüber ausweisen mussten, dass sie leistungsfähig seien, und sich verpflichteten, die en bloc übernommenen Aktien öffentlich auf den Markt zu bringen. Damit die nationalen Interessen der USA und das Bestreben nach breit gestreutem Eigentum sichergestellt wurden, mussten die Underwriters einwilligen, nicht mehr als 1,675 Millionen Aktien, das heisst nicht mehr als 15 Prozent, an Nichtamerikaner und nicht mehr als 335 000 Aktien, das heisst nicht mehr als 3 Prozent pro Land ausserhalb der Vereinigten Staaten, zu verkaufen. Das ganze Versteigerungsverfahren wurde bis in alle Einzelheiten festgelegt.

Die Interhandel-Aktie wies im Jahr 1964 einen weit stabileren Kursverlauf auf als in früheren Jahren. Sie schwankte zwischen einem Tiefstkurs von 3680 Franken und einem Höchstpreis von 5005 Franken. Die GAF konnte für das Geschäftsjahr 1963 mit einem Gewinn von 8,088 Millionen Dollar das Rekordniveau von 9,567 Millionen des Vorjahres nicht ganz halten. Für das Geschäftsjahr 1964 wurde jedoch noch einmal eine Gewinnsteigerung auf einen absoluten Höchststand von 10,705 Millionen Dollar erzielt. Der Umsatz vermehrte sich gleichzeitig von 179,2 auf 194,5 Millionen Dollar. Die Voraussetzungen für den Verkauf waren also äusserst günstig.

Als Datum der GAF-Versteigerung wurde der 9. März 1965 festgelegt, an dem die Offerten in versiegeltem Couvert einzureichen waren. Sie wurden am gleichen Tag geöffnet, und die höchste Offerte wurde angenommen. Seitens des Justizdepartements öffnete Katzenbach selbst die schriftlich vorliegenden Angebote. Für Interhandel nahmen an diesem Anlass teil: Saager, Schait, Brupbacher sowie der Vertreter der UBS in den USA, Rainer E. Gut, späterer Vorsitzender der Generaldirektion

Abb. 18: Robert F. Kennedy (1925–1968), Justizminister der Vereinigten Staaten von Amerika von 1960 bis 1964, Bruder von Präsident John F. Kennedy.

Abb. 19: Nicholas Katzenbach (1922–2012), stellvertretender Justizminister der USA von 1962 bis 1964 und bis 1966 Justizminister.

Abb. 20: Hermann Josef Abs (1901–1994), langjähriger Aufsichtsratsvorsitzender der Deutschen Bank und Geschäftspartner von Saager.

Abb. 21: Ernst Matthiensen (1900–1980), langjähriger Vorstands-, später Aufsichtsratsvorsitzender der Dresdner Bank, im Gespräch.

Abb. 22: Erich Vierhub (1901–1998), langjähriger Vorstands- und späterer Aufsichtsratsvorsitzender als Nachfolger von Matthiensen bei der Dresdner Bank.

Abb. 23: Nikolaus Senn (1926–2014) im eifrigen Gespräch mit Saager (l.), enger Mitarbeiter von Saager während der Abwicklung des Falls Interhandel, später als Nachfolger von Saager Mitglied der Generaldirektion und 1988 bis 1996 Verwaltungsratspräsident der UBS.

der Credit Suisse und ab 1983 Verwaltungsratspräsident dieser Bank. Unter der zahlreich vertretenen Prominenz war auch Senator Robert Kennedy zu finden. Die nun durchgeführte Auktion um die GAF war bis zu diesem Zeitpunkt die grösste in der Geschichte der Wall Street. Das höchste Angebot stammte von der vereinigten First Boston Corporation und der Blyth & Company und belief sich auf 29 476 Dollar pro Aktie, was einen Gesamtbetrag von 329,141 927 Millionen Dollar ergab. Das nächsthöhere Angebot von Merrill Lynch, Pierce, Fenner & Smith Inc. sowie Kuhn, Loeb & Co., Lehman Brothers, Glore, Forgan & Co. unterlag knapp mit einer rund 1 Dollar niedrigeren Offerte pro Aktie.

An der Verwaltungsratssitzung von Interhandel vom 29. März 1963 informierte Saager seine Kollegen über die Auktion. Gemäss dem abgeschlossenen Vergleich gingen von der Gesamtsumme die allgemeinen Verkaufsspesen im Umfang von 1,2 Millionen Dollar ab. Von dem verbleibenden Betrag fiel die Hälfte an Interhandel. Davon musste zunächst die alte Steuerschuld im Ausmass von 17,5 Millionen Dollar bezahlt werden. Ferner gingen weitere 6,4 Millionen Dollar ab an die amerikanische Regierung für die Rückgabe der eigenen Interhandel-Aktien. Schliesslich waren für die nicht zustimmenden Interventionisten 60 000 Dollar in bar und 21 972 neue GAF-Aktien zu reservieren. Da die Parteien hälftig am Verkaufserlös beteiligt waren, musste Interhandel den halben Preis für diese reservierten GAF-Aktien an das Justizdepartement abführen. Nach Bereinigung aller Interventionen ging jedoch auch letztere Summe in das Eigentum von Interhandel über. Das finanzielle Ergebnis für Interhandel belief sich somit auf 121,220 324 Millionen Dollar oder rund 521 Millionen Schweizer Franken. Die Börse hiess den Verkauf mit einer freundlichen Stimmung gut. Die Interhandel-Aktie vermochte sich während des ganzen Jahres auf einem stabilen Niveau von zwischen 4480 und 5175 Franken zu halten.

Aufgrund der Vergleichsvereinbarung zwischen dem Justizdepartement und Interhandel wurde der Anteil von Interhandel aus dem Verkauf der GAF zunächst auf einem Spezialkonto beim amerikanischen Schatzamt in verzinslichen US Government Securities angelegt. Der Betrag wurde ab 14. April 1965 zuerst mit durchschnittlich 3,4 Prozent pro Jahr, ab 1966 mit 4 Prozent verzinst. Das Ergebnis des Verkaufs erlaubte es Interhandel ferner, für das Geschäftsjahr 1965 erstmals seit 1941 wieder eine Dividende auszuschütten. Sie betrug 50 Franken pro Namenaktie, was einem Satz von 10 Prozent auf den Nominalpreis und, gemessen am Börsenkurs von damals 4480 Franken, einer Bruttorendite von fast 1,1 Prozent entsprach. Die Interhandel zustehende Verkaufssumme wurde nicht auf einmal, sondern in Tranchen nach der Schweiz überwiesen. Das amerikanische Schatzamt befürchtete, ein bedeutender Teil der Dollars würde sofort in Gold umgewandelt. Bereits zu jener Zeit waren die Goldbestände der Vereinigten Staaten stark im Schwinden begriffen. Man wollte durch eine derartige Transaktion die Goldreserven nicht aussergewöhnlich belasten. Sodann hatte man zu gewärtigen, dass aus dem Verkauf der GAF-Aktien weiterhin Ansprüche an die Vereinigten Staaten gestellt würden. Mitte Mai 1965 wurden die ersten 30 Millionen Dollar in die Schweiz überwiesen, bis Anfang November weitere 30 Millionen. Im Februar 1967 wurden noch etwa 30 Millionen Dollar auf dem Sonderkonto des Schatzamts zurückgehalten. Man argwöhnte damals bei der amerikanischen Regierung, die amerikanische Securities and Exchange Commission (SEC), also die Börsenaufsichtsbehörde, könnte die GAF-Transaktionen nachträglich anfechten. Diese Befürchtungen erwiesen sich jedoch als unbegründet, und im Juli 1968 wurde die letzte Tranche von 18 Millionen Dollar nach der Schweiz transferiert.

Der Kampf der Interventionsparteien
Parallel zu diesen Vorbereitungen auf die Auktion wurden in den Jahren 1963 bis 1965 Verhandlungen mit den Interventionsparteien geführt. Verdient um diese langwierigen, aber letzten Endes erfolgreichen Auseinandersetzungen machten sich bei der UBS die damals engsten Mitarbeiter von Saager, wie Schait, der deswegen in diesem Zeitraum 36-mal zwischen der Schweiz und den USA hin- und herflog, sowie Senn und Gut. Während sich Interhandel mit der Unterzeichnung des Vergleichsabkommens verpflichtet hatte, auf eine Verfassungsbeschwerde gegen die Änderung des «Trading with the Enemy Act» und auf eine allfällige

Klage beim Internationalen Gerichtshof zu verzichten, war es für die nicht feindlichen Interhandel-Aktionäre, die das Vergleichsabkommen nicht anerkannt hatten, weiterhin möglich, diesen Rechtsweg zu beschreiten. Damit hätten sie insbesondere den Verkauf der GAF-Aktien anfechten können. Von den ursprünglich 60 Interventionisten konnten im Lauf der Zeit sämtliche für eine Zustimmungserklärung gewonnen werden. Erste Verhandlungen wurden mit der New Yorker Brokerfirma Carl Marks & Cie. gepflegt, die im Besitz von als GAF-Dividenden ausgeschütteten Interhandel-Aktien war.

Durch Vergütung der Auslagen für die Verwahrung dieser Aktien wurde diese Firma zur Anerkennung des Abkommens gewonnen. Dank intensiver Gespräche und der Überweisung von nicht unerheblichen Beträgen konnten auch die Interventionsgruppen Garreis und Stern, Grünebaum, Irving Moskovitz, Kaufmann/Fischer sowie Schoop, Reiff dazugewonnen werden, das Vergleichsabkommen anzuerkennen. Da Interhandel-Aktien im Besitz von Holländern waren, wollte das amerikanische Justizdepartement, dass auch die Regierung der Niederlande das Vergleichsabkommen gutheisse. Zu Beginn des Jahres 1964 fand sich denn auch die Regierung in Den Haag bereit, eine entsprechend gewünschte Erklärung abzugeben.

Anfang 1965 versuchte im Auftrag von Wally Kelberine und Lenka Berlin namens aller jüdischen Kriegsopfer der amerikanische Politiker Harold Stassen, der wiederholt erfolglos versucht hatte, für die amerikanische Präsidentschaft zu kandidieren, den gesamten Anteil von Interhandel am Erlös des GAF-Verkaufs zu beanspruchen. Beim Distriktgericht in Washington beantragten sie eine einstweilige Verfügung. Das Gericht und später auch das Appellationsgericht lehnten am 9. und 12. April 1965 eine derartige Massnahme ab. Ein Weiterzug an den Obersten Gerichtshof wurde auf speditive Weise am 14. April auch von diesem abgewiesen. Daneben klagten Kelberine und Berlin materiell auf Herausgabe des Vergleichsanteils von Interhandel. Diese Klage wurde am 7. April 1966 vom Appellationsgericht und am 23. Januar 1967 vom Obersten Gerichtshof der USA abgewiesen.

Zwei weitere Interventionen brachten eine eher komische Note in den Interhandel-Fall. Anfang 1964 klagte Robert Schmitz, der Sohn von Dietrich A. Schmitz und Neffe von Geheimrat Hermann Schmitz, er habe eine Kommission von 5 Prozent des Interhandel-Anteils an der Verkaufssumme zugute, weil ihm eine solche Gewinnbeteiligung für die Vermittlung des zeitweiligen Interhandel-Treuhänders Charles Wilson versprochen wurde. Gemäss seinen Behauptungen hätte Wilson seinerzeit die Verhandlungen zwischen Interhandel und dem Justizdepartement zu einem erfolgreichen Abschluss gebracht, wenn nicht Schaefer einseitig dieses Mandat gekündigt hätte. Schmitz klagte auf eine Summe von insgesamt 7,5 Millionen Dollar nebst Zinsen. Neben Robert Schmitz reichten auch die Erben von Dietrich Schmitz eine Klage im Umfang von 11,25 Millionen Dollar ein. Das Distriktgericht in Washington wies jedoch diese Klagen 1965 und 1966 ab. Eine Appellation in Washington wurde 1970 zurückgezogen, da sich die Kläger bereitfanden, in einem Vergleich eine Summe von etwas mehr als 200 000 Dollar zu akzeptieren. Im Verlauf dieses Prozesses mussten Schaefer und Saager vor Gericht in Washington erscheinen. Der Prozess hatte insofern Bedeutung, als namhafte Akteure des ganzen Interhandel-Falls, wie der ehemalige stellvertretende Justizminister Orrick, als Zeugen auftreten und eidesstaatliche Erklärungen oder Dokumente über den Verlauf der Verhandlungen zwischen der Regierung und der Verwaltung von Interhandel abgeben mussten. Während dieser Verhandlungen wurde beispielsweise ein bisher peinlichst gehütetes Geheimnis zum ersten Mal der Öffentlichkeit preisgegeben, nämlich dass Prinz Radziwill als Vermittler zwischen Interhandel und Kennedy gewirkt habe.

Die zweite Intervention stammte von Interhandel-Aktionär Jakob Winteler, der seit Jahren regelmässig an den Generalversammlungen die Verwaltung von Interhandel kritisiert hatte. Winteler hatte dem Justizminister einen mehrseitigen Brief geschrieben, in dem er den Vergleich ablehnte und gleichzeitig auf recht unflätige Weise die amerikanische Regierung angriff, ihr unter anderem vorwarf, sie wende billige Rosstäuscher-Methoden an. Winteler focht zudem den Generalversammlungsbeschluss von 1963 von Interhandel an, weil die Abstimmungen nicht geheim durchgeführt wurden. Winteler beabsichtigte, nach den USA zu reisen und den Justizminister persönlich zu treffen. UBS-Direktor Schait gelang es jedoch, Winteler von seinem Vorhaben abzubringen und seine Opposition aufzugeben. Insbesondere machte Schait Winteler die Hölle heiss, dass er nach Ankunft in den Vereinigten Staaten sofort verhaftet würde, weil er in seinem Schreiben die amerikanische Regierung beleidigt habe. Folgen hatte dieses Intermezzo jedoch insofern, als Winteler seither an den Generalversammlungen von Interhandel, später der UBS, in Erscheinung trat und in kaum verständlichen, langfädigen Ausführungen und oft auch Oppositionsanträgen den Ablauf der Versammlungen verzögerte.

Nach Eintreffen der letzten Tranche aus den USA ermächtigte der Verwaltungsrat von Interhandel Saager, gewissen Personen, die vor und hinter den Kulissen zum erfolgreichen Abschluss einen Beitrag geliefert hatten, ein Honorar zu überweisen. Für die im Aufbau befindliche Kennedy Library in Washington wurde eine vertraulich gehaltene Summe zur Verfügung gestellt. Zu Prinz Radziwill nach London reiste Saager persönlich und überreichte ihm einen Check für seine geleistete Vermittlung. Zusammen feierten sie den Erfolg in dessen Suite im Hotel Claridges bei Champagner und Kaviar. Im Anschluss an die Auktion in New York meldeten sich einige Personen, die einen Beitrag zum erfolgreichen Abschluss des Falls Interhandel geleistet hatten, darunter auch Charles Brupbacher, mit einer Honorarforderung. Schaefer hatte jedoch dafür kein Verständnis. In einem Schreiben an ihn machte er ihn klipp und klar darauf aufmerksam, dass er dank seines Insiderwissens rechtzeitig einen Grossteil seiner Aktien verkauft habe und einen namhaften Gewinn erzielen konnte. Nach seiner Auffassung sei er mit dem Erlös aus diesem Verkauf mehr als entschädigt worden.

Auf der Suche nach einer Zukunft für Interhandel
Mit dem Abschluss eines aussergerichtlichen Vergleichs mit dem amerikanischen Justizdepartement beschritt man für die in Kanada befindlichen und als «Feindesgut» beschlagnahmten Vermögenswerte einen ähnlichen Weg. Ende 1965 wurde mit Kanada ein Vergleich vereinbart, in dem Interhandel ein Betrag von 1,49 Millionen Franken zugespro-

chen wurde. Übrige un- oder wenig rentable Gesellschaften wurden sukzessive abgebaut, so wurden bereits Ende der 1950er-Jahre die Beteiligungen an der verlustreichen Cilag AG, Schaffhausen, an der Aktiengesellschaft für Industrie und Handel, Frankfurt, und an den in der Filmbranche tätigen Unternehmen Rex-Filmverleih AG, Zürich, und Luxor AG, Zürich, abgestossen. Die über das Konsortium Gruetchemie gehaltenen Aktiven in Lima, das Hotel Crillon und Department Store, wurden 1965 von der Bündner Hotelier-Gruppe Bezzola erworben. Ebenfalls Mitte der 1960er-Jahre wurde eine Beteiligung an der Bank Hofmann AG, Zürich, an die Credit Suisse verkauft. Die relativ unwesentliche Investition Osmon Aktiengesellschaft, Schaffhausen, konnte dagegen erst abgestossen werden, als Interhandel von der UBS übernommen wurde. Als wesentlich interessanter erwiesen sich die Beteiligungen an der Deutschen Länderbank AG, Frankfurt, und an der Allgemeinen Kinematographen AG, Zürich. Die Deutsche Länderbank arbeitete mit einer Filiale in Berlin als Merchant Bank äusserst erfolgreich. Saager wurde in den Aufsichtsrat dieser Bank gewählt, da er ihre Aktivitäten seit 1957 aufmerksam verfolgt hatte. Ende 1966 wurden 75 Prozent der Aktien der Dresdner Bank abgetreten, 1980 auch noch der restliche Teil des Aktienpakets. Die Allgemeine Kinematographen AG, Zürich, die über Tochtergesellschaften Liegenschaften (u.a. das Bellevue-Gebäude in Zürich) und Kinobetriebe in Zürich, Bern und Basel verwaltete, gehört noch heute der UBS.

Über die weitere Tätigkeit von Interhandel war man sich nach erfolgreicher Beendigung der Streitigkeiten mit dem amerikanischen Justizdepartement bei der Interhandel- Verwaltung während einiger Zeit uneins. Personell erfuhr der Verwaltungsrat insofern eine Änderung, als am 5. April 1966 Charles de Loës von seinem Posten als Präsident des Verwaltungsrats zurücktrat und durch Schaefer ersetzt wurde, der kurz darauf auch als Nachfolger von Fritz Richner Verwaltungsratspräsident der UBS werden sollte. Als Vizepräsident von Interhandel wurde ausserdem Saager gewählt. Das Management von Interhandel lag ab 1964 praktisch bei der UBS, die fast 5600 Aktien in direktem und indirektem Besitz hielt, während rund 110 000 Aktien im Umlauf waren. Ausserdem wurden 2350 Aktien von der UBS-Tochter Thesaurus treuhänderisch verwaltet, und 12 749 Aktien hielt die Deutsche Länderbank. Im Juni 1964 reifte bei der UBS der Plan, aus Interhandel eine national und international tätige Banque d'Affaires zu machen, die in der Lage sein sollte, Geschäfte durchzuführen, die der UBS infolge Zusammensetzung der Passivgelder nicht möglich waren. In diesem Sinn beabsichtigte man schweizerische und internationale mittel- und langfristige Kreditgeschäfte abzuwickeln und an Kapitalemissionen teilzunehmen.

Saager war die treibende Kraft innerhalb der UBS-Generaldirektion, der Interhandel weiter ausbauen und namentlich die UBS-Beteiligung an dieser Gesellschaft sukzessive auf 20 Prozent erhöhen wollte. Bis Ende 1966 gelang es der Bank, ihren Aktienanteil entweder direkt oder über Tochtergesellschaften auf 20 000 Stück zu vergrössern. Bis Mitte 1965 hatte Saager im Auftrag der UBS-Generaldirektion einen detaillierten Plan für die Interhandel als Banque d'Affaires ausgearbeitet. Als Partner und Aktionäre für eine solche Bank konnten bereits die Dresdner Bank, die Barclays Bank und die Comit gewonnen werden. Doch gab es innerhalb der UBS-Spitze Zweifel, ob mit einer solchen Lösung der beste Weg für die Zukunft von Interhandel und namentlich der UBS-Beteiligung gefunden würde. Bei Senn, mittlerweile zum stellvertretenden Generaldirektor der UBS befördert, reifte im Verlauf des Jahres 1966 die neue Idee einer Übernahme der Interhandel durch die UBS. Nachdem er diesen Plan mit Rechtsanwalt Gutstein und Schaefer besprochen hatte, arbeitete er bis in alle Einzelheiten ein Programm aus, wonach den Aktionären von Interhandel ein Umtausch ihrer Aktien gegen UBS-Aktien angeboten und den Aktionären der UBS eine Erhöhung des Aktienkapitals bei Verzicht auf das Bezugsrecht vorgeschlagen wurde. Damit der ganze Plan rechtlich von allen Seiten durchleuchtet werden konnte, erteilte man ausserdem dem Basler Juristen Louis von Planta, späterer Verwaltungsratspräsident der Ciba-Geigy AG, den Auftrag, die Fusion in einem juristischen Gutachten zu prüfen.

Schliesslich orientierte Schaefer Saager über die Idee einer Fusion. Saager wertete die darin unterbreitete Offerte für die Übernahme der Interhandel durch die UBS als fair für die Mitglieder seines Konsortiums und sicherte seine Unterstützung für das weitere Vorgehen zu. Am 8. September 1966 wurde an einer Präsidialsitzung der UBS, bei Stimmenthaltung des Ende des gleichen Jahres aus der Generaldirektion ausgeschiedenen Albert Rösselet, beschlossen, den Bankbehörden eine Genehmigung des Fusionsprojekts zu beantragen. Tags darauf genehmigte auch der Verwaltungsrat den Fusionsvertrag, und gleichentags wurde die Öffentlichkeit an einer Pressekonferenz über das Vorhaben orientiert.

Der Name Interhandel verschwindet an der Börse
Am 26. September 1966 ermächtigte eine ausserordentliche Generalversammlung der UBS den Verwaltungsrat, den Aktionären von Interhandel das Angebot zu unterbreiten, je eine Interhandel-Aktie in zwei UBS-Aktien umzutauschen. Ferner beschloss sie, das Aktienkapital der UBS um höchstens 70 Millionen Franken zu erhöhen, wobei die Aktionäre auf ihre Bezugsrechte zu verzichten hatten. Im Verlauf des Jahres 1966 bis zum Einstellen des Handels mit der Interhandel-Aktie schwankte der Kurs dieses Titels zwischen 3560 und 5000 Franken. Parallel dazu pendelte sich der Kurs der UBS-Aktie innerhalb der Bandbreite von 2330 und 2990 Franken ein. Bis zum Ablauf der Umtauschfrist am 28. Oktober 1966 waren von den 100 390 im Umlauf befindlichen Interhandel-Aktien 89 914 oder 98 Prozent angemeldet worden.

Der Verwaltungsrat der UBS beschloss gleichentags, die Umtauschofferte als definitiv zu erklären und einer weiteren Generalversammlung zu beantragen, das Aktienkapital der UBS um 60 Millionen auf 260 Millionen Franken zu erhöhen und die neu ausgegebenen 120 000 Inhaberaktien zu nominal 500 Franken dem im Fusionsvertrag bezeichneten Umtauschkonsortium zu übergeben. Dieser Antrag wurde am 14. November durch die UBS-Aktionäre gutgeheissen. Schliesslich wurde der Fusionsvertrag den Generalversammlungen der beiden Gesellschaften vorgelegt. Die Generalversammlung von Interhandel hat ihn am 20. Februar 1967, jene der UBS am 10. März 1967 angenommen. Interhandel hatte somit ihr Eigenleben beendet. Eine Aktie, die den Schweizer Börsen während rund zweier Jahrzehnte Vitalität und Eigenständigkeit verliehen hatte, wurde aus der Liste der kotierten Gesellschaften gestrichen. Die UBS konnte ihrerseits mit einem Federstrich ihre Eigenmittel um 389,9 auf 964,7 Millionen Franken erhöhen und wurde damit zu einer der kapitalkräftigsten Banken in Europa. Nutzniesser dieses Erfolgs war nicht zuletzt auch der schweizerische Fiskus, der von Interhandel bis zur Fusion Steuereinnahmen von mehr als 50 Millionen Franken einstreichen durfte.

Beginn der Geschäfte in Deutschland

Die sprichwörtlich gute Nase von Bruno Max Saager für den Ausbau der Auslandstätigkeiten der UBS machte sich auch im Nachbarland Deutschland bemerkbar. Die unmittelbare Nachkriegslage eines in vier Besatzungszonen aufgeteilten, ja zerrissenen Landes, mit zum Teil völlig zerstörten Städten und Industriezentren, weckte in den vom Krieg fast unversehrt gebliebenen Ländern den Eindruck der Hoffnungslosigkeit. Banken, Versicherungen und Industriebetriebe wurden in zahlreiche kleine Nachfolgeinstitute zerschlagen, und die Währung war vor der Reform durch den deutschen Wirtschaftsminister praktisch wertlos geworden. Um wenigstens die wichtigsten Transaktionen tätigen zu können, wurde mithilfe der Sperrmark ein künstliches Zahlungsmittel geschaffen.

Finanzmittel und Kredite standen für den Wiederaufbau der Wirtschaft kaum zur Verfügung. Ein 1944 vom US-Finanzminister Morgenthau entworfener Plan zur Verhinderung weiterer von Deutschland ausgehender Aggressionen hatte zum Inhalt, das Land durch radikale Demontage der Industrie und Zerstörung der Bergwerke in einen Agrarstaat zu verwandeln und territorial stark zu reduzieren. Ausserdem sollte Deutschland bis zur praktischen Zerstückelung föderalisiert werden. Erst nachdem dieser Plan fallen gelassen wurde und der Marshallplan 1948 mit der Investition von 13,2 Milliarden US-Dollar in den Wiederaufbau Europas in Kraft trat, konnte sich die deutsche Wirtschaft erholen und jene Grundlage bilden, aus der das «Wirtschaftswunder» der 1950er-Jahre hervorging.

Als Saager unter seinen Kollegen in der Geschäftsleitung der UBS die Idee äusserte, in Deutschland geschäftlich aktiv zu werden, löste er mehrfach ein Kopfschütteln aus. Die Vorstellungen Saagers waren unter den Direktoren der UBS nicht mehrheitsfähig. «In diesen Zeiten gibt es einen einzelnen Schweizer Banquier», schreibt der frühere Direktor der Deutschen Länderbank, Leo Uhen, in einer Jubiläumsschrift zum 80. Geburtstag von Saager, «der fest an Deutschlands Erholung glaubt. Als einer der ersten Ausländer geht er durch das zerbombte und trostlos wirkende Frankfurt und sucht den Kontakt zu jenen Männern der ersten Stunde, die um den Wiederaufbau des deutschen Bankwesens und der deutschen Industrie ringen. Dieser Mann ist Bruno Saager von der Schweizerischen Bankgesellschaft aus Zürich, der sich zäh bemüht, alte Fäden wieder aufzunehmen und neue zu knüpfen. Mit dem bei ihm so ausgeprägten Gespür für geschäftliche Chancen und sich anbahnende Tendenzen räumt er Kreditfazilitäten ein und schafft damit für sein Schweizer Haus die Basis des bis heute so bedeutenden Deutschland-Geschäftes.»

Dank häufiger Besuche in Frankfurt und München war Saager in der Lage, eine Unzahl geschäftlicher Kontakte herzustellen, unter anderem mit den Leitern der Dresdner Bank, der Deutschen Bank, der Bank Merck Finck & Co., mit der Metallgesellschaft, mit Siemens, mit dem Konglomerat von Thyssen, von Preussag und mit der Gruppe von Friedrich Flick. Insbesondere im Aufsichtsrat der Metallgesellschaft war er während vieler Jahre ein wertvoller Mitstreiter und Berater des Vorstands, der wesentlich davon profitierte, dass mit Saagers Hilfe bald nach Kriegsende wieder Verbindungen mit dem Ausland hergestellt werden konnten.

Für Leo Uhen war Saager Sinnbild der deutschen Nachkriegsepoche, der an den Knotenpunkten der deutschen Nachkriegswirtschaft stand, und er betonte: «Es waren nicht nur die von Bruno Saager eröffneten geschäftlichen Möglichkeiten, die ihm bald in Deutschland alle Türen öffneten. Es waren auch seine herausragenden menschlichen Eigenschaften, die alle immer wieder in ihren Bann gezogen haben. Bruno Saager gekannt und mit ihm oder für ihn gearbeitet zu haben, gehört zu den beglückenden Erlebnissen vieler noch heute in der Wirtschaft Tätigen. Unantastbar war stets sein Ruf der Zuverlässigkeit. Für ihn war stets das Wort bindend, auch wenn es nicht in Memoranden oder Korrespondenzen festgehalten war. Den Eingeweihten sind nicht wenige Transaktionen bekannt, in denen grosse und grösste Beträge aufgrund kurzer mündlicher Aussprachen anstandslos überwiesen wurden. Für jüngere Kollegen war es immer wieder beispielhaft und verpflichtend zugleich, wie durch kurze Telefonate mit Bruno Saager die Kriegskasse für bestimmte Transaktionen problemlos aufgestockt werden konnte.»

Wie kein anderer Schweizer Bankier unterhielt Saager direkte Verbindungen mit namhaften Persönlichkeiten der deutschen Wirtschaft, wie zum Beispiel mit Hermann Josef Abs von der Deutschen Bank, Ernst Matthiensen, Erich Vierhub, Hans Rinn und Hugo Zinsser von der Dresdner Bank, Eberhard von Brauchitsch von der Flick-Gruppe, Hermann Richter, Heinrich Merk, Gustav Ratjen und Alfred Petersen von der Metallgesellschaft, der mit der Gründerfamilie der Metallgesellschaft liierte Richard J. Merton, Felix Prentzel von der Degussa oder August von Finck.

Als Beispiel, wie sich der gute Ruf Saagers in Deutschland bildete, ist ein Treffen im Jahr 1957 mit Hermann Josef Abs zu nennen. Die Schweizer Öffentlichkeit kritisierte damals die Grossbanken, dass sie zu viele Investitionen in ausländische Unternehmen, statt beispielsweise in die Energiewirtschaft des eigenen Landes tätigten, obschon Schweizer Gesellschaften bloss Obligationen von um die 3,5 Prozent offerierten, während eben ausländische Firmen Obligationen mit Zinssätzen von 4,5 Prozent und mehr anboten. Wie gewohnt in den 1950er-Jahren, begehrte fast das ganze Ausland günstige Kredite in der Schweiz. Die südafrikanische Anglo American Corporation benötigte einen Kredit für den Kauf einer Mine in Tansania und ersuchte die UBS um die nötigen finanziellen Mittel. Saager flog nach Frankfurt und erklärte Abs, es sei derzeit in der Schweiz aus politischen Gründen nicht möglich, ein derart grosses Darlehen zu gewähren. Doch er versicherte ihm, die beiden anderen Schweizer Grossbanken würden sich im Rahmen eines Konsortiums unter Führung der Deutschen Bank beteiligen. Im Vertrauen auf Saager genehmigte Abs das Vorhaben, und die Anleihe entwickelte sich zum glänzenden Geschäft für die Banken.

Auch bei anderer Gelegenheit unterstützte Abs Saager bei grösseren

Finanzierungen, so zum Beispiel 1965 beim Bau einer Produktionsstätte der Highveld Steel & Vanadium Company, einer Tochtergesellschaft der Anglo American Corporation. Saager erläuterte das Projekt im Frankfurter Büro von Abs eingehend. Das Vertrauen von Abs zu Saager war derart gross, dass er ohne Zögern erklärte, wenn Saager nun wegen dieses Projekts nach Südafrika fliege, habe er die Vollmacht, nicht nur im Auftrag der UBS, sondern auch der Deutschen Bank zu verhandeln. Auch dieses Geschäft erwies sich als ausserordentlich erfolgreich für die UBS und die Deutsche Bank.

Mit der Dresdner Bank pflegte Saager stets enge Beziehungen, so vor allem mit Erich Vierhub, Vorsitzender des Vorstands, und mit Ernst Matthiensen, Vorsitzender des Aufsichtsrats. Gemeinsam wurden verschiedene Finanzierungen für deutsche Firmen organisiert. Ebenso beschloss man 1952 die gemeinsame Finanzierung für den Aufkauf der Prioritätsaktien der Basler Holding Gesellschaft für Metallwerte, die ihrerseits massgeblich an der Metallgesellschaft beteiligt war. Diese Aktien brachte die Dresdner Bank anschliessend in ein gemeinsam mit der UBS, der Süddeutschen Bank und der Metallgesellschaft gegründetes Konsortium ein und erklärte sich grundsätzlich bereit, ihren Anteil der Metallgesellschaft zu verkaufen. Diese Verstärkung der Finanzbasis der Metallgesellschaft hatte zur Folge, dass Saager in den Aufsichtsrat dieser Unternehmung gewählt wurde. Aufgrund der freundschaftlichen Geschäftsbeziehungen trug Matthiensen Saager ein Aufsichtsratsmandat im Deutschen Investment, Trust Gesellschaft für Wertpapieranlagen GmbH (DIT), an, das dieser auch annahm.

Am Rand sei vermerkt, dass Saager nicht nur als Geschäftsmann mit den deutschen Wirtschaftsgrössen verkehrte, sondern auch mit zahlreichen Persönlichkeiten eine enge Freundschaft pflegte. In seinem Ferienhaus in Klosters oder im Heim in Küsnacht nahm er oft, und nur kurz nach der Orientierung seiner Frau, die Geschäftspartner mit sich nach Hause zum Mittagessen, wo die Geschäfte weiterentwickelt wurden. Auf ausgedehnten Wanderungen mit seinen schottischen Schäferhunden oder in späteren Jahren beim Golfspiel begleiteten ihn seine Geschäftsfreunde oft und schätzten seine freimütige und gesellige Gastfreundschaft sehr. Besondere lebenslängliche Freundschaften pflegte er mit Vierhub und Matthiensen und ihren Gattinnen.

Dass auch Schweizer Unternehmer die besonderen Beziehungen Saagers zu Deutschland ausnützten, bekundete Werner Oswald, massgeblicher Aktionär und Verwaltungsratspräsident der Ems-Chemie-Gruppe, für die Saager während mehrerer Jahre als Vizepräsident des Verwaltungsrats tätig war. In einem privaten Gespräch erklärte Oswald offen, als es um die erfolgreiche Abwicklung eines Geschäfts mit einem deutschen Unternehmen ging, Saager sei wie kaum ein anderer in der Lage, die richtigen Worte zu finden und den Umgang mit den Deutschen zu pflegen, die er als Luzerner auf gleiche Weise nie nachahmen könne. Mit dieser Feststellung wies Oswald auf eine Eigenschaft Saagers hin, die sich nicht nur mit einem feinen Sensorium für die Denkweisen eines gegenübersitzenden Gesprächspartners erklären lässt, sondern auch mit der Fähigkeit, genau zuzuhören und, aufgrund von ausführlichen Studien des zu behandelnden Themas, über gründliche Sachkenntnisse zu verfügen.

Initiativen zum Ausbau der Zürcher Börse

Zentrales Betätigungsfeld für Bruno Max Saager ist zeit seines Lebens die Börse geblieben. Als Börsenchef der UBS kannte er wie kaum ein anderer alle an der Zürcher Börse gehandelten Titel beziehungsweise die emittierenden Gesellschaften. Die Bilanzen, die Qualität der Geschäftsführung und die Kursentwicklungen kannte er stets auswendig. In seiner Freizeit zu Hause sah man ihn fast den ganzen Sonntag, in einem Lehnstuhl sitzend, wie er eifrig Unterlagen studierte. Als Generaldirektor scheute er sich nicht, hie und da ins Börsengeschehen einzugreifen. Wenn es nötig war, stützte er mit entsprechenden Aktienkäufen eine finanziell in Bedrängnis geratene Gesellschaft, von der er der Meinung war, dass ihre Existenz langfristig für die Öffentlichkeit von Nutzen sei.

In diesem Sinn trat er mit entsprechenden Aktienkäufen in den 1960er-Jahren für die Schweizerische Lokomotiv- und Maschinenfabrik Winterthur (SLM) ein und engagierte sich dafür, dass sie in den Sulzer-Konzern integriert wurde. Diese Aktion wurde als «power game» eines Aussenstehenden bewertet und in der Winterthurer Gesellschaft nicht überall goutiert. Am wenigsten von denjenigen Winterthurer Persönlichkeiten, die teilweise im Verwaltungsrat der UBS sassen. Sie ärgerten sich, weil sie einen lukrativen Verwaltungsratsposten verloren. Insbesondere mit Robert Bühler und Peter Reinhart von der Gebrüder-Volkart-Gruppe hatte er fortan ein unterkühltes Verhältnis. Dagegen erwarb er sich die Achtung des Konzernleiters von Sulzer, Georg Sulzer, mit dem er ohnehin durch die gemeinsame Liebe zu Südafrika und zum gemeinsamen Ferienort Klosters freundschaftlich verbunden war.

Die Entwicklung der Zürcher Börse lag Saager besonders am Herzen. Das Wissen um die gehandelten Titel und den guten Riecher für vielversprechende Geschäfte bewunderte selbst «Konkurrent» Reinhardt von der Credit Suisse, der in einem privaten Gespräch freimütig bekannte, man sei bei der Credit Suisse oft Saagers Käufen oder Verkäufen blind gefolgt, ohne zu wissen, warum und weshalb. Es entsprach denn auch einem logischen Schritt, dass er als Börsenchef der UBS am 23. November 1956 anstelle von Adolf Jann in den Vorstand des Effektenbörsenvereins Zürich gewählt wurde. Bis zu diesem Zeitpunkt wurde übrigens an der Börse selbst an Samstagen gehandelt, und lediglich in den Sommermonaten Juli und August blieb der Handel an diesen Tagen eingestellt. Erst am 5. März 1959 fiel der Entscheid, den Börsenbetrieb an Samstagen zu schliessen. Einer eisernen Regel im Effektenbörsenverein entsprach die Zusammensetzung des Präsidiums im Vorstand. Präsident war stets ein Vertreter einer Privatbank, deren zentraler Betrieb der Börsenhandel war. Das Vizepräsidium übte dagegen immer ein Vertreter einer der drei Grossbanken aus. 1947 bis 1961 war beispielsweise René Baschy von der Privatbank und Verwaltungsgesellschaft Präsident, Direktor Waespe von der Credit Suisse Vizepräsident, nebst weiteren vier Vorstandsmitgliedern.

Nach sieben hektischen Jahren erlitt die Schweiz im Jahr 1957 einen deutlichen Konjunktureinbruch. Angesichts steigender Zinssätze machte sich eine Verknappung des Geld- und Kapitalmarkts bemerkbar. Festverzinsliche Titel eroberten die Gunst der Anleger, und Aktienkurse und Umsätze verzeichneten markante Einbussen. 1958 wurden die Rückschläge grösstenteils wettgemacht, und 1959 entwickelte sich zu einem wahren Börsen-Boomjahr. Die Umsätze der Zürcher Börse stiegen um über 50 Prozent auf 18 Milliarden Franken. Diese Entwicklung setzte sich, bei damals nur 96 kotierten Schweizer Aktien, in den Jahren 1960 und 1961 fort.

Wie sich sein Mitarbeiter und späterer Nachfolger im Effektenbörsenverein, Richard Schait, erinnert, hat sich Saager immer mit Grundsatzfragen beschäftigt und sich für die Interessen des Finanzplatzes Schweiz eingesetzt. Auch war es ihm gemäss Schait ein Anliegen, die Eigenverantwortung der Börsenorgane zu fördern sowie die Integrität und Funktionsfähigkeit der Märkte sicherzustellen. So hatte Saager bereits 1959 auf die Problematik der vermehrt auftretenden Namenaktien zum vermeintlichen Schutz der schweizerischen Identität hingewiesen. Auf seinen Antrag kam der Vorstand einstimmig zur Auffassung, dass Namenaktien dem freien Handel abträglich seien. Auch setzte er sich für die Einführung ausländischer Aktien an der Börse ein. Insbesondere dank seiner Initiative wurden auch Notes am Schweizer Handel eingeführt.

Hans Vontobel trat 1961 die Nachfolge von Baschy an und amtete bis 1974 als Präsident. Als Vertreter der Grossbanken stand ihm zeitweise Saager als Vizepräsident zur Seite. Bis zum 11. März 1974 blieb er Mitglied des Vorstands des Effektenbörsenvereins, davon sechs Jahre als Quästor und acht Jahre als Vizepräsident. Zwischen Vontobel und Saager entwickelte sich eine erspriessliche Zusammenarbeit. Vontobel erzählte später in seinen Memoiren über Saager: «Das Schöne war, er hat nie die Macht seines Institutes in die Waagschale geworfen, er hat immer an seinen Überzeugungen festgehalten, er hat sich aber auch von anderen Meinungen überzeugen lassen.»

Die Börsenhausse der Jahre 1958 bis 1962 fand ausgerechnet im Jubiläumsjahr «100 Jahre UBS» ihr Ende. Die Konjunkturdämpfungsmassnahmen des Bunds zeigten ihre Wirkung. Ein Kurseinbruch in New York löste auch in Zürich heftige Reaktionen aus. Für Interhandel wurden beispielsweise am Schwarzen Dienstag, 29. Mai 1962, nicht weniger als 69 Kurse geschrieben. Mit dem Ausbruch der Kubakrise im Oktober des gleichen Jahres erfolgte ein weiterer Börsenzusammenbruch. Als im November 1963 Präsident Kennedy einem Attentat zum Opfer fiel, erlebte die Börse einen erneuten Kurseinbruch. Auf Empfehlung Saagers erliess die Vereinigung Schweizerischer Effektenbörsen am 13. November 1963 eine Volatilitätsbremse: Bei Kursbewegungen von mehr als 10 Prozent, später sogar von mehr als 5 Prozent, wurde der Handel für 15 Minuten unterbrochen.

Zu jener Zeit studierte man an der Zürcher Börse die Möglichkeit eines Neubaus der Börse an einem anderen Standort und eine Automatisierung des Börsenhandels. Die Firma Telekurs AG wurde beauftragt, in einer Studie die Möglichkeiten einer Elektronisierung der Publikation von Börsenkursen abzuklären. Der Effektenbörsenverein war an der Telekurs AG, die ursprünglich den Namen Ticker AG trug, beteiligt. Schon 1955 übernahm Saager das Präsidium dieser Gesellschaft, die er als Mittel dafür einsetzen wollte, um den Börsenhandel zu modernisieren. 1959 konnte Saager die Aktionäre orientieren, dass eine einigermassen vernünftige Konzessionsregelung mit den PTT-Betrieben in Aussicht stehe und dass die Geräte in absehbarer Zeit bestellt werden könnten.

Stets setzte sich Saager auch dafür ein, die Publizität der Gesellschaften zu verbessern. Im Juli 1964 erklärte er an einer Sitzung des Effektenbörsenvereins: «Wenn der Aktionär schon nur einen bescheidenen Teil am Gewinn ausgeschüttet erhält, dann soll er wenigstens wissen, was in der Gesellschaft, deren Miteigentümer er ist, vor sich geht.» 1964 hielt der Kursrückgang bei stabilen Umsätzen an. Ende 1965 beschloss das Volk die Weiterführung des Bundesbeschlusses gegen die Teuerung. Durch das neue Bundesgesetz über die Verrechnungssteuer wurde die Couponsteuer beseitigt. Auch 1966 setzte sich die Talfahrt an der Börse fort. Der Kursindex stand mittlerweile nicht einmal mehr auf dem Niveau von 50 Prozent des Werts von Ende 1961, und die Umsatztätigkeit stagnierte um die Marke von 20 Milliarden Franken.

Auch gegen staatliche Interventionen der Zürcher Regierung an die Adresse der Börse setzte sich Saager stets zur Wehr. Als der Regierungsrat einmal wegen des Handels eines Titels sogar die Polizei an die Börse schicken wollte, betonte Saager im August 1965 gegenüber dem damaligen Regierungsrat: «Sie müssen verstehen, wenn wir mit der Polizei lieber nichts zu schaffen haben!», und präzisierte: «Unter den europäischen Börsen gehört Zürich zu den bedeutendsten, wenn Zürich nicht gar die bedeutendste europäische Börse ist. Der Vorstand kann nicht zulassen, dass der Zürcher Börse Schranken auferlegt werden, wie sie auf der ganzen Welt nirgends bestehen!»

Bahnbrechend für die Börse war vor allem der Einsatz von Saager für die Elektronisierung des Handels, auch wenn noch viel Zeit verging, bis diese Wirklichkeit wurde. Erst in einem Protokoll des Vorstands vom 25. Januar 1967 wurde festgehalten, dass die Einführung einer computergestützten Kurspublikation durch die Telekurs vernünftig scheine. Zu einem solchen Ergebnis kam man allerdings erst, nachdem Saager Jahre zuvor mit einem Sondereinsatz die nötigen Vorarbeiten geleistet hatte. Ein solcher Computer, so wurde 1967 erklärt, sei aber mit Kurspublikation und mit dem Erstellen der Schlussnoten nicht ausgelastet. Telekurs schwebe vielmehr ein Computerzentrum vor, das man nicht nur der Zürcher Börse und den Schweizer Börsen, sondern auch ausländischen Börsen dienstbar machen könne. Da die Mehrheit der Mitglieder mit Computerdaten aus Mangel an eigenen EDV-Anlagen nichts anfangen konnte und viele Börsenhändler Angst hatten, sie würden ihre Stelle verlieren, kam dieses weltweit erste und fortschrittliche Computerhandelsprojekt zum Erliegen. Prominenter Gegner der Elektronisierung des Handels war damals Nicolas Bär, Geschäftsführer der Bank Julius Bär & Cie. Er meinte, es sei doch gerade Aufgabe der Bank, den betreffenden Kunden im direkten Gespräch zu erklären, wie und warum ein bestimmter Kurs sich entwickle. An einer Präsentation im Effektenbörsenverein wurde Saager von seinen Kollegen fast ausgelacht. Bär erklärte, dass seine ausgezeichneten Telefonisten die Kurse viel zuverlässiger übermitteln könnten als dieses neumodische Zeug und dass wir uns doch nicht vorstellen wollten, dass man womöglich im Schaufenster an der Bahnhofstrasse sehen könne, was man an der Börse für Kurse mache. Ein anderer Vertreter bemerkte schlicht und einfach zu Saager: «Kommen Sie in 20 Jahren wieder mit Ihren Ideen.» Viele Jahre später bekannte Bär allerdings unumwunden in einem privaten Gespräch, er sei damals mit seiner Auffassung völlig falsch gelegen und habe sich in der Zwischenzeit eines Besseren belehren lassen müssen.

Wegen des Widerstands anderer Banken entwickelte Saager den Computereinsatz durch die Telekurs auf eigene Faust und übernahm das gesamte Aktienpaket der Gesellschaft, wobei er sich des unternehmerischen Risikos voll bewusst war. Wirksam unterstützt wurde er bei der Realisierung dieses Vorhabens durch seinen langjährigen Mitarbeiter Richard Schait. Am 4. April 1961 wurde der Betrieb des Börsenfernsehens für die Börse intern aufgenommen, und am 28. Juli erfolgte erstmals die Ausstrahlung von Fernsehsendungen für das ganze Stadtgebiet. An einer Pressekonferenz wurde das denkwürdige Ereignis der Öffentlichkeit vorgestellt. Ein mehrseitiger Prospekt wurde geschaffen, auf dessen Titelseite die selbstbewusste Feststellung zu lesen war: «Zürich erhält die modernste Kursübermittlungsanlage der Welt.»

Am 30. Mai 1962 wurde der Name Ticker AG aufgegeben und in Telekurs AG geändert. Innert sieben Jahren hatte sich die Gesellschaft unter der Leitung von Saager von einer kaum mehr lebensfähigen, technisch völlig veralteten Firma in eine gänzlich neue und mit modernster Technologie ausgerüstete Organisation verwandelt. Nun zeigten die anderen Banken plötzlich wieder Interesse an einer Beteiligung, und Saager, der mit diesem neuen Instrument ein Gemeinschaftswerk der Schweizer Banken schaffen wollte, verkaufte einen Teil der Aktien an andere Banken. Als neuer Geschäftsführer setzte Saager ausserdem seinen bisherigen Mitarbeiter Hans Frick ein, späterer Stadtrat und Polizeivorstand der Stadt Zürich. Der Erfolg der Telekurs löste neue Ideen für weitere Gemeinschaftsaufgaben aus. 1963 wurden die Börsenringe mit Fernsehmonitoren ausgerüstet, was die Arbeit der Händler und des Börsenschreibers erleichterte. 1964 wurde das System mit der Bildmischanlage des Rundschreib-Fernsehens wesentlich aktualisiert.

Erst 1967 setzte bei abgeflachter Hochkonjunktur ein neuer Kursaufschwung ein. Der Umsatz der Zürcher Börse stieg auf 25,5 Milliarden Franken und überholte den bisherigen Rekord aus dem Jahr 1961. 1968 kletterte der Umsatz sogar auf 41 Milliarden Franken, und auch 1969 erhöhte sich der Umsatz, bevor 1970 wieder eine Baisse eintrat.

Interne Widerstände verhinderten die Möglichkeit bei Telekurs, eine elektronische Kursübermittlungsanlage auf europäischer Basis zu schaffen. Andere Organisationen kamen Telekurs mit ähnlichen Projekten zuvor, darunter die Nachrichtenagentur Reuters. Die Bemühungen Saagers, dank Computereinsatz den Handel an der Börse zu rationalisieren, stiessen bei den anderen Banken immer wieder auf Widerstand. Hans Vontobel stellte 1969 fest: «Ob und wann der eigentliche Mittelpunkt des Börsenhandels, Kursfestsetzung und Zuschlag jemals automatisiert werden, ist völlig offen. Sicher ist dagegen, dass der Computer und modernste Kommunikationstechnik rund um den Handel vielfältigste und zunehmende Einsatzmöglichkeiten haben.»

1972 stellte Telekurs die handschriftliche Kursberichterstattung im Börsenfernsehen durch den Einsatz von Computern auf digitale Erfassung und Speicherung um. Zu dieser Zeit wurde auch die Zusammenarbeit mit der AG für Wirtschaftspublikationen (heute: AWP Finanznachrichten AG) beschlossen, die Wirtschafts- und Finanznachrichten sowie Marktkommentare und Analysen von kotierten Gesellschaften in den drei Landessprachen auf elektronischem Weg veröffentlicht. Die AWP wurde von Hansjürg Saager, dem Sohn Bruno Max Saagers, entwickelt und bis 2006 geleitet. Danach verkaufte der bisherige Eigentümer die Gesellschaft aus Altersgründen an die Schweizerische Depeschenagentur (sda), die Deutsche Presseagentur (dpa) und Reuters. Hansjürg wirkte noch bis 2017 als Verwaltungsratspräsident. Der Finanznachrichtendienst der AWP wird seit Jahren neben Telekurs auch von anderen Vendoren wie zum Beispiel Reuters und Bloomberg verbreitet.

Trotz Währungsunruhen waren 1971 und 1972 erneut gute Börsenjahre. 1973 erfolgten der Zusammenbruch des Weltwährungssystems und die Freigabe der Wechselkurse. Auf den Währungsschock folgte gegen Jahresende auch noch die Energiekrise. Der Jahresumsatz des Wertpapierhandels ging bei sinkenden Kursen deutlich zurück. 1973 wurde erstmals ein eigener Prospekt über die Börse herausgegeben, und die Anlagefonds konnten aufgrund einer Initiative Saagers auch kotiert werden. Saager erkannte die Bedeutung der Vorbörse, und es wurde erstmals auch ein Reglement für die Vorbörse eingeführt.

Die durch die Rezession ausgelösten Kursstürze machten sich 1974 weltweit bemerkbar. Der Kursstand von Ende 1974 entsprach demjenigen von 1966, am Ende der letzten grossen Baisseperiode. Der Gesamtumsatz der Börse bezifferte sich in diesem Jahr auf 58 Milliarden Franken. Am 11. März 1974 traten Vontobel und Saager gemeinsam vom Vorstand des Effektenbörsenvereins zurück. Damit hatte eine über 20 Jahre dauernde Verbindung mit dem Effektenbörsenverein ihr Ende gefunden.

1976 konnten bei Telekurs die ersten Benutzer-Terminals des umfassenden Finanzinformationssystems Investdata in Betrieb genommen werden. Im gleichen Jahr trat Saager als Präsident des Verwaltungsrats zurück. Er übergab das Zepter des Präsidiums Peter Gross, Generaldirektor der UBS. Der Umsatz der Gesellschaft mit 65 Mitarbeitern belief sich im Jahr des Rücktritts von Saager auf 20,9 Millionen Franken. Neben der erfolgreichen Ausbreitung der Finanzinformationsdienstleistungen im Inland wurde mit dem Vertrieb im Ausland, so in Deutschland, Frankreich, Grossbritannien, Holland, den USA und Japan, begonnen. 1978 stieg die Firma mit der Übernahme des Betriebs der Bancomatkette in eine zweite Tätigkeitssparte ein: Bankenclearing und Zahlungsverkehr. 1981 folgte der Auftrag, die Entwicklung und den Betrieb der EDV-Systeme für die Sega zu übernehmen. Telekurs erhielt auch die Aufgabe, den Betrieb des Soffex-EDV-Systems sicherzustellen. Soffex war die erste vollelektronisch funktionierende Börse für Derivate. Im Dezember 1995 begann an der Schweizer Börse die Umstellung auf den elektronischen Handel, zunächst mit dem Auslandaktiensegment. Im August 1996 war die Elektronisierung abgeschlossen, die Handelsringe und die Händler verliessen das Börsengebäude und handelten fortan in den Räumen ihrer jeweiligen Bank.

2008 schlossen sich SWX Group, Telekurs Group und SIS Group zur SIX Group zusammen, um die Infrastruktur für den Schweizer Finanzplatz in einem Unternehmen zu konzentrieren. Seither tauchen, namentlich im Zeitalter der Digitalisierung und der Übertragung von Daten im Internet, immer wieder neue Pläne auf, um die gemeinsame Tätigkeit der Banken zusammenzuführen. Auf diese Weise haben die Beharrlichkeit und der innovative Geist von Saager Früchte getragen, womit die Erinnerung an ihn auch in Zukunft wachgehalten bleibt.

Im Verwaltungsrat der Chemie Holding Ems

Die Verbindung von Bruno Max Saager mit dem Kanton Graubünden hat schon in frühen Jahren begonnen, als er mit seiner Frau und seiner Familie als passionierter Skifahrer die Winterferien vorzugsweise in Orten wie der Lenzerheide, Flims und ab 1951 immer wieder in Klosters verbrachte. Klosters wurde mit dem Besitz eines Ferienhauses samt grossem Garten zu einem zweiten Wohnsitz. Saager genoss nicht nur seine Freizeit und zahlreiche Wochenenden im Prättigau, sondern er interessierte sich auch lebhaft für die örtlichen Belange dieses Kurorts. Vor allem an der Entwicklung der Luftseilbahn Klosters–Gotschnagrat nahm er besonders Anteil. So war es naheliegend, dass er, mithilfe des befreundeten Politikers und Anwalts Ulrich Gadient, dessen Familie in Serneus und Chur wohnte, schrittweise Aktien an dieser Seilbahn aufkaufte und, zusammen mit der langjährig freundschaftlich verbundenen Familie von Walter Meier, zum grössten Aktionär der Gesellschaft wurde. Walter Meier war Besitzer einer auf Werkzeugmaschinen spezialisierten Handelsfirma, die später durch seinen Sohn Reto zu einer erfolgreichen Industriegruppe, der Walter Meier Holding, ausgebaut wurde. Reto Meier war ausserdem während mehrerer Jahre Präsident des Verwaltungsrats der Seilbahn Klosters–Gotschnagrat und wesentlich verantwortlich dafür, dass diese Firma, im Gegensatz zu zahlreichen anderen Bergbahnen in der Schweiz, sich zu einem finanziell äusserst gesunden Unternehmen entwickelte.

Saagers Interesse ging im Kanton Graubünden so weit, dass er sogar seine Familienholding Substantia von Zug nach Chur verlegte und das Büro dieser Firma neben der Anwaltskanzlei von Ulrich Gadient an der Werkstrasse 2 einrichtete. Noch enger wurde Saagers Verbindung mit Graubünden durch seine Wahl in den Verwaltungsrat der 1962 gegründeten Chemie Holding Ems AG im Jahr 1963, dem er bis 1975, davon sieben Jahre als Vizepräsident, angehörte. Durch seine Initiative wurde die Holding der Emser Werke, die sich zu Graubündens grösstem privatem Arbeitgeber entwickelte, Ende 1962 an der Vorbörse kotiert und damit einem breiteren Publikum zugänglich gemacht. Im Verwaltungsrat der Gesellschaft sass auch Andreas Gadient (1892–1976), Nationalrat und Regierungsrat des Kantons Graubünden und Vater des späteren National- und Ständerats Ulrich sowie Grossvater der später ebenfalls im Nationalrat tätigen Brigitte Gadient. Ulrich Gadient folgte seinem Vater für einige Jahre im Verwaltungsrat der Chemie Holding Ems.

Die Emser Werke wurden 1936 vom Chemiker Werner Oswald gegründet und produzierten mit dem Scholler-Verfahren in Domat/Ems aus Holz Äthylalkohol, einen Treibstoffzusatz für Motorfahrzeuge. Im Zweiten Weltkrieg erwies sich dieses Produkt, das aus einheimischen Holzabfällen entwickelt wurde, als besonders wertvoll. Als Benzin zur Mangelware wurde und man dieses in erster Linie für die Armee reservierte, mischte man das Produkt, volkstümlich «Emser Wasser» genannt, mit Benzin. Der Bund sicherte den Emser Werken vertraglich unter Übernahme der Gestehungskosten eine Abnahme von bestimmten Mengen dieses Treibstoffs zu. Zusätzlich wurde mit dem Bund 1942 ein Vertrag über die Lieferung von Futterhefe geschlossen. Zudem investierte die Unternehmung in Wasserkraftwerke, um ihren Energiebedarf günstig zu sichern. Rechtzeitig wurde als weiteres Standbein mit der Produktion von Polyamidkunststoffen begonnen, denn 1956 lehnte eine Mehrheit in einer Volksabstimmung die weitere Subventionierung der Herstellung des Treibstoffzusatzes durch den Bund ab.

1964 begann die Produktion von Polyesterfasern Grilene für die Textilindustrie und 1966 von Grilamid Polyamid 12 und Grilon Co-Polyamid für die Herstellung von Kunststoffrohren und Verpackungsfolien. Laufend wurden neue Produkte entwickelt, so die Herstellung von Schmelzklebepulver für die Konfektionsindustrie.

Mit Werner Oswald pflegte Saager während mehrerer Jahre als Finanzexperte im Verwaltungsrat und als Kenner vor allem der deutschen Geschäftswelt einen regen und für beide erspriesslichen Kontakt. Dabei ging es Saager in erster Linie um die Betreuung der Publikumsaktionäre. Saager hatte unter seinen Kunden einen namhaften Anteil von Aktionären gewonnen, die in der Regel eine bessere Transparenz der Unternehmung von ihm forderten, wenn sie schon grössere Investitionen im Interesse der Gesellschaft tätigten. Die Industriegruppe wurde vom Firmengründer und Patron Werner Oswald in recht autoritärer Weise geführt. Dabei pflegte er Tochterunternehmen nach eigenem Gutdünken aufzubauen und irgendwo in der Gruppe einzuordnen, ohne dabei eine eigentliche Strategie zu verfolgen. Verlangte ein Publikumsaktionär an einer Generalversammlung nähere Auskunft über ein Thema – wenn es einer überhaupt wagte, sich zu melden –, pflegte ihm Präsident Oswald ziemlich kurz angebunden und eher ungehalten über die nach seiner Meinung unnötige Unterbrechung der ordentlichen Sitzung zu antworten, ohne ausführlich Stellung zu beziehen. Auch eine ernsthafte Herzerkrankung hinderte Oswald nicht daran, das Zepter der Unternehmung mit eisernem Griff zu halten. Da ihm der Arzt verordnete, jeden Tag einige Stunden im Bett auszuruhen, verlegte er sein Büro einfach ans Bett und telefonierte und korrespondierte von dort aus mit Geschäftsfreunden und Mitarbeitern munter weiter.

Im Verwaltungsrat sassen ausser Saager Persönlichkeiten, die eher wegen ihrer Verdienste als ehemalige Regierungsräte oder anderer politischer Tätigkeiten in dieses Gremium gewählt wurden, jedoch bezüglich Unternehmensführung Präsident Oswald wenig unterstützen konnten. Eine Ausnahme bildete lediglich Werners Bruder Victor, der als erfolgreicher Industrieller in Spanien tätig war und mit Saager ein freundschaftliches Verhältnis pflegte. Ein weiterer Bruder von Werner Oswald, Rechtsanwalt Rudolf Oswald, war allerdings schon Ende der 1960er-Jahre wegen Meinungsverschiedenheiten mit Werner aus der Gruppe ausgeschieden. 1972 stiess auch der spätere Mehrheitsaktionär Dr. Christoph Blocher zum Verwaltungsrat, als Delegierter und Direktionsvorsitzender. Blocher, der spätere National- und Bundesrat, durchschritt eine steile Karriere bei der Chemie Holding, war er doch erst 1969 als Werkstudent in die Rechtsabteilung der Emser Werke AG eingetreten.

Saager wollte nun im Interesse der Publikumsaktionäre und der Öffentlichkeit eine klarere Strukturierung der Gruppe und eine bessere Offenlegung erreichen. Bereits nach seinem Rücktritt aus dem Verwaltungsrat verfasste er zusammen mit seinen Mitarbeitern eine umfangreiche Studie bei der UBS, in der sich das Organigramm der Gruppe und die gesamte Darstellung der Unternehmung einfacher und nicht mehr wie ein wild wuchernder Irrgarten präsentierte. Im Namen der Gesellschaft verdankte Blocher einige Wochen später die Zustellung dieser Studie, erklärte aus seiner Sicht, dass der ganze Inhalt äusserst lehrreich und vorteilhaft für die Unternehmung wäre, doch zu Lebzeiten von Werner Oswald kaum realisierbar und deshalb eine Änderung der bisherigen Struktur vorläufig nicht möglich sei. Am 23. Februar 1979 starb der seit einigen Jahren herzkranke Werner Oswald mitten in einer Besprechung. Damit war für Blocher der Weg frei, die Anregungen Saagers aus der Studie in die Tat umzusetzen.

Highveld – Konflikt mit Schaefer

In zahlreichen Schriften und Reden wird Schaefer als der schweizerische «Bankier des Jahrhunderts» gerühmt. Dabei kommt mit dieser Bezeichnung weniger seine Kenntnis der Schweizer Bankenszene zum Ausdruck als vielmehr seine unternehmerischen Talente, mit denen er zahlreiche Konzernspitzen zu beraten wusste. Wegen dieser Fähigkeiten sass er als Verwaltungsrat in den wichtigsten Gremien schweizerischer Unternehmen. Er baute dadurch ein dichtes Netz von Beziehungen mit Schweizer Konzernen und Unternehmen auf. In banktechnischer Hinsicht setzte er in Ergänzung zu seinen eigenen Stärken Bruno Saager und daraufhin dessen Nachfolger Nikolaus Senn ein. In späteren Jahren baute Rainer Gut in ähnlicher Weise sein eigenes Netzwerk auf. Es darf nicht verheimlicht werden, dass das grosse Vertrauen, das Bruno Saager von allem Anfang an in einen Geschäftspartner, Kunden oder Kollegen in der Direktion setzte, auch seine Gefahren barg und ihm fast zum Verhängnis wurde. In der Generaldirektion der UBS anerkannte er die Autorität des Vorsitzenden der Generaldirektion, Alfred Schaefer. Insbesondere nahm dieser die Auslandskontakte Saagers wahr, die gerade für die Zukunft der UBS von grossem Nutzen und überdies geeignet waren, den Rückstand auf die beiden anderen Grossbanken in diesem Bereich aufzuholen. Schaefer, während des Studiums in Vorkriegs- und Kriegsjahren Offizier der Kavallerie, stand wenig Zeit zur Verfügung, die Auslandskenntnisse zu vertiefen. Zudem sah er den Vorteil, dass Saager über einen direkten Draht zu seinem Onkel, Fritz Richner, Präsident des Verwaltungsrats, verfügte. Drei Jahre älter als Saager, Sohn des Besitzers einer Aarauer Baufirma von regionaler Bedeutung, die später von seinem jüngeren Bruder Heinrich geleitet wurde, war Schaefer 1931, nach dem Studium der Rechte an der Universität Zürich, in die UBS eingetreten. Er machte rasch Karriere bis in die Generaldirektion. Er heiratete eine Frau aus dem Aargauer Geschlecht Hunziker; einer ihrer Brüder vertrat als Botschafter unter anderem die Schweiz in Südafrika. Militärisch erzogen, schätzte Schaefer als Offizier seine Führungsausbildung sehr. Dabei war für ihn, wie zu jener Zeit für die meisten Schweizer, der preussische Führungsstil Vorbild, mit klaren Umschreibungen der einzelnen Kompetenzen und einem genau strukturierten Organigramm bis hinauf zur obersten Spitze. Saager, dem Nichtoffizier, erklärte Schaefer anlässlich einer gemeinsamen Geschäftsreise die Notwendigkeit einer derartigen militärischen Ausbildung, mangels Möglichkeit von Managementkursen zu jener Zeit. Als Saager einwandte, dass er als Soldat nie eine derartige Ausbildung genossen habe, entgegnete Schaefer lächelnd, Saager sei eben ein seltenes Naturtalent mit angeborenen Führungseigenschaften.

Allerdings überzeugten die Ausführungen Schaefers Saager nicht restlos. Ihm, als früherem Rennruderer in einer auf Tod und Verderben eingeschworenen und gegenseitig abhängigen Crew, schwebte eher der Teamgeist nach angelsächsischem Vorbild vor. Als Börsenchef und späterer Chef des Finanzbereichs scharte er im Lauf der Jahre eine ganze Gruppe von Mitarbeitern um sich, welche die Kollegialität ihres Chefs und die entschiedene Stellungnahme von Saager sehr schätzten, wenn es darum ging, sich im Notfall auf seine Rückendeckung verlassen zu können. Er schaute, wie sein ehemaliger Mitarbeiter und der spätere Direktor der UBS Eberhard Huser bekannte, zu seinen Leuten und war stets grosszügig mit ihnen. Seine Mitarbeiter schätzten es sehr, wenn Saager bis spät in die Nacht bei seinem Team blieb, wenn es nötig war, diese zumindest in den Büros aufsuchte und hie und da den Anwesenden ein Abendessen spendierte. Saager pflegte freundschaftliche und persönliche Kontakte zu seinen Mitarbeitern, im Gegensatz zu Schaefer, der gegenüber seinen Mitarbeitern stets eine Distanz wahrte.

Saager hatte Mitarbeiter mit unterschiedlichen Aufgaben um sich, doch agierte er gleichsam als Primus inter Pares in seinem Team. Auch für Rainer Gut war Saager ein glänzender Teamleader. Gerade die Auslandsbörsianer seien geschlossen hinter ihm gestanden. Saager sass

Abb. 24: Rainer E. Gut (* 1932), Vertreter der UBS in New York während der Abwicklung des Falls Interhandel, später Generaldirektor bei der Credit Suisse und von 1982 bis 2000 Verwaltungsratspräsident der Credit Suisse.

nicht, wie sich Gut erinnert, einsam in seinem Büro, sondern im Händlerbüro, studierte die Kursblätter an Ort und Stelle und pflegte den Gedankenaustausch mit seinem Team. Ausgesprochen erfolgreiche ehemalige Mitarbeiter wie Senn und Gut bezeichneten Saager in späteren Jahren unumwunden als ihren Lehrmeister. Sein väterlicher Umgangston beeindruckte seine Mitarbeiter sehr. So sagte er einmal zu Rainer Gut, kurz nach dessen Eintritt in die Bank: «Sie sind ein junger Mann und haben ihre Zukunft noch vor sich. Legen Sie etwas Geld zur Seite und heben Sie nicht gleich den Lebensstandard, auch wenn Sie mehr verdienen. Das gibt Ihnen die notwendige Unabhängigkeit gegenüber

Abb. 25: Richard Schait (1923–1993), langjähriger Direktor der UBS, als Nachfolger von Saager Börsenchef und enger Vertrauter von Saager bei der Abwicklung des Falls Interhandel.

Ihrem Arbeitgeber. So müssen Sie nicht bange auf jeden Monatslohn warten.»

Gut bekannte im Gespräch, er habe in Erinnerung an Saager nur die besten Gefühle und verdanke ihm viel. Sowohl Senn als auch Gut brachten es in späteren Jahren bis zum Verwaltungsratspräsidenten ihrer Bank. Gut würdigte Saager wie folgt: «Er hat grosse Verdienste für den Finanzplatz Schweiz. Er machte aus der SBG eine dynamischere Bank und verzeichnete grosse Erfolge in Deutschland, Südafrika und den USA mit Interhandel, obschon er kein systematisch globaler Banker war. Sodann stellte er erfolgreich die Börse für die Zukunft auf mit der Neuausrichtung der Telekurs. Er bewegte also an allen möglichen Fronten viel.»

Als Saagers Mitarbeiter der ersten Stunde ist der Einsiedler Alois Eberle zu nennen, der unter Saager für die Inlandbörse verantwortlich zeichnete, aber allzu früh verstarb. Ab 1957 ergänzten ihn Nikolaus Senn und Richard Schait in der Direktion der Bank. Der gebürtige Appenzeller Senn war so etwas wie das juristische Gewissen für Saager, während Schait, als ehemaliger Handballgoalie des Grasshopper-Clubs Zürich ebenfalls vom Sportsgeist beseelt, ihm in Bereichen der Auslandbörse und während Tätigkeiten für den Zürcher Effektenbörsenverein assistierte. Zu den engen Mitarbeitern Saagers als «Börsianer» von altem Schrot und Korn zählten während Jahrzehnten auch Kurt Baumgartner und Eberhard Huser.

Bei der Abwicklung des Interhandel-Falls flog Schait im Auftrag von Saager jährlich mehrmals zwischen Zürich und New York hin und her und soll bisweilen bei der Swissair am meisten Flugmeilen pro Jahr bezogen haben. Mit dem Kanton Graubünden und dem Ferienort Klosters fühlte sich Saager besonders verbunden. So installierte er denn auch folgerichtig die mit der Familie Floersheimer gegründete Holding Substantia AG für Finanzierungen und Beteiligungen in Chur, am Sitz des Anwaltsbüros von Ulrich Gadient. Ein weiterer treuer Weggefährte von Saager und Mitglied des Verwaltungsrats der Substantia war Theophil von Sprecher, Enkel des gleichnamigen Generalstabschefs im Ersten Weltkrieg, Leiter der UBS-Filiale Chur und Weinproduzent in Maienfeld. Ulrich Gadient, der als junger Jurist in Saagers Abteilung bei der UBS seine Sporen abverdiente, bevor er in Chur eine Anwaltspraxis eröffnete und gleichzeitig in den Fussstapfen seines Vaters als Politiker im National- und Ständerat in der Öffentlichkeit in Erscheinung trat, wurde auch während Saagers Zeit zunehmender Gebrechlichkeit und bis zu seinem Tod zum unersetzlichen Wegbegleiter in den Belangen der Substantia und der AG für Plantagen.

Der Luzerner Eberhard Huser war für Saager vor allem für südafrikanische Belange eine treue Stütze. Er gehörte ab 1952 zum Team von Saager. 1953 bis 1956 wirkte Huser als Assistent von Walter Zehnder, Leiter des UBS-Büros in Johannesburg. 1963 verpflichtete Saager Huser für drei Jahre nach Kuwait, von wo dieser das Vermögensverwaltungsgeschäft im Mittleren Osten ausbaute. Er wurde dabei unterstützt von Boris Fischer, der 1964 das Büro Beirut eröffnete. Als Huser in die Schweiz zurückkehrte, reiste er vier- bis fünfmal pro Jahr für drei Wochen in den Mittleren Osten. Oft konnte er bei diesen Missionen bis zu 1 Milliarde US-Dollar generieren. Für die Verbindung zwischen Saager und dem Rupert-Konzern und der EDESA-Entwicklungsbank in Südafrika zeichnete des Weiteren René Gerber verantwortlich. Als sich Saager dazu entschied, die Telekurs AG als elektronisches System für Börsendaten zu entwickeln, wählte er von seinen Mitarbeitern Hans Frick als Geschäftsleiter. Frick entschied sich allerdings nach einigen Jahren für eine politische Karriere und wurde im Stadtrat von Zürich Polizeidirektor. Für die Geschäfte in Deutschland eignete sich Rolf Holliger, der wie Saager in Rupperswil gross geworden war.

Nach dem Wegzug von Walter Zehnder von London nach Johannesburg trat zuerst Harry Stierlin, später, nach dessen Berufung in die Direktion nach Zürich, Bruno Cogliatti an seine Stelle. Der Zuger Rainer E. Gut war Saager aufgefallen, als er sich einmal zum Jahresende bei ihm anmeldete und sich über sein bescheidenes Salär, verglichen mit einer Sekretärin, beschwerte. Fortan behielt ihn Saager im Auge und verhalf ihm, der mit einer Amerikanerin frisch verheiratet war, zu einer Stelle bei der für die UBS in London tätigen Brokerfirma Hansford als Mitarbeiter von Bruno Cogliatti. Rainer Gut rechnete sich selbst als noch junger Mitarbeiter bei der UBS wenig Chancen aus, als er sich um die Stelle in London bewarb. Seine Frau ermunterte ihn zu diesem Schritt. Zu seinem eigenen Erstaunen entschied sich Saager für ihn und ermöglichte ihm mit dieser Stelle den Start zu einer vielversprechenden Karriere. Cogliatti zeichnete sich als ausgewiesener Kenner der von Saager mit besonderem Augenmerk verfolgten südafrikanischen Minentitel aus. Als Cogliatti im Auftrag der UBS von Hansford zu Williams de Broë wechselte, erhielt der Handel mit den Aktien der Minenhäuser und ihrer Beteiligungen einen noch grösseren Stellenwert.

Für Gut öffnete sich überraschend eine weitere Tür, die seiner beruflichen Entwicklung wesentlich nützen sollte. Einmal fragte ihn Saager in London, ob er daran interessiert sei, eines Tages die Vertretung der Bank in New York zu übernehmen. Saager wusste nicht, dass er mit dieser Bemerkung einen geheimen Wunsch von Gut berührte, einmal in der amerikanischen Geschäftswelt arbeiten zu können. Dieser Traum sollte sich schneller als erwartet erfüllen. Als 1963 der UBS-Vertreter in New York mit 68 Jahren im Amt verstarb, informierte Saager Gut sofort darüber und bemerkte: «Sie müssen sich nun entscheiden, jetzt oder nie.» Tatsächlich traf Saager mit seiner guten Menschenkenntnis die richtige Wahl. Gut entschloss sich nach reiflichem Studium von USA-relevanten

Dossiers, diesen wichtigen Posten anzutreten, und zog mit seiner Familie nach New York. Gut leistete fortan in New York für Saager und die UBS höchst wertvolle Dienste bei der Abwicklung des Interhandel-Falls. Daneben waren für Saager sein Cousin Karl Häuptli und dessen Partner John Sulzer im New Yorker Börsengeschäft tätig, ein älterer Bruder von Georg, Vorsitzender des Sulzer-Konzerns.

Zwischen Gut, Senn und Schait, die sich im Verlauf des Interhandel-Falls oft in New York trafen, entwickelte sich ein freundschaftliches Verhältnis. Gemeinsam wurde in diesem Zusammenhang ihre künftige Rolle bei der UBS erörtert, wenn die ältere Generation um Saager aus der Geschäftsleitung ausscheiden würde. Senn und Gut rechneten damit, dass sich dann ein Weg für das Aufrücken in die Generaldirektion öffnen könnte. Doch die Nachricht aus Zürich, dass Alfred Hartmann, Robert Holzach und Nikolaus Senn 1966 zu stellvertretenden Generaldirektoren befördert wurden, war für Gut völlig überraschend. Von Gut zu diesen Beförderungen zur Rede gestellt, wich ihm Schaefer als Präsident des Verwaltungsrats aus und verwies auf Senn als verantwortlichen Auskunftsgeber. Gut realisierte instinktiv, dass seine Bedeutung bei der UBS an Gewicht verloren hatte und er wahrscheinlich künftig unter Senn in Zürich arbeiten müsste. Als 1968 Hartmann, Senn und Holzach zu vollwertigen Generaldirektoren ernannt wurden, flog Gut in die Schweiz und erörterte an einem Wochenende mit Senn auf gemeinsamen Wanderungen in der Lenzerheide seine künftige Rolle bei der UBS. Senn offerierte Gut bei dieser Gelegenheit eine Stelle als stellvertretender Direktor, mit der Aufgabe, den gesamten Finanzbereich in der Schweiz zu koordinieren. Doch Gut zeigte sich enttäuscht von diesem Angebot. Auch Charlotte Senn bemühte sich darum, Gut zu beeinflussen, mit dem Argument, er solle doch Vertrauen in sie und ihren Mann haben und vorerst einmal nach Zürich zurückkommen. In der Schweiz würde dann die Angelegenheit schon geregelt.

Saager war 1966 über das Verhalten von Senn, der mit seiner Idee einer Fusion der UBS mit Interhandel zuerst zu Schaefer ging statt zu ihm, überrascht und interpretierte es als Vertrauensbruch. In späteren Jahren verhielt sich Saager gegenüber Senn eher frostig, auch wenn es zwischen den beiden Persönlichkeiten nie zu einem offenen Bruch kam und die Freundschaft nach aussen aufrechterhalten blieb. Saager war auch im vertraulichen Gespräch mit seiner Meinung über Senn zurückhaltend. 1967 erhielt Gut von Saager nämlich eine Glückwunschkarte zum Jahreswechsel. Darauf stand neben den üblichen Wünschen lediglich der Satz: «Trau, schau wem.» Lange rätselte Gut, was Saager wohl damit sagen wollte. Erst später, als Senn in die Generaldirektion befördert wurde, ging Gut ein Licht auf, was Saager damit meinte. Er tippte richtig, dass Saager ihn auf das nicht immer über alle Zweifel erhabene Verhalten von Senn aufmerksam machen wollte.

Im Herbst 1968 wechselte Gut in der Folge des für ihn in Zürich enttäuschenden Verlaufs der Beförderungen in die oberste Geschäftsleitung der UBS zur Investmentbank Lazard Frères & Co. Drei Jahre später wurde Gut vom Generaldirektor der Credit Suisse, Robert A. Lutz, eine Stelle offeriert. Mittlerweile war Robert Strebel als Devisenchef in die Generaldirektion der UBS berufen worden, musste aber bereits 1974 die Bank wegen einer Spekulation mit Kundengeldern wieder verlassen. Gut wurde seinerseits auf die Generalversammlung 1973 von der Credit Suisse in die Generaldirektion nach Zürich berufen. Doch mit Saager hielt Gut auch nach dem Wechsel zur Konkurrentin am Paradeplatz einen freundschaftlichen Kontakt.

Zum Eklat zwischen Schaefer und Saager kam es 1965, als Saager für das Minenhaus Anglo American Corporation die Finanzierung des Aufbaus der Highveld Steel & Vanadium organisierte. Generaldirektor Rösselet hatte zuvor im Auftrag seiner Kollegen und des Verwaltungsrats ein Reglement aufgestellt, wonach unter anderem Geschäfte, die einen gewissen Umfang erreichten, die Zustimmung der Generaldirektion erforderten. Saager, wie gewohnt in eigener Verantwortung und allzu eigenmächtig, hatte mit Abs von der Deutschen Bank ohne Orientierung der Generaldirektion diese Finanzierung in die Wege geleitet. Dieses Missachten des eigenen Kompetenzspielraums wurde Saager zum Verhängnis. Schaefer, erst seit kurzer Zeit Präsident des Verwaltungsrats, beorderte Saager in sein Büro und erklärte in scharfer Tonart, dass dieses Vorgehen Massnahmen für die weitere Karriere Saagers zur Folge haben werde. Saager hielt Schaefers Verhalten für übertrieben, der den Vorfall als willkommene Gelegenheit für die Demonstration der eigenen Machtposition auf Kosten Saagers ausnützte.

Saager hatte ohnehin den Eindruck, dass Schaefer auf den Erfolg Saagers im Fall Interhandel und das Generieren eines riesigen Geschäftsvolumens eifersüchtig geworden war und er ihm vor der Sonne der öffentlichen Anerkennung stand. Schaefer duldete offensichtlich keine zweite Sonne neben sich bei der UBS. Sein Selbstbewusstsein, schon in seiner Schulzeit hatte er den Spitznamen «Zar», ertrug keine andere Persönlichkeit in der Geschäftsleitung. Vor allem im Ausland erfuhr Saagers Leistung gebührende Anerkennung, während das Verdienst Schaefers eher in den Hintergrund gestellt wurde. Auch musste Schaefer die immer erfolgreicher verlaufende Karriere Saagers unheimlich erscheinen. Er bemühte sich offensichtlich, Saagers Ehrgeiz in die Schranken zu weisen. Immer öfter nörgelte er an Saagers Beziehungen zur internationalen Finanzwelt herum und wies auf die Gefahren hin, die derartige Verknüpfungen für die UBS bargen. Insbesondere sah er es nicht gerne, dass ausländische Geschäftsfreunde von Saager zum Teil grosse Aktienpakete an der UBS hielten, die gemäss Schaefer für die Zukunft der UBS einen bedeutenden Risikofaktor darstellten.

Schliesslich wusste Schaefer, dass er 1965 vor allem aufgrund von Saagers Intervention zum Präsidenten des Verwaltungsrats befördert worden war. Saager selbst wurde damals von einem Kreis von Aktionären angegangen, für die Präsidentschaft zu kandidieren. Doch lehnte er ein solches Amt entschieden ab. Denn erstens sollte nach seiner Meinung nicht ein Neffe des bisherigen Präsidenten Nachfolger werden, und zweitens bevorzugte er eine nach seiner Meinung verantwortungsvollere Stelle in der operativen Leitung der Bank. Das Redenhalten an Generalversammlungen und die Repräsentation bei öffentlichen Veranstaltungen für die UBS waren nicht Saagers Sache. Zudem war er kein Redner, der mit gut geformten Sätzen seine Zuhörerschaft fesseln konnte. Instinktiv spürte er, dass er sich als Präsident vor zahlreichem Publikum an Generalversammlungen nicht eignen würde. Im Gegensatz dazu war Schaefer ein glänzender Redner, der seine Ausführungen an

Vereinsversammlungen mit geistreichen Bonmots aus Geschichte und Literatur zu bereichern wusste. Schaefer war jedoch offensichtlich die Unterstützung Saagers lästig und wollte eine moralische Abhängigkeit von Saager mit einer gewissen Distanznahme beseitigen.

Wegen dieser für ihn stossenden Verhaltensweise Schaefers beschäftigte sich Saager ernsthaft damit, die UBS zu verlassen und mit seinem von ihm betreuten privaten Kundenstamm, der, wie er meinte, denjenigen der UBS übertraf, eine eigene Bank zu gründen. Ein nicht unerheblicher Teil der engsten Mitarbeiter von Saager erklärten sich spontan bereit, ebenfalls aus der UBS auszutreten und gemeinsam mit ihm eine neue Bank zu gründen. Auch Gut bekannte im Gespräch, er hätte zusammen mit Saager die Bank verlassen und habe ihm dies auch bestätigt. Doch meint Gut, dass Saager klug genug gewesen sei, keine eigene Bank zu gründen, denn in der UBS habe er ein viel grösseres Gewicht gehabt, als wenn er Chef einer viel kleineren Bank geworden wäre.

Die unterschiedlichen Auffassungen von Schaefer und Saager über die Führung der Bank blieben den Mitarbeitern nicht verborgen. Im Verlauf der 1960er-Jahre bekannten sich die UBS-Angestellten entweder zum «Schaefer-Lager» oder zum «Saager-Lager», wie dies später bei Senn und Holzach auch der Fall war. Als Schaefer vom Bankprojekt Saagers Wind bekam, bat er den mit Saager befreundeten Anwalt Louis Gutstein um dessen gute Dienste, der sich seinerseits nicht nur bei Saager selbst, sondern auch bei Saagers Frau dafür einsetzte, dass das Vorhaben nicht in die Tat umgesetzt wurde. Darüber hinaus wurde auch der Onkel und Ehrenpräsident der UBS, Fritz Richner, nach der Wahl Schaefers zum Präsidenten des Verwaltungsrats der UBS, mobilisiert, um Saager von seinen Plänen abzubringen. Nicht ohne Seitenhieb bemerkte Richner zu seinem Neffen: «Ich habe dich auf den Charakter von Schaefer aufmerksam gemacht und dich gewarnt, dass du dich nicht auf ihn verlassen kannst. Hättest du nur meinem Rat gefolgt und seinerzeit statt die Kandidatur von Schaefer diejenige von Rösselet zum Präsidium des Verwaltungsrates unterstützt.» Bezeichnend ist auch Guts Meinung über die beiden unterschiedlichen Charaktere: Von Schaefer habe man erzählt, dass das Gegenteil von dem, was er sagte, stimme. Bei Saager sei es genau umgekehrt gewesen, alles sei frei von der Leber weg gekommen. Schaefer habe mit seinem aggressiven Auftreten das Arbeitsklima unter den Grossbanken belastet.

Als die Auseinandersetzung Saager/Schaefer ihren Höhepunkt erreichte, konnte sich Saager wieder einmal auf seine Freunde in Südafrika verlassen. Harry F. Oppenheimer, Konzernchef der Anglo American Corporation und von De Beers, reiste zusammen mit seinem Assistenten und späteren Nachfolger, Julian Ogilvie Thompson, nach Zürich, sprach bei Schaefer vor und erklärte ihm in aller Deutlichkeit: «Wenn Saager die UBS verlässt, müssen Sie sich bewusst sein, dass Anglo American dort sein wird, wo Saager in Zukunft sein wird.»

Ob so viel Widerstand aus dem Freundes- und Geschäftskreis von Saager resignierte Schaefer, stutzte aber die Kompetenzen von Saager so zurück, dass er seine Stellung in der Finanzabteilung zugunsten von Senn aufgeben musste und fortan in der Generaldirektion für besondere Aufgaben gleichsam in Reserve gehalten wurde. Dieser Kompromiss bestätigte einmal mehr die Situation in der UBS, dass der eine auf den anderen nicht verzichten konnte und man sich auf eine Koexistenz beider Persönlichkeiten einigen musste, auch wenn Schaefer seine Stellung innerhalb der UBS gegenüber Saager festigen konnte. Schaefer kam zweifellos das Verdienst zu, dass er in der Nachkriegsära die Organisation der UBS in eine Grossbank aufzubauen und sie für neue Aufgaben zu rüsten wusste. Saager dagegen, mit seinem weitverzweigten internationalen Kunden- und Freundesnetz, erkannte, wie ein früherer Mitarbeiter der UBS betonte, als erster Generaldirektor einer Grossbank die Bedeutung des Vermögensverwaltungsgeschäfts und erweiterte dieses konsequent. Wie wichtig dies für die UBS weit über Saagers Aktivität hinaus wurde, kommt dadurch zum Ausdruck, dass 1991 die Vermögensverwaltung die Hälfte des Gewinns der UBS ausmachte. Ohne Saagers Pionierleistung wäre ein derartiges Wachstum in solch kurzer Zeit nicht möglich gewesen.

Bereits wenige Jahre vor dem Clinch mit Saager, nämlich 1963, baute Schaefer die Generaldirektion personell aus und berief Philippe de Weck (1919–2009), bisheriger Leiter der UBS Genf, in die Generaldirektion nach Zürich. Damit löste Schaefer sein Versprechen ein, dass de Weck als Leiter der Privatbank Weck, Aeby & Cie. in Fribourg, die in den 1950er-Jahren von der UBS übernommen wurde, als Gegengeschäft in späteren Jahren in der Generaldirektion Aufnahme finden werde. De Weck rückte sogar nach dem Rücktritt Schaefers als Präsident des Verwaltungsrats für vier Jahre als sein Nachfolger auf.

Ab 1966 wurde zusätzlich die Generaldirektion neu strukturiert, indem Nikolaus Senn, Robert Holzach, Guido Hanselmann, Alfred Hartmann und in Genf J. M. Clerc in die Generaldirektion aufgenommen wurden, zu denen sich Anfang der 1970er-Jahre Robert Sutz, Peter Gross und Karl Janjöri gesellten. Alfred Hartmann verliess allerdings 1969 die UBS, da ihm von Roche-Chef Adolf Jann ein Posten in dessen Konzernleitung angeboten wurde, mit der Zusicherung, eines Tages die Nachfolge Janns antreten zu können. Böse Zungen behaupten, dass Jann Hartmann nur deswegen bei der UBS abgeworben habe, um Schaefer einen wertvollen Mitarbeiter wegzunehmen. Hartmanns Hoffnungen wurden allerdings nicht erfüllt, denn Nachfolger Janns wurde bei Roche Fritz Gerber, und Hartmann, mit der Stellung als Vizepräsident unzufrieden, übernahm kurz darauf den Posten als Leiter der Bank Rothschild in Zürich. Auch Clerc auf Aussenposten in Genf empfand sich zunehmend als Fremdkörper in der Generaldirektion und verliess diese 1973.

Um Saager weiter zu entmachten, wurden die von ihm bisher unterstellten Direktoren Ernst Renk und Hermann Budich 1967 zu stellvertretenden Generaldirektoren ernannt, allerdings nur für wenige Jahre, da beide kurz vor der Pensionierung standen. Auch Rösselet ging Ende 1966 vorzeitig in Pension.

Saager erhielt in seiner Eigenschaft als Delegierter des Verwaltungsrats der Interhandel den Auftrag, die künftige Tätigkeit der Gesellschaft zu gestalten. Bis Mitte 1965 hatte Saager einen detaillierten Plan für die Interhandel als Banque d'Affaires ausgearbeitet. Als Aktionäre für eine solche Bank konnten die Dresdner Bank, Barclays Bank und Comit gewonnen werden. Da überraschte Schaefer Saager eines Tages mit der Nachricht, er werde in entgegenkommender Weise als Erster in der Generaldirektion von einer von Senn entwickelten Idee unterrichtet, Interhandel mit der UBS zu fusionieren. Juristisch wurde Senn bei der Ausarbeitung des Plans von Louis Gutstein und Louis von Planta, dem späteren Verwaltungsratspräsidenten der Ciba-Geigy AG, beraten.

Saager war natürlich betroffen, als ihn Schaefer über dieses Projekt orientierte, das ohne ihn als Ressortverantwortlichen vorbereitet worden war. Er als Verantwortlicher für Interhandel innerhalb der Generaldirektion hätte zwingend in die Beratungen über die Zukunft der Gesellschaft miteinbezogen werden müssen. Doch die durch die Fusion unterbreitete Offerte für die Übernahme der Interhandel bewertete er als fair für die Mitglieder seines Aktionärskonsortiums. Für den Fall, dass Saagers Werbung bei seinem Konsortium, die Aktien in UBS-Aktien umzuwandeln, sich als erfolgreich erweise, werde er, Schaefer, dafür sorgen, dass Saager in den Verwaltungsrat der UBS als Vizepräsident aufgenommen werde. Saager schenkte diesem mündlichen Versprechen Glauben und unterliess es, wie in seinem Umgang mit seinen Geschäftsfreunden üblich, eine schriftliche Bestätigung bei Schaefer einzuholen. In der Folge überzeugte er den von ihm betreuten Aktionärskreis, die Interhandel-Aktien in UBS-Aktien umzuwandeln, mit der Konsequenz, dass die ganze Fusion erfolgreich durchgeführt werden konnte.

Zwar wurden die Vorbereitungen für die Fusion im engsten Kreis von Mitwissern getroffen. Dennoch lieferte dieses Geschäft ein unrühmliches Beispiel zum Thema Insidervergehen. Der Börsenhandel mit den Interhandel-Aktien wickelte sich in den Wochen zuvor in normalem Rahmen ab. Es kursierten zu jener Zeit über diese Firma keine aussergewöhnlichen Gerüchte, die eine Sonderbewegung gerechtfertigt hätten. Doch eine Aktion erregte bei den Börsenhändlern grösseres Aufsehen.

Innerhalb von zwei Wochen wurden über die Credit Suisse 2500 bis 3000 Stück Interhandel-Aktien zum Kurs von rund 3800 Franken pro Aktie erworben, das heisst von einer Bank, die sich zuvor traditionell eher zurückhaltend gegenüber dem Interhandel-Engagement verhalten hatte und seit Reinhardts Rücktritt aus dem Verwaltungsrat der Interhandel in der Regel auf der Verkäuferseite stand. Durch die Fusion machte dieser Käufer anschliessend bei einem eingesetzten Kapital von rund 10 Millionen Franken einen Gewinn von mehr als 1000 Franken pro Aktie. Saager war überzeugt davon, dass einzig und allein ein Mitglied dieses engen Kreises von Mitwissern sein Insiderwissen ausnützen konnte. Saager, neben seiner Tätigkeit als Börsenchef der UBS auch Vizepräsident des Zürcher Effektenbörsenvereins, meldete diesen Vorgang beim kantonalen Börsenkommissariat. Dieses anerkannte, dass die Indizien auf ein Insidervergehen hinwiesen. Die gesetzlichen Schranken und das Amtsgeheimnis des Börsenkommissärs verunmöglichten damals eine nähere Untersuchung.

Ein letztes, allerdings wenig rühmliches Beispiel der Loyalität zugunsten der UBS lieferte Saager zu Beginn der 1970er-Jahre mit einer Rückendeckung zugunsten von Schaefer, als beide 1972 an einer Sitzung in Frankfurt teilnahmen und vor dem abendlichen Rückflug nach Zürich in der Business Lounge des Flughafens auf einen verspäteten Abflug warten mussten. Schaefer, in zunehmendem Mass alkoholischen Getränken wie Cognac und Whisky zugeneigt, genehmigte sich einige Drinks bis zum Abflug. In Zürich wurde Saager in Kloten von seinem Sohn Hansjürg abgeholt, der Schaefer einlud, mit ihnen nach Hause zu fahren, da sein Haus an der Seestrasse in Zollikon auf dem Weg zum Heim der Saagers in Küsnacht lag.

Schaefer lehnte jedoch dankend ab, da sein Auto in der Garage der Bank stand und er deshalb mit einem Taxi an die Bahnhofstrasse fahren wolle, um von der UBS mit seinem Auto nach Hause zu fahren. Kurz vor seinem Domizil verursachte der stark alkoholisierte Bankier einen Unfall mit Blechschaden. Die Polizei verlangte zuerst einen Atemluft- und danach einen Bluttest. Wie Claude Baumann aufgrund der Tagebücher von Robert Holzach schreibt, ergab die Blutprobe einen Alkoholgehalt von 1,6 Promille – hoch genug für eine Gefängnisstrafe. Schaefer focht diesen Alkoholpegel indes gerichtlich an, indem er behauptete, er hätte erst unmittelbar vor der Heimfahrt in seinem Büro etwas getrunken und dieser Alkohol könne im Moment des Blechschadens und des Atemlufttests unmöglich schon in diesem Umfang im Blut gewesen sein (Cognac-Alibi). Schaefer nannte Saager als Zeugen dafür, dass er auf der Heimreise vor dem gemeinsamen Abflug in Frankfurt keinen Alkohol konsumiert habe. Nun stand Saager vor der Entscheidung, entweder beim Richter die Wahrheit zu Protokoll zu geben oder die auf einer Lüge basierende Version Schaefers zu bestätigen. Im Umkreis von Schaefer, wo man um das getrübte Verhältnis der beiden Persönlichkeiten wusste, zitterte man, wie sich Saager verhalten werde. Vorgängig sprach Louis Gutstein als Vermittler für die beiden bei Saager vor und bat ihn eindringlich, im Interesse des Rufs der UBS um eine Falschaussage beim Richter. Tatsächlich verhielt sich Saager entsprechend bei der Zeugenaussage. Schaefer kam, weil ihm das Gericht nur 1,4 Promille im Zeitpunkt des Unfalls attestierte, um eine Gefängnisstrafe herum. Er musste zwar 20 000 Franken Busse zahlen, konnte jedoch sein Mandat als Verwaltungsratspräsident behalten.

Bezeichnenderweise schenkte die Generaldirektion auf Anregung Schaefers Saager nach seiner Verabschiedung aus der Generaldirektion im Jahr 1975 ein schön gebundenes, dickes Werk von Paul de Vallière mit dem Titel *Treue und Ehre*, die Geschichte von Schweizer Söldnern, mit zahlreichen Beispielen der Treue der eidgenössischen Truppen gegenüber ihren ausländischen Kriegsherren und unterschrieben von Schaefer sowie sämtlichen Mitgliedern der damaligen Generaldirektion.

Es ist kein Geheimnis, dass Schaefers Alkoholkonsum nach seinem Rücktritt aus der UBS 1976 seine Gesundheit wesentlich beeinträchtigte und 1986 zu seinem Tod führte. Trotz eines reichen Geisteslebens, seiner Liebe zur bildenden Kunst und seiner grossen Kenntnisse der klassischen Literatur und Geschichte fand er, wie andere Persönlichkeiten, nie richtig den Weg zum «Otium cum dignitate», sobald die Hobbys zur Hauptsache werden sollten und die Hauptbeschäftigung, das Berufsleben, aus dem Alltag verschwunden war.

Rückzug ins Familienleben

Saager blieb fast zwei Jahre über die ordentliche Pensionierung hinaus bis ins 67. Lebensjahr im Jahr 1975 in der Generaldirektion. Diese Arbeit kam ihm schon deswegen gelegen, weil er noch in einigen Verwaltungsräten sass und in Zeiten, in denen die Kollegen auf Ferien- oder Dienstreise auswärts weilten, als zuverlässige Person mit reicher Erfahrung die Vertretung zur vollsten Befriedigung der Generaldirektion übernahm. Zudem hatte er noch Jahre nach seiner Pensionierung ein Büro in der Bank, da es ihm zu Hause eher langweilig wurde. Neben dem Golfspiel mit Freunden aus der Region seiner engeren Heimat in Schinznach Bad weilte er mit seiner Frau öfter als früher in seinem Ferienhaus in Klosters und fand endlich Zeit, sich vermehrt seiner Familie zu widmen, eine Verpflichtung, die er während seiner Karriere als Bankier allzu oft vernachlässigt hatte. Vor allem die drei Enkel waren Nutzniesser und entwickelten ein inniges Verhältnis zu ihrem Grossvater. Denn als Bankier von altem Schrot und Korn kamen in seinem Berufsleben zuerst der Kunde, dann die Bank und zuletzt die Familie und er selbst und nicht, wie dies heute von manchen Entscheidungsträgern gehandhabt wird, in umgekehrter Reihenfolge.

Zu den Verwaltungsratsmandaten zählte für einige Jahre auch das Präsidium bei der Eidgenössischen Bank, welche die UBS für befristete Beteiligungen sowie Beratungen beim Aufbau oder Ausbau einer Unternehmung betrieb. Dieses Mandat übernahm er vom ehemaligen Generaldirektor der Schweizerischen Nationalbank, Max Iklé, Vater der ehemaligen Bundesrätin Elisabeth Kopp, von 1984 bis zu ihrem unglücklichen Abschied 1989. Wegen eines regelwidrigen Verhaltens von Iklé musste ihm jedoch dieses Mandat wieder entzogen werden, und er wurde durch Saager ersetzt. Iklé hatte sich an einem finanziellen Aben-

Abb. 26: Im trauten Heim in Küsnacht beim Geniessen des Lebensabends mit seiner Frau Lis (1908–2007).

teuer in Namibia ohne Orientierung der UBS mit einer Investition an einer Uranmine beteiligt, das völligen Schiffbruch erlitt, und er musste deswegen sein ganzes Privatvermögen an die von ihm als Garantin bezeichnete UBS abliefern.

Bis zu seinem Ableben im Jahr 1991 nahm Saager rege Anteil an der Entwicklung der beiden Familiengesellschaften AG für Plantagen und Substantia. Anfang 1991 erlitt Saager einen Hirnschlag, dem er im April des gleichen Jahres erlag. Bettlägerig, wie er war, nahmen die Familienangehörigen, ehemalige Mitarbeiter und Freunde im Spital Neumünster von ihm Abschied. Am Trauergottesdienst nahmen neben der Familie zahlreiche Freunde und ehemalige Mitarbeiter teil, darunter auch Nikolaus Senn und Rainer Gut. In seiner Abdankungsrede betonte Senn, dass Saager nicht der intellektuelle Bankier war, wohlklingende Reden oder schwungvolle Aufsätze entsprachen nicht seinem Wesen. Er sei der sprichwörtliche Pragmatiker und ausgesprochene Praktiker gewesen, der das Bankgeschäft von der Pike auf gelernt und sich in all den Jahren auf seinen gesunden Menschenverstand verlassen habe. Seinen Fundus an Wissen und Können habe er sich im Tagesgeschäft an der Front geholt. Sein angeborener Sinn für das Zweckmässige und Machbare sei ihm selbst in schwierigen Fällen zustatten gekommen und habe ihm geholfen, ohne tiefschürfende Problemanalysen die richtigen Entscheide zu treffen. Senn meinte allerdings, Saager sei kein einfacher Chef gewesen, und er habe sich nicht an Managementtheorien orientiert. Dafür hätten seine Mitarbeiter gewusst, dass sie sich jederzeit auf ihn verlassen konnten und er gegebenenfalls auch bereit gewesen war, für ihre Fehler geradezustehen. Eine ausgeprägte Charaktereigenschaft habe sein aussergewöhnliches Durchstehvermögen gebildet, das auf der Suche nach Lösungen für scheinbar unlösbare Probleme erst richtig zum Tragen gekommen sei. Auf das einmal gegebene Jawort konnte sich jedermann stets verlassen. Diese Eigenschaft habe ihm das uneingeschränkte Vertrauen seiner Kunden, Geschäftspartner, Arbeitskollegen und Freunde verschafft.

Anhang

Gold als Säule des Währungssystems

Die Weltwirtschaftskrise zwischen den beiden Weltkriegen hat das Denken von Bruno Max Saager geprägt wie kein anderes Ereignis. Gold als neutrale Währungsreserve, frei vom Einfluss menschlicher Manipulationen, schien ihm das richtige Medium zu sein, um das Währungsgefüge stabil zu halten. Schon als die Unze Gold von je 31,1 Gramm bloss 35 US-Dollar wert war, setzte er sich dafür ein, das Gold für Private und die Notenbanken zu horten. Den Dollar, der schon in den 1950er- und 1960er-Jahren den Markt mit einer wahren Flut von Scheinen aus der Notenpresse überflutete, hielt er immer für abwertungsverdächtig und bekämpfte die Politik der Nationalbank unter ihren Chefs Edwin Stopper und Max Iklé, die den Dollarkurs mit Verkäufen von Schweizer Franken zu stützen versuchten.

Saager scheute sich nicht, sein Bekenntnis zur wesentlich mit Gold abgesicherten Währung in Wort und Schrift abzugeben. Er konferierte deswegen mit den Bundesräten Spühler und später Honegger und versuchte sie für seine Theorie zu gewinnen. Nach der Lösung des Interhandel-Falls schickte er 1964 ein ausführliches Schreiben an Präsident Kennedy und ersuchte die Vereinigten Staaten, die Führung für eine Goldwährung zu übernehmen. Kennedy hatte sich für den Inhalt dieses Schreibens interessiert und verlangte vom Finanzministerium, Saagers Theorie näher zu untersuchen. Dieses Schreiben ist heute noch in der Kennedy Library zu lesen. Doch die Währungsexperten des Amtes konnten sich nie auf eine Stellungnahme einigen. Die Schweiz hatte immerhin im Juni 1925, wie andere Länder, den Goldstandard wieder eingeführt. Mit Beendigung des Zweiten Weltkriegs wurde die sogenannte Ordnung von Bretton-Woods als internationales Währungssystem mit Wechselkursbandbreiten ins Leben gerufen, die nur noch von teilweise goldhinterlegten US-Dollars als Reservewährung gesichert war. Die Dollarschwemme mit ständig steigenden Defiziten in der Leistungsbilanz bewirkte allerdings, dass das Vertrauen in den Dollar ständig untergraben wurde. Am 15. August 1971 kündigten schliesslich die USA unter Präsident Richard Nixon die Bindung des Dollars an das Gold. 1973 wurden die Wechselkurse freigegeben, und 1976 empfahl der Internationale Währungsfonds seinen Mitgliedern die Aufhebung der Goldbindungen der Währungen. Mit Nationalbankpräsident Fritz Leutwiler diskutierte Saager seither die Frage einer Goldwährung. Beide waren der Ansicht, dass eine mit Gold abgesicherte Währung mehr Stabilität in der Finanzwelt bringen würde, doch während Saager meinte, die Schweiz sollte eine Führungsrolle übernehmen, die dann von anderen Ländern übernommen werden könnte, vertrat Leutwiler die Auffassung, dass eine solche Lösung nur im Verbund der wichtigsten Länder erfolgreich sein werde. Saagers kompromissloses Bekenntnis zu einem Goldstandard im internationalen Währungssystem hinterliess in seinem Umfeld Eindruck, sodass er den Übernamen «Gold-Saager» erhielt.

Mit geradezu missionarischem Eifer versuchte Saager selbst die Öffentlichkeit und natürlich seine Familie vom Gold als Reservemedium zu überzeugen. Mit dem Ausdruck der Bewunderung meinte einmal ein befreundeter deutscher Bankier treffend: «Es ist erstaunlich, welch Instrument Saager zugunsten seiner Ideen selbst in seiner Familie entwickelt hat. Einer seiner Söhne hilft als Geologe, dass das Gold aus dem Boden gewonnen wird, der andere Sohn wirbt mit seinen Artikeln als Wirtschaftsjournalist für das Gold, und Bruno Saager selbst betätigt als Bankier den weltweiten Goldhandel.»

Am 16. März 1978 publizierte Bruno Saager in der *Schweizerischen Handels-Zeitung* einen Artikel unter dem Titel «Wie die Währungs-Leukämie geheilt werden kann», der einiges Aufsehen erregte und nachstehend zitiert wird. Natürlich sind einige Überlegungen Saagers überholt seit der Freigabe der Wechselkurse und seit sich die Schweiz dem Internationalen Währungsfonds angeschlossen hat, der Goldpreis in der Zwischenzeit über 1300 US-Dollar je Unze fluktuiert und das Kilo zu rund 43 000 Franken gehandelt wird. Saager war einer der wenigen, der schon Anfang der 1970er-Jahre verkündet hatte, dass der Goldpreis über kurz oder lang über 1000 Dollar pro Unze steigen wird. Ebenfalls reichlich treffsicher prophezeite Saager schon in den 1960er-Jahren, dass der Dollar eines Tages unter dem Wert des Schweizer Frankens schwanken wird, auch wenn er nicht damit rechnen konnte, dass das erst im 21. Jahrhundert der Fall sein würde. Dennoch bleiben einige Gedanken zu einem an Gold gebundenen Währungssystem erstaunlich aktuell, namentlich wenn wir bedenken, welch riesige Berge an Fremdwährungen die Nationalbank horten musste, um den heutigen Frankenkurs zu verteidigen. Das sind Währungsverluste, die wohl nie wieder wettgemacht werden können und unser Land noch mit grossen Problemen konfrontieren werden. Nachstehend die Ausführungen Saagers.

Europa droht zur Dollar-Kolonie zu werden – Lösung Goldpreiserhöhung? Die Schwankungen des Dollars am Devisenmarkt werden seit Monaten wie die Fieberkurve eines schwerkranken Patienten verfolgt. Auch nach den kürzlich vom Bundesrat und Nationalbank beschlossenen Massnahmen hat der Gesundheitsprozess keine Fortschritte erzielt. Denn die Wurzeln des Übels liegen tiefer, als dass sie allein durch die Währungsautoritäten unseres Landes aus der Welt geschafft werden könnten. Immerhin wären sie in der Lage, mit dem guten Beispiel zur Sanierung des Währungssystems voranzugehen. Dazu bedarf es aber zuerst einer gründlichen Diagnose der heutigen Situation, die ich nachstehend aufzuzeichnen versuche.

Der amerikanische Dollar konnte seit 1962 nur noch bedingt in Gold ausgehandelt werden. Denn schon damals vermochten die Vereinigten Staaten ihre Währung nicht mehr vollständig mit ihren Goldreserven zu decken. Damals setzte der erste grössere Goldrun ein, das heisst, es wurden von den Staatsbanken in massiver Weise bedeutende Dollarbeträge in Gold abgezogen. Eine Unze Gold konnte zu jener Zeit noch in 35 Dollar umgewandelt werden. 1961 hat die Bundesrepublik Deutschland ihre Währung gegenüber dem Dollar aufgewertet, um den Druck gegen den Dollar am Devisenmarkt zu lindern.

Gegen die D-Mark wurde der Goldpreis um den Aufwertungssatz in Deutschland verbilligt. Dasselbe war der Fall, als die Schweiz 1971 ihre Währung gegenüber dem Dollar aufwertete. Auf dem Goldbestand der Deutschen Bundesbank und der Schweizerischen Nationalbank wurde durch die Aufwertung der eigenen Währung beziehungsweise die Reduktion des Goldpreises ein Verlust hingenommen. 1960 besassen die Vereinigten Staaten noch über 50 Prozent des monetären Goldbestandes der westlichen Welt, das heisst in Dollar ausgedrückt über 20 Milliarden.

Goldkauf war verpönt
Der zu jener Zeit grossen Nachfrage nach Gold begegneten die Staatsbanken mit massiven Goldabgaben. In Washington wurde das Geld weitgehend in Gold umgewandelt zum Preis von 35 Dollar pro Unze. Bekanntlich durften damals nur die Staatsbanken Dollar in Gold umwandeln. Den amerikanischen Bürgern war es seit 1934 gesetzlich verboten, Gold zu kaufen, es sei denn in Form von Schmuck. Dieses Gesetz wurde erst vor drei Jahren aufgehoben. Ab 1962 war für die Staatsbanken der Goldkauf gegen Dollar zwar noch möglich, doch wurde er von den Währungsbehörden in Washington und vor allem von der amerikanischen Regierung übel vermerkt. Man wertete ein derartiges Vorgehen eines westlichen Landes als unsolidarisch oder vermutete in Washington voller Misstrauen, dieses Land hege Zweifel an der amerikanischen Kreditwürdigkeit. Obwohl in den Sechzigerjahren die Weltproduktion von Gold, namentlich in Südafrika, den grössten Umfang erreichte und zum festen Preis von 35 Dollar per Unze verkauft wurde, nahmen die monetären Goldreserven in den einzelnen Ländern nicht zu oder nur zu Lasten der USA. Während die private Nachfrage durch die Neuproduktion nicht gedeckt werden konnte, nahm der offizielle Goldvorrat in den Vereinigten Staaten ständig ab. Bekanntlich schlossen sich damals die wichtigsten Notenbanken der Welt in London zu einem Goldpool zusammen, dem es kurzfristig gelang, die Nachfrage nach dem gelben Metall zu befriedigen.

1968 brachen die Dämme

Im Frühjahr 1968 war die Nachfrage für Gold derart stark, dass der Goldpool nicht mehr im Stande war, Gold abzugeben, und es wurde eine Zweiteilung des Goldmarktes beschlossen. Während die Notenbanken wie bis anhin ihr Gold zu einem festgelegten Goldpreis unter sich handelten, wurde der Markt für private Interessenten freigegeben. Am freien Markt richtete sich nun der Preis ausschliesslich nach Angebot und Nachfrage. Hier setzte sofort ein emsiges Treiben ein. Mit allen Mitteln wurde anderseits versucht, den Dollar weiterhin mit einem festen Wechselkurs zu fixieren, dies obschon das neutrale Währungselement Gold, also das überall in der Welt – bei primitiven wie bei hochentwickelten Völkern – akzeptierte gelbe Metall, nicht mehr das Währungsfundament in den Vereinigten Staaten darstellte.

Silberfranken als Hamsterobjekt

«Deficit spending» war in den sechziger Jahren in den Vereinigten Staaten ein Schlagwort. An der Notenpresse wurde eifrig gekurbelt, und die Papiergeldfabrikation brachte einen wirtschaftlichen Boom, aber auch Inflation. Leider wurde in dieser Zeit die «Inflationsdroge» mit grösstem Wohlwollen aus den Vereinigten Staaten in die übrige Welt importiert. Mit der Inflation setzte auch die Flucht in die Sachwerte ein. Sogar der Silberfranken unseres Landes wurde zum Hamsterobjekt für die internationale Spekulation, da der Silberwert des Frankens am Metallmarkt zeitweise erheblich über einem Franken lag. Das Interesse für den Silberfranken war derart gross, dass das Silbergeld aus dem Umlauf genommen und durch eine billige Nickellegierung ersetzt werden musste.

Während heute noch der Metallgehalt eines alten Silberfrankens Fr. 1.20 betragen würde, beläuft sich der Metallgehalt des neuen, sogenannten «Celio-Frankens» (benannt nach dem damaligen Vorsteher des Finanzdepartements, Nello Celio) kaum noch auf einen Rappen. Zwar stellte sich durch die Aufwertung der europäischen Währung gegenüber dem Dollar auf dem Goldbestand der Notenbanken ein Verlust ein. Doch immer noch musste der Dollar zu mehr als vier Franken gewechselt werden. Die Talfahrt für die amerikanische Währung setzte aber rapid ein, als im August 1971 die nur noch theoretisch bestehende Konvertibilität aufgehoben und Ende des Jahres der Dollar gar offiziell gegenüber Gold abgewertet wurde.

Wo stehen wir heute?
1944 haben die Siegermächte des Zweiten Weltkrieges das Bretton-Woods-Abkommen abgeschlossen, das bis 1972 unsere Weltwährungssysteme geordnet hat. Unter diesem System konnten die ungeheuren Schäden des Weltkrieges nicht nur behoben werden, sondern diese Nachkriegsperiode stellte bis Anfang der Sechzigerjahre auch die Zeit des grössten wirtschaftlichen Aufschwungs bei einer gleichzeitig verhältnismässig bescheidenen Inflation dar. Das Geld besass als Fundament das neutrale Währungselement Gold. Heute wird nun versucht, als Währungsfundament beziehungsweise -reserve den amerikanischen Dollar in die Welt zu setzen, dieselbe Währung also, die wir lange – ja viel zu lange – zum Wert von Fr. 4.30 eintauschen mussten und der wir bis vor kurzem eine Inflation von einem bisher noch nie gekannten Ausmass verdankt hatten.

Gefährliche Dollarbindung
Heute beträgt der Unzenpreis des Goldes knapp 190 Dollar, der Dollar aber nicht einmal mehr 2 Franken. Die schweizerische Exportindustrie und der Fremdenverkehr können unter diesen Umständen ihre Stellung im internationalen Wettbewerb kaum mehr halten, ja mussten an bedeutenden Marktplätzen den Rückzug antreten. Soll nun unsere Notenbank zu diesem Preis unbeschränkte Dollar am Devisenmarkt aufnehmen? Binden wir unsere Währung an den Dollar, anerkennen wir mit anderen Worten die amerikanische Währung als Fundament des Schweizer Frankens, hätte dies politisch weitreichende Folgen. Überlassen wir unserem grossen Bruder in Washington das ganze Währungsgeschehen, würde man auch in den Vereinigten Staaten den Kaufwert unseres Geldes festlegen.

Die amerikanische Wirtschaft und die amerikanischen Politiker würden mit anderen Worten bestimmen, was unsere Ersparnisse wert sind. Ein Währungsstatistiker hat kürzlich errechnet, dass das Weltdollarvolumen heute 8,5 Trillionen, das heisst 8500 Milliarden, inklusive 360 Milliarden Eurodollar beträgt.

Diese Tatsache ist nicht so schlimm, meinte der betreffende Statistiker. Denn für jede Dollar Zahlungsverpflichtung der Vereinigten Staaten gibt es ja einen Gläubiger. Doch leider sind unter diesen «Gläubigern» zahlreiche «Ungläubiger» zu finden. Da dieses ungeheure Dollarvolumen aber nichts anderes darstellt als amerikanische Zahlungsverpflichtungen, bestimmt schliesslich der Aussteller, wie sie eingelöst werden. Der Schuldner ist also König, weil er der Stärkere ist. Aus dieser Situation kann die amerikanische Wirtschaft Nutzen ziehen. Dank des billigen Dollars im Ausland gewinnt sie ein riesiges Auftragspotential. Was uns Europäern abfällt, dürfte nicht viel mehr als der berühmte Brocken vom Tisch des reichen Mannes sein.

Goldpreis auf 20 000 Franken setzen
Ist es notwendig, dass wir Europäer und der Rest der westlichen Welt zur Kolonie der Vereinigten Staaten degradiert werden? Besitzen wir nicht Mittel, unser Währungssystem selbst in Ordnung zu bringen? Ich glaube dies bejahen zu können. Wir könnten durch die Einführung eines neutralen Währungsfundaments weltweit die Initiative für die Schaffung einer neuen Währungsordnung auslösen.

Die Idee, den Goldpreis beispielsweise auf 20 000 Fr. pro Kilo festzusetzen, entspringt der Überlegung, dass wir wiederum für den Schweizer Franken ein neutrales Währungsfundament hätten. Zu diesem neu festgesetzten Preis könnte jedermann Papiergeld gegen Metall konvertieren und natürlich auch Metall einliefern, um Papiergeld zu erhalten. Gegenüber dem Schweizer Franken würden sich neue Devisenkurse einspielen, wahrscheinlich würde der Schweizer Franken vorübergehend tiefer bewertet, da der angenommene Goldpreis von 20 000 Franken pro Kilo wesentlich über dem heutigen

Freimarktpreis liegt. Die Nationalbank würde vorübergehend Gold gegen Papiergeld erhalten, sie hat aber immer die Möglichkeit, vorläufig in Form von Barrengold wiederum Gold abzugeben oder neue Goldmünzen zu prägen und diese anstatt Banknoten in Zirkulation zu setzen.

Selbstverständlich wäre ein Goldpreis von 20 000 Franken nicht der Weisheit letzter Schluss, doch sind wir glücklicherweise dem Internationalen Währungsfonds nicht angeschlossen. Wir sind deshalb für die Güte unseres Geldes allein verantwortlich. Bereits wenn wir unser Gold zum heutigen Marktpreis (etwa 11 500 Fr. pro Kilo) bewerten, entsteht für die Nationalbank ein Buchgewinn von mehr als 15 Milliarden Franken. Doch wäre es besser, den vorgeschlagenen höheren Preis festzusetzen, nicht etwa weil der Buchgewinn der Nationalbank entsprechend erhöht würde, sondern um in erster Linie bereit zu sein, unser Geld konvertierbar zu machen und sämtliche, den freien Geldfluss hemmenden Gesetze aufzuheben.

Es wäre wahrscheinlich, dass das heute weltweite krebskranke Geldsystem vorübergehend einen ungeheuren Schock erleiden würde. Die Leukämie – das Geld ist das Blut des kapitalistischen Systems – kann aber mit Spritzen, Kontrollen und Bestrahlungen nicht mehr geheilt werden, sondern nur mit einer Operation. Um das kapitalistische System zu vernichten, muss der Glaube an das Geld zerstört werden, lehrte Lenin. Wir sind auf dem besten Weg, es selbst zu tun! Der Buchgewinn der Nationalbank käme in erster Linie den Kantonen zugut. Die ertragslose Infrastruktur und die sozialen Aufgaben unseres Landes könnten weitgehend finanziert werden. Der Bau der Atomkraftwerke würde ebenfalls mit billigem Geld sichergestellt. Die Energie – als der wichtigste Faktor unserer Wirtschaft – wäre zu billigen Preisen unserem Volk zugänglich. In der heutigen politisch unsicheren Welt muss unsere Armee mit modernstem Kriegsmaterial ausgerüstet werden. Doch aus einer Krisensituation, die bei der heutigen monetären Wirtschaft möglich ist, können höhere Steuereingänge kaum erwartet werden.

Es ist sicher, dass die heutigen massgebenden Wirtschaftsexperten einen solchen Plan ablehnen werden und den Eindruck haben, mit noch mehr Gesetzen, Restriktionen und Verordnungen könne das Papiergeldvolumen dirigiert werden. Diese Auffassung hat nur eines bewiesen, dass das Währungschaos ständig weiterschreitet.

His Word is his Bond – Anton Rupert über Bruno M. Saager

Aus: *Bruno M. Saager. Festschrift zum 80. Geburtstag.* Zusammengestellt von Rudolf und Hansjürg Saager. 13. September 1988. Zürich.

«Sperrholz ist stärker als ein einzelnes Brett. Im südafrikanischen Landeswappen steht der Wahlspruch: ‹Einheit macht stark.› Diese Einheit darf nicht mit Gleichheit verwechselt werden. Südafrikas Kraft liegt gerade in der Mannigfaltigkeit – im Reichtum seiner Verschiedenheit.» (Anton Rupert)

«The British have a rare gift for understatement. On a menu you hardly find sheep but often lamb, never a fowl, always chicken. Thus the greatest compliment they would bestow on any man, they call ‹common sense›. Common sense, which would be called ‹good sense› by most others, is found in very few individuals.

Bruno Saager is such a rare individual with ‹common sense›. This is the very essence of his success as an outstanding banker. He has the feel of the cloth, he has the ability to sum up a situation and a person as few others can. To trust anyone is a risk – not to trust anyone means that no business can be done – no wealth created – no progress made – only stagnancy.

Bruno Saager knew thom to trust and how to trust. He created trust and this quality largely led to the premier position which the Union Bank holds in Switzerland today. He also has a heart for those who need positive aid. Thus he was more than a partner in the formation of EDESA – the enterprising development institution for Equatorial and Southern Africa, which was formed in 1972. Bruno Saager has been vice-chairman of EDESA for the past 15 years.

EDESA acts as catalyst for development and supplies information and risk capital to all countries South of the Sahara, with the exception of South Africa itself. During the 15 years of its existence, the Bank has established interest in some 30 African countries.

As a development corporation in the third world, EDESA is altogether exceptional in that it has never made a loss.

Today we are proud of the fact that, although the investment of its own funds in Africa amounts to only 36 million Dollars, it could participate as catalyst in providing more than 500 millions by means of syndicate loans to the governments of Lesotho, Malawi, Swasiland, Zambia, Zimbabwe and many countries in West Africa. Some of the world's biggest banks were involved in these loans.

Bruno Saager was, inter alia, also a founding director of Rothmans International in 1972, the same year in which EDESA was founded. My group is greatly indebted to him for his advice and help. In key transactions in 1969, and again in 1975, his trust in us and in me personally gave rise to what were then huge transactions. We remain ever thankful.

I have always admired his sense of values. He is a humble man, not impressed by pretence. He is a proud Swiss who holds his head high in world affairs without bending to every wind of change.

For more than a quarter century I have had the priviledge of knowing him. He is indeed the best friend any man can hope to have. I honour Bruno Saager – a Swiss gentleman whose word has always been his bond.»

Anton Rupert

Kurzbiografien

Abs, Hermann Josef (1901–1994)
Abs war Sohn eines Rechtsanwalts und einer der prominentesten deutschen Bankiers der Nachkriegszeit. Ab 1937 wirkte er in der Deutschen Bank AG, ab 1938 als Mitglied des Vorstands. Von 1957 bis 1967 wurde er zum Vorstandssprecher und von 1967 bis 1976 zum Aufsichtsratsvorsitzenden befördert. Bis zu seinem Tod hatte er die Auszeichnung eines Ehrenvorsitzenden der Deutschen Bank inne. Als Vorstand war er für das Auslandsgeschäft und Industriefinanzierungen verantwortlich und bemühte sich um die Zeichnung der Kriegskredite des nationalsozialistischen Deutschlands in neutralen Staaten. Ausserdem arbeitete Abs als Mitglied in zahlreichen Aufsichtsräten von deutschen Industrieunternehmen, darunter der I.G. Farben. Wegen seiner Verbindung zu Grössen der NSDAP besteht bis heute Grund zur Kritik an seinen Tätigkeiten während der Nazizeit. Allerdings gehörte Abs zeitlebens keiner politischen Partei an. Als Finanzberater der Regierung Adenauer verhandelte er mit den USA über Wirtschaftskredite. Nach einer Suspendierung durch die Alliierten 1945 nahm Abs 1952 seine Tätigkeit in der Deutschen Bank wieder auf. Er pflegte Kontakte mit Saager und unterstützte ihn bei dessen Geschäften in Südafrika.

Allen, Charles W. (1903–1994)
Allen war Gründer und Teilhaber des bedeutenden Brokerunternehmens Allen & Co., New York. Allen begann seine Laufbahn als Laufbursche an der Wallstreet und arbeitete sich in wenigen Jahren zu einem erfolgreichen Finanzexperten hoch. Als Investmentbanker engagierte er sich bei der Erschliessung und Ausbeutung von Erdölvorkommen in Algerien, Libyen, Mauretanien und Marokko sowie bei Projekten in der

pharmazeutischen Industrie. Er beteiligte sich mit seinem Geschäftspartner Walter Floersheimer am von Saager gegründeten Konsortium von Aktionären bei Interhandel. Er vermied zeitlebens öffentliche Auftritte und lebte mit seiner Familie höchst bescheiden in New York.

Baumgartner, Karl (1930)
Karl Baumgartner trat nach Ausbildungen in Genf, London und Madrid 1954 in die UBS ein und arbeitete zu Beginn im Team des Chefs der Inlandbörse, Alois Eberle. Dank eines ausgeprägt kräftigen Stimmorgans wurde er an der Börse als Ringhändler eingesetzt. Er bildete sich während seiner Karriere mit grossem Einsatz zum ausgewiesenen Kenner der Schweizer Titel aus und war daher oft von Radio und Fernsehen als Kommentator des aktuellen Geschehens an der Börse gesucht. Baumgartner war auch in der Händlerausbildung tätig und nahm Händlerprüfungen ab. Nach dem Tod von Eberle wurde er zum Chef der Inlandbörse befördert. Ausserdem wurde Baumgartner von Saager und dem unmittelbaren Vorgesetzten Richard Schait für wichtige Geschäfte und Planungsaufgaben beigezogen.

Botha, Pieter Willem (1916–2006)
Der letzte Staatspräsident der Apartheid-Ära durchlief eine lange politische Karriere. Botha war von 1948 bis 1984 Abgeordneter für die Stadt George im Nationalen Parlament. 1958 wurde er stellvertretender Innenminister, 1961 Minister für die Entwicklung der hauptsächlich in der Kapprovinz beheimateten farbigen Gemeinschaften, 1964 Minister für die öffentlich-rechtlichen Betriebe und 1966 bis 1980 Verteidigungsminister. Als Verteidigungsminister war er für die Verwaltung der von der südafrikanischen Armee besetzten Regionen in Namibia und Angola verantwortlich, die auf erstaunlich liberale Weise und ohne jede Einhaltung von rassenfeindlichen Gesetzen geleitet wurde. 1978 bis 1984 bekleidete er das Amt des Premierministers und 1984 bis 1989 des Staatspräsidenten, Letzteres gegen den durch ihn abgelösten alten Rivalen Johannes Balthazar Vorster. Daneben hatte er von 1978 bis 1989 die Führung der National Party inne. Botha war während der 1980er-Jahre poli-

tisch die alles überragende Figur in Südafrika. Wegen seiner eher liberalen Haltung als Verteidigungsminister erhielt er am Anfang seiner Karriere als Premierminister einige Vorschusslorbeeren. Doch war der die Apartheid ablehnende Bevölkerungsteil von seiner Politik bald enttäuscht. «The Great Crocodile» reagierte mit äusserster Härte gegen militärisch-terroristische Bedrohungen, engagierte sich in Destabilisierungskampagnen und Hot-Pursuit-Aktionen im Ausland und verkörperte den Prototyp des unnachgiebigen Buren. Dennoch schaffte er in seiner Präsidentschaft einige der obsoletesten Apartheid-Gesetze ab, liess insgeheim erste Verhandlungen mit den ins Ausland emigrierten Führern des African National Congress (ANC) zu, unter anderem auch in der Schweiz, und führte gegen Ende seiner Amtszeit auch erste Geheimgespräche mit Nelson Mandela. Den mit grosser Spannung erwarteten «grossen Sprung nach vorn» im Rahmen seiner legendären «Rubikon-Rede» wollte er indes nicht wagen. Vom Muldergate-Skandal während seiner Amtszeit als Verteidigungsminister wollte er offiziell nichts gewusst haben, obschon die geheimen Mittel zur Finanzierung des Kaufs und Aufbaus von in- und ausländischen Zeitungen über sein Ministerium flossen. Gegen Schluss seiner Amtszeit wurde er von einem Hirnschlag getroffen, der ihn dazu zwang, die Präsidentschaft einige Monate später seinem Nachfolger Frederik Willem De Klerk (geboren 1936) zu überlassen.

Brupbacher, Charles R. (1905–1987)
Brupbacher war Sohn eines Bankiers, er gründete 1934 die Affida-Verwaltungsbank in Zürich, die er später der Credit Suisse verkaufte. Er spekulierte in den 1950er-Jahren mit Interhandel-Aktien und versorgte die *Finanz und Wirtschaft* mit Hintergrundgeschichten über den Fortgang der Verhandlungen. Wegen dieser Publikationen erhielt die Zeitung in Börsenkreisen den Spitznamen «Finanz-Blick». 1961 wurde Brupbacher in den Verwaltungsrat von Interhandel gewählt, dem er bis zur Fusion der Gesellschaft mit der UBS angehörte. Mit Saager kooperierte er zeitweise, verkaufte jedoch 1962 einen Grossteil der Aktien und schwächte damit die Stellung Saagers, da Brupbacher damals wie andere

meinte, dass die Schlacht gegen die USA verloren und in einem endlosen Kleinkrieg enden würde. Nach dem Verkauf der Affida-Bank an die Credit Suisse genoss Brupbacher seinen Lebensabend in Monaco. Er schuf mit seiner Frau eine grosszügig ausgestattete Stiftung zur Krebsbekämpfung.

Bührle, Dieter (1921–2012)
Dieter Bührle begann nach dem Studium der Rechte in Zürich seine Karriere in dem von seinem Vater Emil Georg Bührle gegründeten Unternehmen, der Oerlikon Bührle & Co. (heute OC Oerlikon), und führte die Unternehmung während 34 Jahren. 1973 wurde die Bührle Holding (OBH) gegründet, mit Dieter Bührle als Vorsitzendem der Geschäftsleitung und als Verwaltungsratspräsidenten. Als Waffenfabrikant war Bührle ausserordentlich interessiert an Südafrika und geriet deswegen auch mit dem Schweizer Gesetz in Konflikt. Die italienische Tochtergesellschaft von Bührle hatte trotz eines schweizerischen Waffenembargos Rüstungsgüter an die Regierung in Pretoria verkauft. Zusammen mit anderen Südafrika-Interessierten gründete er 1956 die Swiss-South African Association und wurde Mitglied des Vorstands. Diese Vereinigung mit ihren Veranstaltungen versuchte Bührle vergeblich als Mittel zu benutzen, um Südafrika und den damaligen Verteidigungsminister Magnus Malan für sein Fliegerabwehrsystem zu gewinnen. Seinen Rücktritt von der Konzernspitze 1990 betrachtete er als eine persönliche Niederlage.

Byland, Hans (1908–1989)
Geboren bei Lenzburg, ging Byland mit seiner späteren Frau Leni und Bruno Saager in die Bezirksschule Lenzburg. Nach dem Ingenieurstudium an der ETH und Praktika unter anderen bei Gebrüder Sulzer AG wurde er 1939 von Ernst Schmidheiny mit der Führung der von der Holderbank-Gruppe 1938 erworbenen National Portland Cement Co. Ltd. in Kapstadt betraut. Ab 1948 wurde er Generaldirektor und ab 1953 Delegierter des Verwaltungsrats der Anglo-Alpha Cement Limited, Johannesburg, eine an der Johannesburger Börse kotierte Gesellschaft, in

die aufgrund eines Aktientauschs mit der südafrikanischen Anglovaal-Gruppe die National Portland Cement integriert wurde und fortan unter der Geschäftsleitung von Holderbank stand. Saager war häufig Gast bei den Bylands während seiner Aufenthalte in Südafrika. Politisch standen Byland und seine Frau den von der Burenbevölkerung verfolgten politischen Zielen näher als denjenigen der englischstämmigen, eher liberalen Einwohner. In den Betrieben von Holderbank suchte er jedoch stets im Rahmen der Gesetze die Ausbildung der nicht weissen Mitarbeiter so gut wie möglich zu fördern. 1973 zog sich Byland aus der Geschäftsleitung zurück und präsidierte bis 1981 den Verwaltungsrat. Byland unterhielt stets enge Beziehungen zu Schweizer Gesellschaften in Südafrika. Er pflegte auch freundschaftliche Kontakte mit Vertretern der Schweizer Kolonie.

Diederichs, Nicolaas (1903–1978)
Diederichs war ein prominenter Politiker der National Party und Staatspräsident Südafrikas (1975–1978). In jungen Jahren war er als Student Mitgründer des «Reddingsdadbond», einer 1939 gegründeten Organisation zur Förderung des Afrikaanertums mit Sympathien für das damals nationalsozialistische Gedankengut in Deutschland. Als Finanzminister von 1967 bis 1975 zeigte er sich derart überzeugt von der Notwendigkeit, Goldvorräte als Währungsreserve seines Landes anzulegen, dass er in internationalen Gremien der Weltbank, an den Börsen und unter den übrigen Finanzministern im Ausland den Spitznamen «Mr. Gold» trug. Er und Saager entwickelten an gemeinsamen Treffen ähnliche Ansichten über die Gestaltung einer auf dem Fundament Gold beruhenden künftigen internationalen Währungsordnung. Im Muldergate-Skandal spielte Diederichs eine eher schillernde Rolle.

Eggstein, Pio G. (1925–2009)
Eggstein stammte aus einer Luzerner Bauunternehmer-Familie. Er studierte in Zürich Germanistik und lehrte ab 1952 dieses Fach und Wirtschaftswissenschaft an der Universität Kapstadt. 1954 wechselte er vom akademischen in das wirtschaftliche Leben und von Kapstadt nach Jo-

hannesburg, wo er für eine wachsende Anzahl von Schweizer Firmen als Berater und Unterhändler tätig war. Die Vertretung der Credit Suisse in Südafrika wurde ab Ende der 1960er-Jahre zu seiner wichtigsten Tätigkeit. Er scheute sich nicht, Kontakte mit schwarzen Aktivisten herzustellen. Für zahlreiche Medienschaffende wurde er zum wertvollen Vermittler für Kontakte mit Vertretern der Regierung, aber auch der zum Teil in der Illegalität arbeitenden Opposition der schwarzen Bevölkerung. Wegen seines enormen Kontaktnetzes in Südafrika erhielt er den Spitznamen «der informelle Schweizer Botschafter». Seinen Lebensabend verbrachte Eggstein in Zürich.

Floersheimer, Walter D. (1900–1989)
Floersheimer war Senior Partner der Wall-Street-Firma Sutro Brothers & Company, New York. Geboren nahe bei Frankfurt, arbeitete er zuerst bei der Dresdner Bank AG, wanderte aber vor Kriegsausbruch in die Vereinigten Staaten aus. Er beteiligte sich am von Saager gegründeten Konsortium der Aktionäre bei Interhandel. Zusammen mit Charles Allen kaufte er 1959 den Hauptteil der Interhandel-Aktien der Bank Sturzenegger. Er beriet Saager intensiv bei der Abwicklung des Interhandel-Falls aufgrund enger Kontakte zu mit Interhandel beschäftigten amerikanischen Verwaltungsstellen. Er und seine Familie pflegten freundschaftliche Kontakte mit der Familie Saager. Dies war denn auch der Grund dafür, dass er seinen späteren Wohnsitz, neben Florida, in der Schweiz nahm. Die Familie Floersheimer beteiligte sich an der von Saager gegründeten Substantia AG für Finanzierungen und Beteiligungen. Floersheimer trat als Mäzen mit einer Stiftung zur Entwicklung von Kunst- und Kulturprojekten in Israel in Erscheinung. Nach seinem Tod vertrat sein ebenfalls in der Schweiz wohnender Sohn Stephen die Interessen der Familie bei der Substantia.

Gadient, Ulrich (1931–2016)
Ulrich Gadient war der Sohn des Schweizer Politikers Andreas Gadient, studierte die Rechte an den Universitäten von Lausanne, Bern, St. Gallen und Zürich. Anschliessend arbeitete er bei der UBS in der

von Saager geleiteten Abteilung, erhielt aber von Alfred Schaefer ein zu wenig attraktives Angebot für eine weitere Anstellung, sodass er sich entschloss, in die Heimatstadt Chur zurückzukehren und dort 1963 eine Anwaltspraxis zu eröffnen. Mit Saager und später dessen Söhnen blieb er jedoch als Freund der Familie zeitlebens verbunden. Von 1967 bis 1971 war Gadient Präsident der Demokratischen Partei der Schweiz, die in der heutigen Schweizerischen Volkspartei aufging. Während mehrerer Jahre (bis 1981) war er Grossrat in Graubünden. Nach einer kurzen Amtszeit im Nationalrat (ab 1979) wurde er 1980 als Vertreter des Standes Graubünden in den Ständerat gewählt, dem er bis 1994 angehörte. Während einiger Jahre vertrat Gadient die Schweiz im Europarat in Strassburg. Gadient sass im Verwaltungsrat von mehreren Gesellschaften, so bei der PTT von 1990 bis 1996, bei der Schweizerischen Mobiliar und den Emser Werken AG. Er amtete von 1995 bis 2000 als Präsident des Wirtschaftsforums Graubünden. 1985 bis 2011 zählte er auch zum Verwaltungsrat der der Familie Saager gehörenden Substantia AG für Finanzierungen und Beteiligungen in Chur, davon von 1997 bis 2011 als Präsident. In Graubünden, vor allem im Prättigau, erwarb sich Gadient besondere Verdienste in seinen Bemühungen um die Ansiedlung von verschiedenen Industrien und Dienstleistungsfirmen. Seine Tochter Brigitta (geboren 1960) gehörte nach ihrem Vater von 1995 bis 2011 ebenfalls dem Nationalrat an.

Gadow, Albert (1892–1968)
Als Schwager von Hermann Schmitz nahm Gadow 1931 Wohnsitz in Basel. Gadow arbeitete seit 1932 als Sekretär des Verwaltungsrats der I.G. Chemie (später Interhandel) und wurde im Februar 1937 von Schmitz als Geschäftsführer eingesetzt, speziell zuständig für den Kontakt zur GAF. Mit der formellen Entflechtung der I.G. Chemie und der I.G. Farben erhielt Gadow in seiner Rolle als Verbindungsmann zwischen den beiden Gesellschaften eine besondere Bedeutung. Eine 1940 beantragte Einbürgerung in Basel misslang. Ende 1945 trat Gadow als Direktor und Verwaltungsrat der I.G. Chemie zurück und wirkte später als Berater für die Bank Hofmann in Zürich.

Germann, Walter (1909–1967)
Bis März 1945 war Germann als Prokurist bei der Bank Sturzenegger tätig. Anschliessend führte Germann als Neffe von Eduard Greutert bis 1958 die Interhandel, besass als Inhaber der Vorzugsaktien eine besondere Machtposition. Auf zahlreichen Reisen in die USA liess er sich mit Persönlichkeiten des öffentlichen Lebens, so unter anderen mit Präsident Eisenhower, fotografieren und in Zeitungen publizieren, ohne dass er grössere Leistungen zugunsten der Gesellschaft erbracht hätte. Durch seine Geldverschwendung und Spekulationen geriet er in Bankenkreisen in ein schiefes Licht. 1958 und nach Abschaffung der Vorzugsaktien schied er zusammen mit Iselin und Sturzenegger aus dem Verwaltungsrat der Interhandel aus. Später gründete er eine eigene Bank in Basel, wurde in den USA wegen Steuervergehen seiner Kunden gesucht und beging 1967 als bankrotter Mann Selbstmord in seinem Ferienhaus in Klosters.

Greutert, Eduard (1876–1939)
Greutert war als Freund von Hermann Schmitz Mitgründer der I.G. Chemie (später Interhandel) in Basel. Als junger Bankier arbeitete Greutert an verschiedenen Stellen in Deutschland und wurde 1905 Mitarbeiter bei der Metallbank in Frankfurt, wo er Schmitz kennenlernte. Er war ab 1910 für die Verwaltung der Schweizerischen Gesellschaft für Metallwerte tätig, der Auslandsholding der Metallgesellschaft. 1920 übersiedelte Greutert von Frankfurt nach Basel. Er gründete mit Geld der Metallgesellschaft und der mit der Metallgesellschaft verbundenen Familie Merton die Bank Greutert & Cie. Greutert, Carl Roesch und Schmitz arbeiteten in den späten 1930er-Jahren zusammen die allmähliche Umwandlung der I.G. Chemie in eine Schweizer Gesellschaft aus.

Gut, Hans (1921–1980)
Hans Gut war Direktor der von der Familie Bührle kontrollierten IHAG Industrie- und Handelsbank Zürich AG. Als Freund und Jagdkollege von Saager informierte er Saager 1957, dass Walter Germann seine Interhandel-Aktien zum Verkauf anbot. Saager griff sofort zu und kaufte für

die UBS die Aktien. 1959 bot Sturzenegger Saager die 10 000 Vorzugsaktien zum Kauf an, die dieser für die zu seinem Konsortium zählenden Charles Allen und Walter Floersheimer für 18 Millionen Franken erwarb. Die IHAG schoss Saager die für diesen Handel notwendige Summe kurzfristig vor.

Gut, Rainer E. (1932)
Als Sohn eines Bankdirektors der Zuger Kantonalbank in Baar aufgewachsen, absolvierte Gut die Handelsschule, die er 1951 mit der Matura abschloss. Anschliessend arbeitete Gut für zwei Jahre als Praktikant bei der Zuger Kantonalbank und danach für über ein Jahr als Stagiaire in Paris beim Crédit Commercial de France, wo er zum ersten Mal den Duft der grossen Finanzwelt schnupperte. In Paris lernte er auch seine spätere Frau, die Amerikanerin Josephine Lorenz, kennen. Nach einem weiteren Auslandsaufenthalt in London wurde er 1956 in der Auslandbörse der UBS angestellt. Saager als sein Chef bei der UBS übertrug ihm 1957 eine Stelle bei der Brokerfirma B. Hansford & Company, die für die UBS die Brokergeschäfte in London abwickelte. 1963 schickte ihn Saager als Vertreter der UBS nach New York. Von Saager wurde er ausserdem in den Fall Interhandel eingearbeitet. In New York war Gut verantwortlich für die Pflege der Kontakte zwischen der UBS und den Vertretern der für Interhandel eingesetzten amerikanischen Beamten, daneben mit dem UBS-Anwalt John Wilson und UBS-Kunden in den USA. Als Verbindung in Zürich dienten als engste Mitarbeiter von Saager Richard Schait und Nikolaus Senn. In Würdigung seiner Verdienste um die Affäre Interhandel wurde Senn 1966 zusammen mit Robert Holzach und Alfred Hartmann zu stellvertretenden, später zu vollwertigen Generaldirektoren ernannt. Gut fühlte sich übergangen und nahm 1968 eine Stelle bei Lazard Frères an. 1970 wechselte er zur Credit-Suisse-Tochtergesellschaft Swiss American Corporation in New York. 1973 wurde Gut in die Generaldirektion der Credit Suisse nach Zürich berufen. Nach dem Chiasso-Skandal wurde Gut 1977 zum Sprecher der Generaldirektion der Credit Suisse befördert und war von 1982 bis 2000 Präsident des Verwaltungsrats. Ausserdem wirkte er von 2000 bis 2005 als

Präsident des Verwaltungsrats der Nestlé AG. Weitere Verwaltungsratsmandate hatte er bei einer Reihe von Publikumsgesellschaften inne, unter anderem bei der Swissair, Alusuisse, Swiss Re, Ciba Geigy/Novartis, Elektrowatt und Bayer. Seit 2000 ist Gut Ehrenpräsident der Credit Suisse Group. Bis zu seinem Tod pflegte Saager mit Gut einen freundschaftlichen Kontakt.

Gutstein, Louis (1903–1990)
Als bekannter Zürcher Rechtsanwalt war Gutstein Spezialist für angelsächsisches Recht. Nach Beginn eines Studiums an der ETH wechselte er zur Jurisprudenz an der Universität Zürich. Nach seinem Abschluss setzte er seine juristischen Studien in den USA fort. Er war Mitgründer der Swiss-South African Association. Als Bekannter von Alfred Schaefer und Saager wirkte er als Berater für Rechtsfragen bei der UBS, namentlich im Fall Interhandel. Dank seiner Kontakte mit ausländischen Klienten fädelte er den Kontakt von Schaefer/Saager zu Prinz Stanislas Radziwill und damit zum amerikanischen Justizminister ein. Er lebte mit seiner langjährigen Lebenspartnerin zurückgezogen in seinem Haus am Zürichberg und seinem Ferienhaus direkt am St. Moritzersee. 1949 besuchte er mit seinem Freund, dem Schweizer Maler und Kunstvermittler Carl Montag, und Willy Sax Winston Churchill anlässlich der Inauguration des Europarats. Montag war Mallehrer des britischen Staatsmanns. Sax, Besitzer der Sax-Farben AG in Urdorf, war der Lieferant von Churchills Ölfarben und beriet den Kriegspremier auch in der Technik des Farbmischens.

Huser, Eberhard (1929)
Eberhard «Ebi» Huser durchlief seine ganze Laufbahn bei der UBS. Nach einer Banklehre bei der Filiale in Luzern wechselte er 1952 zum Hauptsitz nach Zürich, wo er ins Team von Saager aufgenommen wurde. Saager erkannte früh Husers besonderes Interesse für das Auslandsgeschäft. Er erhielt die Gelegenheit, für die Auslandbörse der UBS zu arbeiten. Von 1953 bis 1956 wurde Huser von Saager in Johannesburg als Assistent des Leiters des dortigen UBS-Büros, Walter Zehnder, ein-

gesetzt., wo er vor allem für die Goldtransporte von Südafrika nach Zürich verantwortlich war und mit südafrikanischen Titeln handelte. 1963 verpflichtete Saager Huser für einen dreijährigen Aufenthalt in Kuwait, von wo aus er das Vermögensverwaltungsgeschäft im Mittleren Osten aufbaute. Nach seiner Rückkehr in die Schweiz reiste er vier- bis fünfmal pro Jahr für drei Wochen in den Mittleren Osten, entweder nach Kuwait oder nach Beirut, wo die UBS 1964 ebenfalls ein Büro eröffnete. Oft konnte er bei diesen Missionen bis zu 1 Milliarde US-Dollar an Neugeld sammeln. Bis zu seiner Pensionierung war Huser Mitglied der Direktion der UBS. Als leidenschaftlicher Golfer wirkte er während mehrerer Jahre im von UBS-Mitarbeitern besonders beliebten Golfclub Schönenberg als Präsident.

Iselin, Felix (1884–1968)
Der Rechtsanwalt Felix Iselin-Merian aus altem Basler Geschlecht sass in zahlreichen Verwaltungsräten, wie der Bâloise, dem Schweizerischen Bankverein, der Suiselectra und der Reederei Neptun. In den Verwaltungsrat der I.G. Chemie (später Interhandel) wurde er als Vertreter des an der Aktienemission beteiligten Bankvereins gewählt. Als Nachfolger von Hermann Schmitz übernahm er die Präsidentschaft bei der I.G. Chemie 1940 und übte dieses Amt bis 1958 aus. Zusammen mit den übrigen Verwaltungsräten aus der Zeit von I.G. Farben musste er aus dem Verwaltungsrat austreten, als die drei Grossbanken die Verantwortung über das weitere Schicksal von Interhandel übernahmen.

Jann, Adolph (1910–1983)
Als Sohn eines Arztes in Altdorf aufgewachsen, studierte Jann die Rechte an der Universität Bern und erwarb dort das Patent als Fürsprecher. Von 1937 bis 1945 arbeitete Jann in Basel als Sekretär der Schweizerischen Bankiervereinigung. 1945 wechselte Jann zur UBS und wurde 1947 in die Generaldirektion berufen. 1950 unternahm er mit Saager die erste Reise nach Südafrika zwecks Prüfung einer Finanzierung der Anglo American Corporation zur Ausbeutung der Goldvorkommen im Orange Free State. 1956 war Jann Mitgründer der Swiss-South African

Association und präsidierte diese bis 1963. 1957 trat Jann in die Konzernleitung von Roche ein. 1965 wurde er zum Nachfolger von Albert Caflisch als Präsident und Delegierter des Verwaltungsrats von Roche ernannt. 1970 bis 1975 bekleidete Jann zusätzlich in einer Doppelfunktion das Amt eines Delegierten des Verwaltungsrats der Zürich-Versicherungsgesellschaft. Daneben sass Jann in einigen weiteren Verwaltungsräten von bedeutenden Gesellschaften. 1978 trat Jann von seinen Ämtern bei Roche zurück. Zeit seines Lebens unterhielt er eine enge Freundschaft mit Saager. In Südafrika besuchte er mehrmals die Tochtergesellschaften von Roche. Seine Bekanntschaft mit dem New Yorker Anwalt Irving Moskovitz datiert aus der Zeit von Janns Tätigkeit bei der Schweizerischen Bankiervereinigung. Dieser unterstützte Saager bei der Lösung des Falls Interhandel.

Katzenbach, Nicholas (1922–2012)
Geboren in Philadelphia, diente Katzenbach während des Kriegs in der amerikanischen Luftwaffe, wurde 1943 über dem Mittelmeer abgeschossen und verbrachte zwei Jahre in italienischen und deutschen Gefangenenlagern. Nach Hause entlassen, absolvierte Katzenbach ein Rechtsstudium an der Universität von Yale. Während zweier Jahre wirkte er als Rechtsberater bei der Luftwaffe und lehrte von 1952 bis 1960 als Dozent die Rechte an den Universitäten von Yale und Chicago. Ab 1961 arbeitete Katzenbach im Justizministerium und von 1962 bis 1965 als Deputy Attorney General (stellvertretender Justizminister) unter Robert Kennedy. Nach Kennedys Rücktritt avancierte Katzenbach zum Justizminister unter Präsident Johnson, wechselte 1966 ins Aussenministerium als stellvertretender Aussenminister (Under Secretary of State), ein Amt, das er bis 1969 ausübte. Katzenbach ist Autor zahlreicher juristischer Publikationen und eines Buchs über seine Tätigkeit im Justizministerium. Katzenbach befasste sich im Team von Robert Kennedy besonders mit dem Fall Interhandel und nahm deswegen an den Vergleichsverhandlungen mit den Schweizer Aktionären teil.

Kennedy, Robert Francis (1925–1968)

Geboren in Massachusetts als jüngerer Bruder von Präsident John F. Kennedy, absolvierte Kennedy eine militärische Ausbildung bei der Navy, arbeitete als Auslandskorrespondent bei der *Washington Post* und absolvierte ein Studium an der Universität von Virginia. Anschliessend leitete er den Wahlkampf seines Bruders John um einen Sitz im US-Senat. Ab Ende 1952 wurde Kennedy juristischer Mitarbeiter verschiedener parlamentarischer Kommissionen. 1959 betätigte er sich als Wahlkampfmanager seines Bruders für die Präsidentschaftswahlen in den USA. Nach dem Wahlsieg seines Bruders John berief dieser ihn als Attorney General (Justizminister) in sein Kabinett. In seinem Amt erwarb er sich einen Ruf als unerbittlicher Kämpfer gegen das organisierte Verbrechen in den USA. Nach der Ermordung von John blieb er bis zu den Wahlen des Nachfolgers Lyndon B. Johnson 1964 Justizminister. Anschliessend beteiligte sich Kennedy als Mitglied der Demokratischen Partei erfolgreich an den Senatswahlen von New York und kandidierte ab 1968 für die Präsidentschaft. Nach einem Wahlauftritt in Los Angeles wurde er in der Nacht vom 4. auf den 5. Juni 1964 von einem Palästinenser erschossen und erlag tags darauf seiner Verletzung. Unter der Leitung von Robert Kennedy als Justizminister wurde zwischen den Vereinigten Staaten und den Schweizer Aktionären von Interhandel ein Vergleich abgeschlossen.

Matthiensen, Ernst (1900–1980)

Matthiensen machte eine Karriere als Bankier bei der Dresdner Bank und brachte es bis zur Spitze dieser Grossbank als Mitglied des Vorstands während der Jahre 1952 bis 1965. Von 1965 bis 1972 wirkte er bei der Dresdner Bank als Vorsitzender des Aufsichtsrats. Seit den 1940er-Jahren stand er in geschäftlichem Kontakt mit Saager. Daraus entwickelte sich eine persönliche Freundschaft. Matthiensen sass ausserdem im Aufsichtsrat der an der Börse gehandelten I.G. Farben in Liquidation. Dabei orientierte er Saager erstens über den Umstand, dass bei der I.G. Farben keine Papiere über eine mögliche Treuhandvereinbarung oder andere Abmachungen über das Schicksal von Interhandel nach

dem Krieg zu finden waren. Zweitens hielt er Saager über den Gang der
Dinge bei I.G. Farben Liquis auf dem Laufenden.

Meier, Ernst Theodor (1920–1988)
Der in Schaffhausen geborene Ernst Meier studierte die Rechte und
wurde, als ehemaliger Mitarbeiter im Anwaltsbüro von Willy Staehelin,
1956 zum Geschäftsführer der neu gegründeten Swiss-South African
Association bestimmt. Bis zu seinem Tod war Meier auch im Vorstand
dieser Vereinigung tätig. Meier bemühte sich während seiner Amtszeit
sehr um die Kontaktnahme mit südafrikanischen Persönlichkeiten aus
Wirtschaft und Politik und gewann diese für zahlreiche Vortragsabende
im Rahmen der Swiss-South African Association. Meier reiste aus diesem Grund jährlich mehrmals nach Südafrika. Während einiger Jahre
war Meier auch Vertreter der südafrikanischen Nedbank in der Schweiz.
In der Öffentlichkeit trat Meier hin und wieder als Sprecher der Vereinigung auf, wenn es darum ging, die Haltung der Schweizer Wirtschaft
während der Apartheid zu erläutern.

Mulder, Cornelius (1925–1988)
Cornelius «Connie» Mulder, geboren in Johannesburg, wurde zum Präsidenten der in der National Party mächtigen Sektion der Provinz Transvaal ernannt. Seit 1958 wurde er als einflussreicher Parlamentsabgeordneter lange als Nachfolger von Premierminister Vorster gehandelt. Er
studierte an der Witwatersrand-Universität in Johannesburg. 1953 wurde
er Bürgermeister der Stadt Randfontein. 1968 ernannte ihn Vorster zum
Informationsminister und zum Minister für Bantu Affaires. Anlässlich
eines Besuchs der Niederlande 1972 traf er den südafrikanischen Publizisten Eschel Rhoodie. Mulder war von ihm derart beeindruckt, dass er
ihm den Posten eines Sekretärs im Informationsministerium anbot, den
dieser 1974 nach Absprache mit Vorster antrat. Rhoodie, der sich sehr
um die Verbesserung des Images der südafrikanischen Regierung im
Ausland bemühte, organisierte in der Folge zahlreiche Auslandsreisen
von Vorster und Mulder. Die Aktivitäten von Rhoodie, insbesondere die
Anstrengungen ausserhalb des Staatsvoranschlags, Zeitungen im Aus-

land zu kaufen, wurden in Südafrika von zwei Journalisten aufgedeckt und publiziert. Diese illegalen Aktionen wurden unter dem Schlagwort «Muldergate» zum Skandal. Mulder musste aus der Regierung und später auch der National Party austreten. In der Folge wurde er zu einer der führenden Figuren in der oppositionellen Conservative Party von Andries Treurnicht, einer von der National Party abgesplitterten Bewegung am äussersten rechten Rand. Obschon Parlamentsabgeordneter dieser Partei, erlangte er bis zu seinem Ableben nie mehr ein politisches Gewicht von Bedeutung.

Oppenheimer, Ernest (1880–1957)
Geboren in Friedberg (Deutschland), wanderte Oppenheimer mit 17 Jahren nach London aus und arbeitete beim Diamantenbroker Dunkelsbuhler & Company. 1902 wurde er als Vertreter der Firma nach Kimberley in Südafrika geschickt, wo er als Einkäufer von Diamanten tätig war. 1912 wurde er zum Bürgermeister von Kimberley gewählt. Er beteiligte sich am Aufbau eines Regiments aus Kimberley, das sich in Afrika aufseiten der Briten in Afrika am Ersten Weltkrieg beteiligte. Trotz erklärter Stellungnahme zugunsten Grossbritanniens wurde ihm als gebürtigem Deutscher sein Wohnhaus mit Steinen beworfen, und er kehrte 1916 mit Frau und Kindern nach England zurück. Nach Kriegsende nahm er seinen Wohnsitz wieder in Südafrika und wurde 1921 zum Knight of the British Empire geschlagen. 1924 vertrat Oppenheimer Kimberley im südafrikanischen Parlament zur Zeit der Regierung von General Jan Smuts. Bis 1938 blieb Oppenheimer aktiv in der Politik, wandte sich jedoch zunehmend der Entwicklung des Bergbaus in Südafrika zu. Mit finanzieller Unterstützung des amerikanischen Bankhauses J. P. Morgan gründete Oppenheimer 1917 mit einem amerikanischen Ingenieur die Anglo American Corporation. 1926 wurde Oppenheimer in die Geschäftsleitung des De-Beers-Diamantensyndikats gewählt, da er seit 1925 mithilfe der von ihm gegründeten Central Selling Organisation (CSO) Diamantenhandel betrieb. 1929 wurde Oppenheimer zum Präsidenten von De Beers Consolidated Mines gewählt, und es gelang ihm, während der weltweiten Wirtschaftsdepression den Diamanten-

handel zu stabilisieren, der zuvor wegen eines starken Überangebots in eine tiefe Krise gerutscht war. Als Ende der 1940er-Jahre neue Goldvorkommen im Orange Free State entdeckt wurden, suchte er eine Finanzierung in den USA und in der Schweiz für deren Ausbeutung. Adolph Jann und Saager von der UBS reisten 1950 zwecks Prüfung dieses Finanzvorhabens nach Südafrika und berieten mit Ernest Oppenheimer das weitere Vorgehen. Aufgrund des Reiseberichts von Jann und Saager entschloss sich die UBS zu einer Mitfinanzierung dieses Projekts.

Oppenheimer, Harry Frederic (1908–2000)
Geboren wurde Harry als zweiter Sohn von Sir Ernest in Kimberley. Mit der Heirat seiner Frau Bridget konvertierte Harry vom Juden- zum Christentum. Nach dem Besuch der Mittelschule in England und dem Studium von Philosophie, Politik und Wirtschaft in Oxford rückte er in die Unternehmungen seines Vaters nach, da sein ursprünglich für die Leitung der Beteiligungen bestimmter älterer Bruder im Zweiten Weltkrieg aufseiten der britischen Truppen gefallen war. 1948 bis 1957 war Oppenheimer Mitglied des Parlaments in Kapstadt als Sprecher der oppositionellen United Party für Angelegenheiten der Wirtschaft, der Finanzen und Verfassungsfragen. 1957 wurde Oppenheimer nach dem Ableben seines Vaters Präsident der De Beers Consolidated Mines Ltd. und der Anglo American Corporation, zwei Mandate, die er bis 1982 bei Anglo und bis 1984 bei De Beers ausübte. Gleichzeitig mit Harrys Ausscheiden nahm sein Sohn Nicky Einsitz in die Geschäftsleitung. Während der Aktivzeit von Oppenheimer entwickelte sich Anglo zum grössten Gold- und Platinproduzenten der Welt und De Beers zum wichtigsten Erzeuger von Rohdiamanten. Zusätzlich wurde die von De Beers kontrollierte Central Selling Organisation (CSO) zum kartellartig grössten Vertreiber von Rohdiamanten. Oppenheimer sammelte wertvolle Bücher, die noch heute in der international bekannten und öffentlich zugänglichen Bibliothek in seinem Wohnort Brenthurst betrachtet werden können. Daneben entwickelte er eine Leidenschaft für die Pferdezucht und gewann mit seinen Pferden bekannte Rennen in Südafrika und Europa. Oppenheimer erwarb sich einen Ruf als scharfer

Kritiker der von der regierenden National Party entwickelten Apartheid-Politik. Zu seinen Zielen gehörte auch die Verbesserung der Wohnverhältnisse der schwarzen Wanderarbeiter in Soweto und anderen schwarzen Townships. In den 1970er- und 1980er-Jahren unterstützte er die Anti-Apartheid-Bewegung Progressive Federal Party von Helen Suzman, die später in der Democratic Alliance aufging. Im Verlauf seiner Geschäftsreisen besuchte er oft Zürich und Saager, der ihn in Finanzfragen beriet und mithalf, die Finanzierung von Projekten im Bergbau zu sichern. Zwischen den beiden Männern entwickelte sich im Lauf der Zeit ein freundschaftliches Verhältnis. Auf Initiative Saagers hielt Oppenheimer auch verschiedene Referate im Kreis der Volkswirtschaftlichen Gesellschaft, der Universität St. Gallen und der Swiss-South African Association.

Orrick, William Horsley, Jr. (1915–2003)
Geboren in San Francisco, absolvierte Orrick ein juristisches Studium an den Universitäten von Yale und Berkeley. Nach einer Tätigkeit in einer Anwaltspraxis in San Francisco arbeitete er von 1961 bis 1962 im Justizministerium als Assistant Attorney General. Von 1962 bis 1963 war Orrick als stellvertretender Aussenminister tätig, von 1963 bis 1965 wieder im Justizministerium als Assistant Attorney General. Von 1965 bis 1974 praktizierte er wieder als Rechtsanwalt in San Francisco. Von Präsident Richard Nixon wurde er 1974 zum Bundesrichter ernannt und erlangte 1985 den Status eines Senior im Richterkollegium. Während seiner Tätigkeit im Justizministerium befasste sich Orrick auch mit dem Fall Interhandel und empfing Alfred Schaefer wiederholt zu Besprechungen.

Oswald, Werner (1904–1979)
Der Luzerner Werner Oswald war massgeblicher Aktionär und Präsident der Ems-Chemie-Gruppe in Domat/Ems. Er gründete 1936 die Emser Werke mit dem Ziel, einen Treibstoffzusatz aus Holz zu gewinnen («Emser Wasser»), welcher der Schweiz in den Kriegsjahren wertvolle Dienste leistete. Ab Mitte der 1950er-Jahre führte Oswald die

Gruppe mit der Produktion von Synthesefasern für die Textilindustrie, von Spritzguss-Granulaten, Fasern, Klebern, und Härtern in neue Dimensionen. Dem Verwaltungsrat der Chemie Holding Ems AG gehörte Saager als Finanzexperte von 1963 bis 1975 an, davon die letzten sieben Jahre als Vizepräsident. Oswald pflegte einen recht eigenwilligen Führungsstil, den er ohne eine eigentliche Strategie verfolgte und der Saager dazu veranlasste, Oswald eine von ihm verfasste Studie zur Umgestaltung des Konzerns nach neusten betriebswirtschaftlichen Erkenntnissen zu unterbreiten. Doch kam dieser Vorschlag bei Oswald nicht gut an, der den Konzern weiterhin so führte wie ein alleiniger Eigentümer und sich um die Interessen der Publikumsaktionäre wenig kümmerte. Erst 1983, nach dem Tod Oswalds und der Übernahme der Aktienmehrheit 1983 durch Christoph Blocher, damals Nationalrat und später Bundesrat, erhielt der Konzern seine heute zeitgemässe Struktur.

Radziwill, Stanislas (1914–1976)

Der polnische Prinz Radziwill war verheiratet mit Lee Bouvier, der Schwester von Jacqueline Kennedy. Als Klient des Zürcher Anwalts Louis Gutstein führte er Alfred Schaefer und Bruno Saager beim US-Attorney General Kennedy ein. Dank dieser Vermittlung kam 1963 eine Verhandlungsrunde zustande, die zu einem Vergleich zwischen der amerikanischen Regierung und den Schweizer Aktionären von Interhandel führte.

Reinhardt, Eberhard (1908–1977)

Eberhardt Reinhardt arbeitete als Jurist ab 1935 im Eidgenössischen Finanzdepartement, wo er zuletzt bis 1948 als Direktor der Finanzverwaltung tätig war. 1948 wurde er von der Credit Suisse zum Generaldirektor befördert und leitete von 1963 bis 1973 die Generaldirektion als ihr Präsident. Zur Interhandel stiess er 1958, als die drei Grossbanken die Geschicke der Gesellschaft übernahmen. Reinhardt blieb aber bezüglich eines positiven Ausgangs für die Schweizer Aktionäre stets skeptisch. Auch die wachsende Führungsrolle der UBS bei Interhandel durch Saager und Schaefer behagte Reinhardt nicht. Aus diesem Grund trat

Reinhardt im Juni 1961 zusammen mit Generaldirektor Pfenninger vom Bankverein aus dem Verwaltungsrat der Interhandel zurück. Doch schätzte Reinhardt Saagers Börsenkenntnisse sehr und blieb mit ihm zeitlebens in kameradschaftlichem Kontakt.

Richner, Ernst (1902–1964)
Der jüngere Bruder von Fritz, der Onkel Saagers, ist zusammen mit Saager in Rupperswil aufgewachsen. Nach dem Ersten Weltkrieg wanderte er nach Sumatra aus, wo er im Auftrag der Société Générale eine Kautschukplantage verwaltete. 1948 kehrte Richner in die Schweiz zurück und arbeitete mehrheitlich für die von Saager geleiteten Gesellschaften als Revisor. Seine grosse Leidenschaft blieb zeit seines Lebens die Jagd.

Richner, Fritz (1894–1974)
Als Onkel von Saager durchlief Fritz Richner eine steile Karriere bei der UBS, vom einfachen Angestellten bis hinauf zum Präsidenten des Verwaltungsrats. 1918 begann Fritz Richner seine Tätigkeit bei der UBS, war 1941–1953 Generaldirektor, präsidierte den Verwaltungsrat von 1953 bis 1964 und blieb bis zu seinem Tod Ehrenpräsident der UBS. Daneben führte er während mehrerer Jahre mit strenger Hand das Präsidium bei der Warenhausgruppe Jelmoli, Grande Passage und Innovation aus. Im Fall Interhandel und bei der Entwicklung der Südafrika-Geschäfte unterstützte Richner seinen Neffen mit Rat und Tat.

Roesch, Carl (1873–1941)
Carl Roesch gehörte von 1929 bis 1941 zum Verwaltungsrat der I.G. Chemie (später Interhandel). Er hat sich bei BASF vom Buchhalter zum Leiter des Rechnungswesens und zum stellvertretenden Vorstandsmitglied hochgearbeitet. Roesch zog 1931 als Vertrauter von Hermann Schmitz nach Basel und wahrte dort die Interessen von Schmitz bei der I.G. Chemie (später Interhandel).

Rhoodie, Eschel Mostert (1933–1993)
Nach seinem Studium an der Universität Pretoria arbeitete Rhoodie als Journalist in Südafrika und im Ausland, unter anderem für das Wochenmagazin *To the Point* in Holland. 1971 war er dort als Informationsattaché in der südafrikanischen Botschaft tätig. Vom südafrikanischen Informationsminister Connie Mulder wurde er nach Pretoria geholt, wo er als Sekretär mit besonderen Vollmachten betraut wurde. Mit Zustimmung des damaligen Premierministers John Vorster und des Staatspräsidenten Nicolaas Diederichs erhielt er die Aufgabe, den Ruf der südafrikanischen Regierung und ihrer Politik im In- und Ausland zu verbessern. Daher bestand die Absicht, heimlich eine englischsprachige Tageszeitung namens *The Citizen* in Südafrika zu gründen und in den USA die Tageszeitung *Washington Star* zu kaufen. Die Finanzierung sollte über ein Bankkonto einer Tochtergesellschaft der UBS abgewickelt werden, das von Saager im Glauben eröffnet wurde, dass diese Aktivität die Zustimmung des Parlaments hatte und damit legal war. Dank zweier südafrikanischer Journalisten wurden diese heimlichen Pläne aufgedeckt. Vergeblich versuchte Rhoodie bei Saager, diese Kontoeröffnung geheim zu halten. Der Skandal mit Spitznamen «Muldergate» warf in Südafrika und im Ausland grosse Wellen. Rhoodie floh nach Ecuador, England und zuletzt nach Frankreich, wo er 1979 verhaftet wurde. Mulder verlor seinen Ministerposten und wurde aus der National Party hinausgeworfen. Doch Vorster und Diederichs leugneten eine Mitwisserschaft. Ein Gericht verurteilte Rhoodie zu zwölf Jahren Gefängnis, doch das Appellationsgericht in Bloemfontein sprach ihn frei. 1982 wanderte Rhoodie mit seiner Frau nach den USA aus, wo er 1993 starb.

Rupert, Anton Edward (1916–2006)
Geboren und aufgewachsen als Sohn eines Rechtsanwalts in Graaff Reinet (Eastern Cape Province), studierte Rupert Chemie in Pretoria. 1948 gründete er mit einem Startkapital von 10 Pfund Sterling zusammen mit Dirk Willem Ryk Hertzog, Sohn des Generals und südafrikanischen Premierministers James Barry Munnik Hertzog (1867–1942), sowie wei-

teren Freunden die Tabakfirma Voorbrand. Aus dieser gingen später die beiden Holdinggesellschaften Rembrandt Tobacco Corporation und Distillers Corporation hervor. Anfangs verkauften Rupert und seine Kollegen landesweit Zigaretten von verschiedenen Firmen mit ihren Autos, bis sie in der Lage waren, eigene Tabakplantagen aufzubauen und die Zigaretten unter Markennamen wie Peter Stuyvesant und Rembrandt zu vertreiben. In den folgenden Jahren entwickelte sich Rembrandt (heute Remgro Group) zu einem multinationalen Milliardenkonzern in 27 Ländern auf allen Kontinenten, avancierte unter anderem weltweit zum drittgrössten Tabakproduzenten, während innerhalb der Distillers Group mit dem Erwerb von Weingütern in Südafrika Marken für Brandy und Weine, mit eigenen Weingütern und Kellereianlagen, wie Richelieu, Amarula, Fleur du Cape, l'Ormarins, La Motte und Bergkelder aufgebaut und vertrieben wurden. Als erste bedeutende Akquisition im Ausland gelang 1953 der Erwerb der britischen Rothmans of Pall Mall, später gesellten sich die Marken Carreras, Dunhill, Lucky Strike und Lord dazu. Daneben investierte die Gruppe auch in den Bergbau, in Finanzdienstleistungen sowie in Energie- und Chemieunternehmen. Bei der Finanzierung der ausländischen Unternehmen fand Rupert Anfang der 1960er-Jahre den Kontakt zu Saager. Die beiden entwickelten bis an ihr Lebensende ein ausgesprochen enges Vertrauensverhältnis und eine enge Freundschaft. In den 1980er-Jahren konzentrierte sich Rupert auf den Erwerb von internationalen Luxusmarken, wie Cartier, Piaget, Baume et Mercier, International Watch Company (IWC), Montblanc, Karl Lagerfeld, Chloé und Lange & Söhne. Diese ausländischen Beteiligungen wurden unter der Tochterholding Richemont mit Sitz in der Schweiz zusammengefasst.

Die Tabakbeteiligungen wurden gegen den Erwerb eines Aktienpakets an British American Tobacco (BAT) umgetauscht. Mit der Übergabe der Konzernleitung an seinen Sohn Johann 1987 widmete sich Rupert bis zu seinem Ableben als Präsident des World Wildlife Fund (WWF, seit 1986 World Wildlife Fund for Nature) der Entwicklung von Naturschutzprojekten, und er gründete zusammen mit Prinz Bernhard der Niederlande die Peace Parks Foundation (PPF). Später gesellte sich

Nelson Mandela zu ihnen. Die PPF ist eine Nichtregierungsorganisation, welche die Verbindung von Naturparks vom Victoriasee bis zum Kap über Landesgrenzen hinaus zum Ziel hat und sich jährlich einer steigenden Zahl von Mitgliedschaften öffentlicher und privater Organisationen sowie Privatpersonen aus allen Kontinenten erfreut. Im Rahmen der PPF werden Schulen für die Ausbildung von Rangern, Trackern und Dienstleistern im Tourismus unterhalten. Rupert betätigte sich mit seiner Frau Huberte auch als Kunstsammler und Sponsor von Musikanlässen.

Schaefer, Alfred (1905–1986)
Als Sohn eines Bauunternehmers der Firma Ad. Schäfer + Cie. AG in Aarau geboren, studierte Schaefer die Rechte in Genf, Rom, Paris und Zürich und trat 1931 in den Rechtsdienst der UBS ein. Er absolvierte eine Militärkarriere bei der Kavallerie (Guiden) und brachte es bis zum Oberstleutnant. 1941 wurde er bei der UBS Mitglied der Generaldirektion. Schaefer wurde in zahlreiche Verwaltungsräte gewählt, darunter bei Hero, Bally und Motor Columbus. Ab 1953 präsidierte Schaefer die Generaldirektion, 1964 bis 1976 amtete Schaefer als Präsident des Verwaltungsrats der UBS. Im Fall Interhandel verhielt er sich namentlich gegenüber den amerikanischen Behörden reichlich ungeschickt. Seine von juristischen Überlegungen geleitete Verhandlungstaktik verriet wenig Geschäftssinn. Dank des Eingreifens von Saager konnte fast im letzten Moment der Fall zugunsten der UBS gerettet werden. Zwischen Schaefer und Saager hatte sich denn auch ein Graben des gegenseitigen Misstrauens geöffnet, der zur Folge hatte, dass sich unter den Mitarbeitern der UBS zwei Lager bildeten.

Schait, Richard (1923–1993)
Richard Schait gehörte zum engsten Mitarbeiterkreis von Bruno Max Saager. Als Direktor der UBS wurde er von Saager vor allem bei der Abwicklung des Interhandel-Falls eingespannt. Er reiste deswegen bis 1964 mehrmals pro Jahr nach New York, wo er mit Rainer E. Gut zusammenarbeitete. Schait wurde als Nachfolger von Saager zum Börsen-

chef der UBS in den Effektenbörsenverein Zürich gewählt, wo er auch zum Vizepräsidenten ernannt wurde. Schait hat sich vor allem um die Realisierung des elektronischen Börsenhandels verdient gemacht. Auch gehörte er von 1979 bis 1993 zum Verwaltungsrat der Substantia AG für Finanzierungen und Beteiligungen und deren Tochtergesellschaft AG für Plantagen der Familie Saager. Daneben arbeitete er in weiteren Verwaltungsräten, wie der Habib Bank AG, Nomura Bank (Schweiz) AG und der Barclays Bank (Suisse) AG.

Schindler, Alfred E. (1913–1976)

1937–1974 war Schindler Delegierter und später Vizepräsident des Verwaltungsrats sowie Generaldirektor der Schindler & Cie. AG, Aufzüge und Elektromotorenfabrik, Ebikon. Schindler war kurz nach dem Zweiten Weltkrieg am südafrikanischen Markt tätig. Dank dieses frühzeitigen Auftritts in Südafrika hat Schindler dort einen grossen Marktanteil erobert. Alfred Schindler war 1956 Mitgründer der Swiss-South African Association und erster Vizepräsident dieser Organisation.

Schmidheiny, Ernst (1902–1985)

Ernst Schmidheiny begann seine Karriere als technischer Direktor der Portlandcementfabrik Holderbank-Wildegg SA. Er wurde 1930 Verwaltungsrat der neu gebildeten Holderbank Financière Glarus AG (heute Lafarge Holcim) und der Eternit Niederurnen AG, 1935 Delegierter des Verwaltungsrats von Holderbank und 1955 Präsident des Verwaltungsrats der Holderbank Financière. Als treibende Kraft förderte er den Ausbau von Holderbank in Südafrika. Dadurch unterhielt er regelmässigen Kontakt mit Saager. 1956 war er Mitgründer der Swiss-South African Association. 1958–1975 war er Präsident des Verwaltungsrats der Swissair und von 1966 bis 1974 Vizepräsident des Verwaltungsrats der heutigen UBS. Schmidheiny bereiste Südafrika mehrmals während seiner beruflichen Karriere. 1974 trat er zugunsten seines Bruders Max vom Präsidium der Holderbank zurück.

Schmitz, Hermann (1881–1960)

Schmitz war von 1935 bis 1945 Geschäftsführer des I.G.-Farben-Konzerns. Schmitz studierte Bergbau in Hessen und Handel in Nürnberg. Seine erste Karriere durchlief Schmitz bei der Metallgesellschaft, Frankfurt. Nach einer Verletzung im Ersten Weltkrieg wurde er im Juli 1919 bei BASF Finanzberater, 1935 bis 1945 war er CEO von I.G. Farben. Ab 1933 war Schmitz Mitglied im Reichstag während der Zeit des Nationalsozialismus. Nach dem Zweiten Weltkrieg wurde er im Prozess über I.G. Farben in Nürnberg zu vier Jahren Gefängnis verurteilt. Schmitz versuchte aus den Erfahrungen, die er bei der Metallgesellschaft nach dem Ersten Weltkrieg gesammelt hatte, als alle ausländischen Beteiligungen konfisziert wurden, die Lehren zu ziehen. Deshalb gründete er 1928/29 mit befreundeten Basler Bankiers der Eduard Greutert & Cie. (später Sturzenegger & Co.) in der Schweiz eine Subholding, die Finanzholding I.G. Chemie (später Interhandel), in der alle ausländischen Beteiligungen zusammengefasst waren. Er hoffte diese Beteiligungen für I.G. Farben retten zu können, falls Deutschland erneut einen Krieg verlieren würde. Mit dem Befehl der Repatriierung sämtlicher im Ausland angelegter Guthaben nach Deutschland durch die Nationalsozialisten unter Androhung höchster Strafen geriet aber die Subholding in arge Devisenknappheit. Im Mai 1940, vor dem Kriegseintritt der USA, kam es zur bedingungslosen Aufhebung des Bindungsvertrags. Die Interhandel wurde zu einer Gesellschaft, die sich vollständig in Schweizer Besitz befand. Dennoch wurden die amerikanischen Beteiligungen durch die USA nach ihrem Kriegseintritt konfisziert. Ein schriftlicher Vertrag, dass diese Beteiligungen nach einem Krieg wieder in die I.G. Farben integriert würden, existierte jedoch nicht. Schmitz verneinte jedenfalls am Nürnberger Prozess, eine derartige schriftliche Vereinbarung abgeschlossen zu haben.

Schrafl, Anton (1932–2013)

Schrafl stammt väterlicherseits aus einer Familie von Ingenieuren, mütterlicherseits aus der Familie Schmidheiny. Nach dem Studium an der ETH absolvierte Schrafl für ein Jahr ein Praktikum bei den südafrikanischen Beteiligungen von Holderbank (heute Lafarge Holcim). Dort kam er, was jahrzehntelang unentdeckt blieb, mit krebserregendem Asbeststaub in Kontakt. 1962 wurde Schrafl Direktor, 1969 Delegierter, 1985– 2002 war er Vizepräsident des Verwaltungsrats von Holderbank. Während mehrerer Jahre war Schrafl innerhalb der Konzernleitung für die südafrikanischen Beteiligungen verantwortlich. 1956 gründete er mit Gesinnungsgenossen, darunter seinem Onkel Ernst Schmidheiny, die Swiss-South African Association. 1984 wurde er auf Aufforderung von Bruno Saager hin Präsident dieser Vereinigung, die er bis 2005, nunmehr unter dem Namen SwissCham Southern Africa, leitete. 1967 bis 1983 war Schrafl Mitglied des Zürcher Kantonsrats, und von 2000 bis 2006 war er Honorarkonsul von Südafrika in der Schweiz. 2013 erlag Schrafl überraschend den Spätfolgen seines Kontakts mit Asbeststaub in seiner Jugend.

Senn, Nikolaus (1926–2014)
Nach einem Studium der Rechte in Bern trat der in Herisau geborene Nikolaus Senn 1951 in die UBS in Zürich ein. Er kehrte nach einer kurzen Tätigkeit bei der Schweizerischen Bankiervereinigung 1954–1959 in Basel zur UBS nach Zürich zurück, wo er im Team von Saager Aufnahme fand und seinem Chef vor allem bei der Bewältigung des Falls Interhandel wertvolle Dienste leistete. Zusammen mit UBS-Direktor Richard Schait und Rainer E. Gut zählte er zu den engsten Mitarbeitern von Saager in den Auseinandersetzungen mit der amerikanischen Regierung. 1968 wurde Senn zum Generaldirektor ernannt, nachdem er in meisterhafter Weise einen Plan ausgearbeitet hatte, wie Interhandel mit der UBS fusioniert werden konnte. Senns Vorhaben stiess in der Börsenwelt auf ein äusserst positives Echo. Senn war Mitglied verschiedener Verwaltungsräte von Publikumsgesellschaften, wie der Alusuisse, Juvena, Usego und Richemont. Auch in der von Saager geführten AG für Plantagen, mit Beteiligungen in Tansania und Südafrika, war Senn bis zum Ableben von Saager im Verwaltungsrat tätig. Die besonderen Beziehungen Saagers mit Südafrika erbte Senn und trat die Nachfolge als Vertrauter von Anton Rupert an. 1980 wurde Senn Präsident der

Generaldirektion, während sein langjähriger und älterer Rivale Robert Holzach zum Präsidenten des Verwaltungsrats aufrückte und dieses Amt bis 1988 ausübte. 1988 ersetzte er Holzach als Verwaltungsratsratspräsident und diente der UBS in dieser Funktion bis 1996. Aus seiner ablehnenden Haltung gegenüber der Fusion der Schweizerischen Bankgesellschaft mit dem Schweizerischen Bankverein, die durch seinen Nachfolger als Verwaltungsratspräsident, Robert Studer, eingeleitet wurde, machte Senn nie ein Geheimnis.

von Sprecher, Theophil (1927–2015)
Der Jurist Theophil von Sprecher, Enkel des gleichnamigen Generalstabschefs im Ersten Weltkrieg, war als Direktor während mehrerer Jahre Leiter der UBS Chur und der ihr angeschlossenen Zweigstellen im Kanton Graubünden. Von 1985 bis 1997 war von Sprecher auch Angehöriger des Verwaltungsrats der Substantia AG für Finanzierungen und Beteiligungen der Familie Saager. Er präsidierte dieses Gremium von 1993 bis 1997. Daneben wirkte er als Weinbauer in Maienfeld beratend bei der Verwaltung des Weinguts Eikendal.

Staehelin, Willy Robert (1917–1996)
Staehelin studierte die Rechte in Zürich, Genf, Harvard und Los Angeles. Er eröffnete erfolgreich eine Anwaltspraxis in Zürich. Als treibende Kraft gründete er zusammen mit Gesinnungsgenossen aus der Wirtschaft 1956 die Swiss-South African Association und war ihr erster Vizepräsident. Kurz darauf ernannte ihn die südafrikanische Regierung zu ihrem Honorarkonsul, ein Ehrenamt, das er bis zu seinem Tod ausübte. Staehelin pflegte intensiven Kontakt mit der südafrikanischen Regierung und vertiefte diese Verbindungen mit mehreren Reisen nach Südafrika, wo er auch seiner Leidenschaft als Grosswildjäger frönte. Er war Mitglied des Verwaltungsrats einer Reihe von Gesellschaften und war Präsident der Vereinigung Zürcher Kunstfreunde.

Sturzenegger, Hans (1901–1986)

Sturzenegger war wie Walter Germann und Eduard Greutert in Schaffhausen aufgewachsen. Nach seinem Studium in Genf, Zürich und München arbeitete Sturzenegger bei der Bank Guyerzeller in Zürich. Er trat 1930 bei Greutert & Cie. ein, absolvierte 1931 ein Praktikum bei der I.G. Farben und übernahm 1938 nach dem Tod von Greutert dessen Bank. Sein Cousin Rolf Henne war in den 1930er-Jahren ein bekannter Frontenführer. Von 1940 bis 1958 sass Sturzenegger im Verwaltungsrat der I.G. Chemie (später Interhandel). 1959 verkaufte er 10 000 Stammaktien von Interhandel für 36 Millionen Franken und ermöglichte dadurch den Einstieg der drei Grossbanken in das Aktionariat der Interhandel. Das Ehepaar Sturzenegger vermachte in den 1980er-Jahren einen grossen Teil seines Vermögens der Sturzenegger-Stiftung, die zu den bedeutendsten Sponsoren des Museums Allerheiligen in Schaffhausen gehört.

Sulzer, Georg (1909–2001)

Sulzer studierte an der ETH, war von 1935 bis 1938 bei der Tochtergesellschaft in Paris tätig, ab 1938 bei der Gebrüder Sulzer AG in Winterthur. 1948–1982 amtete er als Präsident des Verwaltungsrats, bis 1959 auch als Delegierter des Verwaltungsrats, 1959–1975 als Präsident der Konzernleitung. Sulzer sass in zahlreichen Verwaltungsräten, darunter auch in demjenigen der UBS. 1956 war er Mitgründer der Swiss-South African Association, 1963 bis 1984 der zweite Präsident dieser Vereinigung. Sulzer entwickelte eine besondere Zuneigung für das südliche Afrika, besuchte die Tochtergesellschaft Sulzer Bros. (South Africa) in Johannesburg mehrmals und verknüpfte diese Besuche oft mit privaten Reisen.

Vierhub, Erich (1901–1998)

Vierhub war Mitglied der Geschäftsleitung bei der Dresdner Bank in Frankfurt und leistete Saager wertvolle Dienste bei der Erschliessung von Geschäftsbeziehungen in Deutschland. Vierhub erklomm die Karriereleiter bei der Dresdner Bank Sprosse um Sprosse, als Banklehrling in einer Thüringer Filiale hinauf bis zum Mitglied des Vorstands, in dem er 1952 befördert wurde und dem er bis 1969 angehörte. 1965 bis 1969 avancierte er zum Vorstandsvorsitzenden der Dresdner Bank. Die jahrzehntelange Zusammenarbeit mit Saager führte dazu, dass die Familien Vierhub und Saager eine intensive Freundschaft pflegten.

Vorster, Balthazar Johannes (1915–1983)
Als Sohn eines wohlhabenden Schafzüchters und als Student der Rechtswissenschaft entwickelte Vorster frühzeitig eine Leidenschaft für die Politik. Er opponierte 1939 zusammen mit anderen Vertretern der burischen Bevölkerung, als Mitgründer der antibritischen Ossewa Brandwag, gegen den Kriegseintritt Südafrikas an der Seite von Grossbritannien. 1953 wurde Vorster als Vertreter der National Party ins Parlament gewählt. 1958 wurde Vorster stellvertretender Justizminister und 1961 Justizminister unter Hendrik Verwoerd. 1966 wurde er zusätzlich Polizeiminister. Nach der Ermordung von Premierminister Verwoerd trat er dessen Nachfolge im Amt an.

Vorsters Amtszeit war geprägt von gegenläufigen Tendenzen. Einerseits verschlechterte sich das politische Klima zwischen Schwarz und Weiss dramatisch (Soweto-Unruhen 1976, verschärfte Repression, immer mehr Inhaftierte ohne Urteil, Tod des Black-Conciousness-Leaders Steve Biko 1977 im Gefängnis). Auf der anderen Seite bemühte sich Vorster um die Umsetzung der «grossen Apartheid» (Schaffung der unabhängigen Homelands Transkei und Boputhatswana). Auch schaffte er diskriminierende Gesetze ab, inklusive der Job-Reservation für Weisse, erlaubte die Bildung von schwarzen Gewerkschaften und stoppte die Zwangsrückschaffung von Schwarzen in ihre Stammesgebiete.

Vorster versuchte mit Reisen in die Nachbarländer, das Image der südafrikanischen Politik zu verbessern. Auch fiel in seine Zeit die militärische Besetzung von Regionen in Angola im dortigen Bürgerkrieg. Schliesslich wurde er in den Muldergate-Skandal verwickelt, wobei er jegliches Wissen über die Aktivitäten von Connie Mulder und Eschel Rhoodie abstritt. Offiziell aus gesundheitlichen Gründen musste er 1978 als Premierminister abdanken und seinem alten Rivalen Pieter Botha

Platz machen. Zur Kompensation wurde Vorster zum Staatspräsidenten ernannt, ein Amt, das damals vorab Repräsentationsfunktionen beinhaltete. Nach wenigen Monaten trat er aber, reichlich frustriert, auch von diesem Amt zurück und wurde von Nicholas Diederichs abgelöst.

Zoelly, Charles A. (1891–1985)
Zoelly studierte die Rechte, begann seine Karriere bei der Eidgenössischen Bank (Eiba), wo er als Direktor und später im Verwaltungsrat wirkte. Er beteiligte sich an der Aktienemission der I.G. Chemie 1929. Als Delegierter des Verwaltungsrats der Eiba wechselte er nach der Übernahme durch die UBS in die Generaldirektion der UBS, war von 1932 bis 1946 Mitglied im Verwaltungsrat und Ausschuss der Schweizerischen Bankiervereinigung. Im Verwaltungsrat der UBS amtete er für viele Jahre als Vizepräsident. Daneben war er auch in einer Reihe anderer Verwaltungsräte aktiv, unter anderem auch seit 1947 bei der Swissair. Für Saager diente Zoelly als wichtige Informationsquelle im Fall Interhandel.

Quellenverzeichnis

Unpublizierte Quellen
Privatarchiv Hansjürg Saager, Zürich (Nachlass Bruno Max Saager)
Nachlass Bruno Saager (1908–1991). Notizen, Berichte, Korrespondenzen, speziell mit de Mohl, Moskovitz und Radziwill.
Saager, Bruno M. (etwa 1965). Interhandel. Undatierter Bericht, 19 Seiten.
Saager, Bruno M. (1968). Deutsche Länderbank. Bericht vom 29.10.1968, 10 Seiten.
Saager, Hansjürg (1983). Interhandel. Die Geschichte einer Aktie. Unpubliziertes Manuskript, 89 Seiten (mit handschriftlichen Ergänzungen und Kommentaren von Bruno M. Saager).
Saager, Hansjürg. Privatarchiv über die Geschichte der Interhandel von 1945 bis 1966. Zürich.
Klage. IG Farbenindustrie AG in Abwicklung gegen Schweizerische Bankgesellschaft.

Publizierte Quellen
International Military Tribunal (1947–1949). Trial of the Major War Criminals. Nürnberg.
International Military Tribunal (1953). Trials of War Criminals Under Control Council Nr. 19. Nürnberg.
Richner, Fritz (1962). 100 Jahre Schweizerische Bankgesellschaft zum Jubiläum unserer Bank: Referat gehalten an der ordentlichen Generalversammlung der Schweizerischen Bankgesellschaft vom 16. März 1962. Zürich.
Saager, Bruno Max (1962). Schreiben an Prince Stanislas A. Radziwill über den Vertrauensverlust der Menschheit in das Papiergeld und die Notwendigkeit des Goldstandards im Währungssystem unter Führung der USA. The John F. Kennedy Library, Boston.
Saager, Bruno Max (1974). In: Anton Rupert: Inflation. How to curb Public Enemy Number One, S. 115 ff. Pretoria.

Saager, Bruno Max (1978). Wie die Währungs-Leukämie geheilt werden kann. In: Schweizerische Handelszeitung, 16.3.1978. Zürich.

Saager, Bruno Max (1985). In: Harry F. Oppenheimer, Editor Mortimer Barry. Brenthurst Press Pty Ltd. Houghton.

Schaefer, Alfred (1945). Das Bankgeheimnis. Vortrag gehalten am 17. Januar 1945 vor der Studentenschaft der Rechts- und Wirtschaftswissenschaftlichen Fakultät der Universität Zürich und am 6. März 1945 vor dem Zürcher Bankpersonalverband.

Schaefer, Alfred (1946). Schweizerische Bankgesellschaft. Die Banken und ihr Personal. Vortrag gehalten am 15. Januar 1945 im Grossen Börsensaal in Zürich. Zürich.

Schaefer, Alfred & Schweizerische Bankgesellschaft (1947). Gedanken zur Bundesfinanzreform. Vortrag gehalten anlässlich der Generalversammlung der aargauischen Handelskammer in Aarau, am 5. Mai 1947, und der Generalversammlung des Kantonalbernischen Handels- und Industrievereins in Bern, am 19. Juni 1947. Zürich.

Schaefer, Alfred & Schweizerische Bankgesellschaft (1951). Kapitalanlagen im Ausland. Überreicht von der Schweizerischen Bankgesellschaft. Vortrag vom 7. Februar 1951.

Schaefer, Alfred & Schweizerische Bankgesellschaft (1954). Fragen zur Exportfinanzierung. Überreicht von der Schweizerischen Bankgesellschaft. Vortrag vom 26. Februar 1954. Zürich.

Schaefer, Alfred & Schweizerische Bankgesellschaft (1956). Geld- und kreditpolitische Aspekte. Referat an der Generalversammlung der Aktionäre vom 2. März 1956.

Schaefer, Alfred & Schweizerische Bankgesellschaft (1959). Österreich und die Schweiz. Gemeinsames und Mögliches: Vortrag.

Schaefer, Alfred (1955, 1956, 1967, 1968, 1969, 1970, 1971, 1972, 1973, 1974, 1975). Referate, gehalten an den ordentlichen Generalversammlungen der Schweizerischen Bankgesellschaft. Zürich.

Schaefer, Alfred & Schweizerische Bankgesellschaft (1974). Die Bedeutung der Kulturförderung durch Private: Ansprache anlässlich der Verleihung des «Grossen Fotopreises der Schweiz» am 25. September 1974. Zürich.

Schaefer, Alfred (1975). Dr. Alfred Schaefer, Präsident des Verwaltungsrates der Schweizerischen Bankgesellschaft. Festschrift zum 70. Geburtstag, 30. Januar 1975. Zürich.

Schaefer, Alfred (1978). Die Bedeutung der Persönlichkeit in der Unternehmensführung. Ermatingen.

Schaefer, Alfred & Schweizerische Bankgesellschaft (1979). Reden und Aufsätze: 1927–1976. Zürich.

Schweizerische Bankgesellschaft. Verwaltungsrat (1912–1952). Bericht des Verwaltungsrates der Schweizerischen Bankgesellschaft für das Jahr 1952 an die ordentliche Generalversammlung der Aktionäre. Winterthur. Umfang 1 (1912)–12 (1923); 1924–1952/jährlich.

Schweizerische Bankgesellschaft (1934–1967). SBG Blätter. Hauszeitschrift für das Personal der Schweizerischen Bankgesellschaft. Zürich.

Schweizerische Bankgesellschaft (1953–1996). Geschäftsberichte. Zürich.

Schweizerische Bankgesellschaft (1967). Vom Umgang mit Devisen. Schweizerische Bankgesellschaft.

Schweizerische Bankgesellschaft (1970–1981). Die grössten Unternehmen der Schweiz.

Schweizerische Bankgesellschaft. Abteilung Volkswirtschaft (1983–1999) SBG Wirtschaftsnotizen/Schweizerische Bankgesellschaft. Zürich. Hrsg. von der Schweizerischen Bankgesellschaft, Abteilung Volkswirtschaftsstudien (1964) Bulletin/Schweizerische Bankgesellschaft – Abteilung Volkswirtschaftsstudien. Zürich.

United States Government Printing Office (1946). Nazi Conspiracy and Aggression. NCA.

Bibliografie

Armand-Ugon (1959). Dissenting Opinion. Interhandel Case. In: International Court of Justice Report, S. 85–94.

Baltensperger, Ernst & Rein, Werner (1987). Die Schweizer Wirtschaft, 1946–1966. Daten, Fakten, Analysen. Zürich.

Baumann, Claude & Pöhner, Ralph (2010). Neustart: 50 Ideen für einen starken Finanzplatz Schweiz. Zürich.

Baumann, Claude (2014). Robert Holzach: Ein Schweizer Bankier und seine Zeit. Zürich.

Baumann, Claude & Rutsch, Werner E. (2008) Swiss Banking – wie weiter? Aufstieg und Wandel der Schweizer Finanzbranche. Zürich.

Bergier, Jean-François (1998). Die Schweiz und die Goldtransaktionen im Zweiten Weltkrieg. Zwischenbericht. Veröffentlichungen der Unabhängigen Expertenkommission Schweiz – Zweiter Weltkrieg, Bd. 2. Zürich.

Bernhardt, Rudolf (1970). Interhandel Fall. In: Strupp – Schlochhauser. Wörterbuch des Völkerrechts, Bd. 2, S. 34–36. Berlin.

Bill, Jamieson (1990). Goldstrike! The Oppenheimer Empire in Crisis. London.

Borkin, Joseph (1978). The Crime and Punishment of I.G. Farben. New York/London.

Borkin, Joseph (1990). Die unheilige Allianz der I.G.-Farben. Eine Interessengemeinschaft im Dritten Reich. Frankfurt am Main.

Briggs, W. Herbert (1957). Towards the Rule of Law. United States refusal to submit to arbitration or conciliation the Interhandel case. In: American Journal of International Law, S. 517–529.

Briggs, W. Herbert (1958). Reservations to the Acceptance of compulsory jurisdiction of the International Court of Justice. Delaware.

Büttner, Michael (1972). Der Interhandel-Fall unter Berücksichtigung seiner Kriegs- und neutralitätsrechtlichen Aspekte. Dissertation. Würzburg.

Castelmur, Linus von (1997). Schweizerische-alliierte Finanzbeziehungen im Übergang vom Zweiten Weltkrieg zum Kalten Krieg: Die deutschen Guthaben in der Schweiz zwischen Zwangsliquidierung und Freigabe (1945–1952). Zürich.

Cerruti, Mauro: Le blocage des avoirs suisses aux Etats-Unis en 1941 et ses conséquences (1999). In: Guex, Sébastien. La Suisse et les grandes puissances, 1914–1945: Relations économiques avec les Etats-Unis, la Grande-Bretagne, L'Allemagne et la France: Economic relations with the United States, Great Britain, Germany and France, S. 185–235. Genf.

Christen, Hanns Uli & Pauletto, Kurt & Schweizerische Bankgesellschaft (Zürich/Basel) (1970) Niederlassung Basel und die Welt 1920. Basel.

Decurtins, Daniela & Grossmann, Susi (1994). Auf Gedeih und Verderb: Schweizerische Bankgesellschaft Chur. Chur

De Vischer, Charles (1959). L'Affaire de l'Interhandel devant la Cour Internationale de Justice. Revue générale de droit international public, S. 413–432. Louvain.

Dommisse, Ebbe (2009). Anton Rupert. A Biography. Kapstadt.

Durrer, Marco (1984). Die schweizerisch-amerikanischen Finanzbeziehungen im Zweiten Weltkrieg: Von der Blockierung der schweizerischen Guthaben in den USA über die «Safeheaven»-Politik zum Washingtoner Abkommen (1941–1946). Bern.

Elam, Shraga (1999). Die Schweiz und die Vermögen der IG Farben. Die Interhandel-Affäre. In: Zeitschrift für Sozialgeschichte des 20. und 21. Jahrhunderts. Hamburger Stiftung für Sozialgeschichte des 20. Jahrhunderts, 13. Heft 1, 1998, S. 61–91.

General Aniline & Film Corporation. Annual Reports der Jahre 1958–1964. New York.

Grüninger, Arthur & Schweizerische Bankgesellschaft (1986). Der Taler prägte die Geschichte von fünf Jahrhunderten am Beispiel von Münzen aus der Eidgenossenschaft. Zürich.

Guggenheim, Paul (1960). Der sogenannte automatische Vorbehalt der inneren Angelegenheiten gegenüber der Anerkennung der obligatorischen Gerichtsbarkeit des Internationalen Gerichtshofes in seiner neusten Gerichtspraxis. In: Festschrift für Alfred Verdross, S. 117–132. Wien.

Hayes, Peter (1987). Industry and Ideology. IG Farben in the Nazi Era. Cambridge.

Higham, Charles (1983). Trading with the Enemy. An exposé of the Nazi-American money plot 1933–1949. New York.

Höpflinger, François (1980). 1948 – Das unheimliche Imperium: Wirtschaftsverflechtung in der Schweiz. Zürich.
Iklé, Max (1970). Die Schweiz als internationaler Bank- und Finanzplatz. Zürich.
Inglin, Oswald (1991). Der stille Krieg: Der Wirtschaftskrieg zwischen Grossbritannien und der Schweiz im Zweiten Weltkrieg. Zürich.
International Court of Justice (1957). Interhandel Case. Switzerland against United States of America. Request for the Indication of Interim Measures of Protection.
International Court of Justice (1959). Interhandel Case. Switzerland against United States of America. Preliminary Objections.
Internationale Industrie- und Handelsbeteiligungen A.G. Geschäftsberichte und Pressemitteilungen der Jahre 1958–1966. Basel.
Jung, Joseph (2007). Rainer E. Gut. Die Kritische Grösse. Zürich.
Klaestad, Helge (1957 und 1959). Separate Opinion. Report International Court of Justice. Interhandel Case, S. 105–116, S. 75–82. New York.
König, Mario (2001). Interhandel. Die schweizerische Holding der IG Farben und ihre Metamorphosen – eine Affäre um Eigentum und Interessen (1910–1999). Veröffentlichungen der Unabhängigen Expertenkommission Schweiz – Zweiter Weltkrieg («Bergier-Kommission»), Bd. 2. Zürich.
Köhler, Otto (1986) …und heute die ganze Welt. Die Geschichte der I.G. Farben und ihrer Väter. Hamburg/Zürich.
Koop, Volker (2005). Das schmutzige Vermögen. Das Dritte Reich, die I.G. Farben und die Schweiz. München.
Kreis, Georg (2005). Die Schweiz und Südafrika 1948–1994. Schlussbericht des im Auftrag des Bundesrates durchgeführten NFP 42+. Bern.
Lauterpacht, Hersch (1957 und 1959). Separate Opinion. International Court of Justice Report. Interhandel Case, S. 117–120 und S. 93–122. New York.
MacChesney, Marc (1957) Interhandel Case. Switzerland against United States of America. Request by the Swiss Government For The Indication of Interim Measures of Protection, I.C.J. Report, S. 105. International Court of Justice, Order of October 24. New York.
Maissen, Thomas (2005). Verweigerte Erinnerung: Nachrichtenlose Vermögen und die Schweizer Weltkriegsdebatte 1989–2004. Zürich.
Meier, Richard T. & Sigrist, Tobias (2006). Der helvetische Big Bang. Die Geschichte der SWX Swiss Exchange. Zürich.

O'Reilly, Declan (1998). IG Farben. Interhandel & GAF. A Problem in Political and Economic Relations between Germany, Switzerland and the United States 1929–1965. (Unpublizierte) Ph. D. Thesis. Cambridge. http//dodis.ch/document/15754.

Pallister, David, Stewart, Sarah & Leppe, Ian (1987). The Oppenheimer Empire. Sandton, South Africa.

Perrin, Georges (1958 und 1959). L'Affaire de l'Interhandel. In: Schweizerisches Jahrbuch für internationales Recht, Bd. XV, S. 39–92, Bd. XVI, S. 73–208. Zürich.

Pinto, Roger (1958). Interhandel Case. In: Journal du droit international Nr. 85, S. 5–73.

Pinto, Roger (1958). Interhandel Case. Switzerland against United States of America. Order of the International Courts of Justice of the 26th October 1957. S. 5–73. Paris.

Raff, Herbert & Schweizerische Bankgesellschaft (1962). Schweizerische Bankgesellschaft 1892, 1912, 1952. Zürich.

Saager, Bruno Max (1968). Ein Rückblick auf die Interhandel, die Deutsche Länderbank und die Beziehungen der SBG zur deutschen Wirtschaft. In: Mario König: Interhandel. Die schweizerische Holding der IG Farben und ihre Metamorphosen – eine Affäre um Eigentum und Interessen (1910–1999), Veröffentlichungen der Unabhängigen Expertenkommission Schweiz – Zweiter Weltkrieg, Bd. 2, S. 349–352. Zürich.

Saager, Bruno Max (1988). Festschrift zum 80. Geburtstag. Zusammengestellt von Ruedi und Hansjürg Saager. Privatdruck. Zürich.

Saager, Hansjürg & Vogt, Werner (2005). Schweizer Geld am Tafelberg: Die Wirtschaftsbeziehungen zwischen der Schweiz und Südafrika zwischen 1948 und 1994. Zürich.

Dr. iur. Alfred Schaefer (1905–): Präsident der Schweizerischen Bankgesellschaft. In: Neue Zürcher Zeitung, Nr. 78, 2.4.1976.

Schütz, Dirk (1998). Der Fall der UBS: Warum die Schweizerische Bankgesellschaft unterging. Zürich.

Schütz, Dirk (2008). Herr der UBS: Der unaufhaltsame Aufstieg des Marcel Ospel. Zürich.

Schweizerische Depeschenagentur Bern & UBS AG Basel/Zürich (2012). Pionierbank der modernen Schweiz landet am Staatstropf: die Schweizer Grossbank UBS gedenkt im Juni ihrer 150-jährigen Geschichte.

Schweizerische Handelszeitung (1982–1990). Die grössten Unternehmen in der Schweiz SHZ-Liste. Zürich.

Speich, Sebastian (1997). Die Schweiz am Pranger: Banken, Bosse und die Nazis. Wien.

Spender, Percy (1959). Separate Opinion, International Case. International Court of Justice Report, S. 54–73.

Strehle, Res, Trepp, Gian & Weyermann Barbara (1987). Ganz oben – 125 Jahre Schweizerische Bankgesellschaft. Zürich.

Vogt, Werner (2017). Winston Churchill und die Schweiz. Vom Monte Rosa zum Triumphzug durch Zürich. Zweite Auflage. Zürich.

Zaki, Myret (2008) UBS: les dessous d'un scandale: comment l'empire aux trois clés a perdu son pari. Lausanne.

Bildnachweis

Die Zahlen beziehen sich auf die Bildnummern.

Archiv Anglo American, Johannesburg: 11

Deutsche Bank AG, Kultur und Gesellschaft Historisches Institut, Frankfurt am Main: 20

Gemeinfrei: 18

Historisches Archiv Roche, Basel: 8

Joseph Jung (2007). Rainer E. Gut. Die kritische Grösse. Zürich. S. 181: 24

KEYSTONE/Africa Media Online/David Goldblatt: 10

KEYSTONE/AP Photo: 19

Privatarchiv Hansjürg Saager: Coverabbildung, 2, 3, 4, 5, 6, 7, 12, 13, 14, 15, 16, 17, 21, 22, 23, 26

Raff, Herbert & Schweizerische Bankgesellschaft (1962). Schweizerische Bankgesellschaft 1862, 1912, 1962. Zürich. © Bettina, Zürich: 1, 9

Unbekannt: 25

Autor und Verlag haben sich bemüht, die Urheberrechte der Abbildungen ausfindig zu machen. In Fällen, in denen ein exakter Nachweis nicht möglich war, bitten sie die Inhaber der Copyrights um Nachricht.

Namensregister

Abs, Hermann Josef 60, 150, 165 f., 187, 212
Allen, Charles W. 117, 121, 124, 129 f., 212, 217, 221
Baker, Robert C. 146
Bär, Nicolas 172
Baschy, René 169 f.
Bauer, Gérard 56
Baumann, Claude 193
Baumgartner, Karl 14, 213
Baumgartner, Kurt 184
Baumgartner, Marlies 14
Becker, Loftus 113
Bellino, Carmine 107
Berlin, Lenka 156
Blocher, Christoph 178 f., 229
Bosch, Carl 81, 86, 89
Botha, Pieter Willem 74, 76, 213, 239
Botha, Pik (eigentlich Roelof) 75
Brownell, Herbert 103
Bruggmann, Carl 91, 102
Brupbacher, Carl Jakob 108
Brupbacher, Charles R. 108, 118, 125, 132 ff., 137, 140, 147, 158, 214
Buchli, Claudio 22
Buchli, Hans Peter 22
Budich, Hermann 191
Bühler, Robert 168
Bührle, Dieter 53, 56, 215

Burgin, Achille 47
Byland, Hans 47, 215 f.
Byland, Leni 47
Caflisch, Albert 44 f., 223
Churchill, Winston 36, 38, 221
Clark, Edwin Norman 120
Clark, Tom C. 94, 98, 106
Clerc, J. M. 191
Cogliatti, Bruno 185
Crowley, Leo 105
Day, Chris 74
de Loës, Charles 119, 159
de Mohl, Maurice 118, 135
de Weck, Philippe 23, 190 f.
Diederichs, Nicolaas 56, 71 f., 74, 76, 216, 213, 240
Donavan, J. 120
Downey, Morton 105
Dulles, John F. 103, 128
du Pasquier, Pierre 118
Eberle, Alois 183, 213
Eggstein, Pio G. 58, 216 f.
Ehrbar, Max 57, 60
Eisenhower, Dwight D. 78, 104 ff., 109, 127 f., 131, 219
Fankhauser, Werner 56
Fischer, Boris 184
Fleiner, Fritz 82
Floersheimer, Stephan 62

Floersheimer, Walter D. 62, 69, 117 f., 121, 129 f., 184, 213, 217, 221
Ford, Edsel 56
Frick, Hans 173, 185
Froehlich, Ernst Rudolf 53 f.
Frye, Jack 106
Gadient, Andreas 177, 217
Gadient, Brigitta 177
Gadient, Ulrich 176 f., 184, 217 f.
Gadow, Albert 90, 93, 218
Gerber, Fritz 191
Gerber, René 60, 184
Germann, August 82, 93, 119
Germann, Walter 93, 108 ff., 115 f., 119 ff., 219 f., 238
Gossweiler, Charles H. 111, 119
Greif, Robert 118, 134 f.
Greutert, Eduard 79, 81 f., 84, 87, 89 f., 108, 219, 235, 238
Gross, Peter 175, 191
Grübler, Hugo 23
Guggenheim, Paul 112
Gut, Hans 101, 116, 118, 219 f.
Gut, Rainer E. 5 f., 14, 147, 155, 180 ff., 185 ff., 189, 196, 220 f., 233, 236
Gutstein, Louis 15, 53, 116, 135, 160, 189, 192, 194, 221, 229
Hannegan, Robert 106
Hanselmann, Guido 191
Hartmann, Alfred 186, 191, 220
Häuptli, Karl 27, 186
Herrmann, Hans 110
Hertzog, Albert 57
Hertzog, Dirk Wilhelm Ryk 57, 231
Hertzog, James Barry Munnik 57, 231
Hilldring, John 106

Holliger, Rolf 25, 185
Holloway, Jack E. 53
Holzach, Robert 186, 189, 191, 193, 220, 237
Howard, Bailey K. 106
Hughes, Howard 106
Hugo, Petrus Hendrik 64
Huser, Eberhard 13 f., 25, 181, 184, 221 f.
Hussard, Jean 111
Iklé, Max 195, 201
Iselin, Felix 79, 82, 90, 115 f., 119 f., 219, 222
Janjöri, Karl 191
Jann, Adolf 40 ff., 44 ff., 53 ff., 120, 169, 191, 222 f., 227
Jenkins, Ray J. 120
Johnson, Lyndon B. 145, 223 f.
Johnston, Olin 122
Jones, Edmond L. 120
Junod, Etienne 53
Katzenbach, Nicholas 16, 18 f., 140, 142 f., 145, 147, 149, 223
Kaufmann, Anna 100 ff., 156
Kaufmann, Eric G. 100 ff., 156
Keating, Kenneth 143, 145
Kelberine, Wally 156
Keller, Alfred 93, 111
Keller, Gottfried 93
Kennedy, Jacqueline 15, 135, 229
Kennedy, John F. 15, 78, 105 ff., 131, 135 ff., 143, 148, 170, 201, 224
Kennedy, Joseph P. 131
Kennedy, Robert F. 15 ff., 107, 135 ff., 142, 145 f., 148, 154, 157, 223 f., 229
Klotz, Fritz 33

Klotz, Lis 33, 37
Kollbrunner, Curt F. 111, 119
Kopp, Elisabeth 195
Landolt, Emil 54
Lasch, Helly 47
Leuch, Georg 93
Leutwiler, Fritz 202
Lienhart, Jacques 118
Mack, John 90
Malan, Daniel François 39
Marin, William Peyton 106
Markham, James E. 106
Matthiensen, Ernst 116, 123 f., 151 f., 165 ff., 224
McConnell, Robert E. 105
Meier, Ernst Theodor 56, 225
Meier, Richard T. 14
Meier, Walter 176
Meister, Walter 30
Merk, Heinrich 165
Merton, Richard J. 116 f., 165, 219
Meyer, Werner 130 f.
Mitchell, Charles E. 86
Morel, Hans Jürg 30
Morel, Hans Ruedi 30
Morgan, Thomas 106
Morgenthau, Henry 105, 163
Moskovitz, Irving 97, 100 ff., 120, 130, 156, 223
Mtei, Edwin 65 f.
Mulder, Cornelius 71 ff., 214, 216, 225 f., 231, 239
Niederer, R. 118
Nussbaumer, Albert Charles 53
Nyere, Junius 65 f.
Oppenheimer, Bridget 48, 227

Oppenheimer, Ernest 47 f., 226 f.
Oppenheimer, Harry Frederic 49 ff., 56, 58, 190, 227 f.
Oppenheimer, Nicky 47
Oprecht, Hans 103
Orrick, William Horsley Jr. 131, 136, 140 f., 157, 228
Oswald, Rudolf 178
Oswald, Victor 178
Oswald, Werner 167, 177 ff., 228 f.
Ott, Max 109
Paul, Winston 106
Pestalozzi, Hans 93, 100, 118 ff.
Petersen, Alfred 165
Petitpierre, Max 102 f., 125
Peyer, C. 118
Pfenninger, Rudolf 117 ff., 121 f., 134, 230
Pine, David A. 97, 146
Prentzel, Felix 165
Radziwill, Stanislas 15 ff., 134 ff., 141 f., 157 f., 221, 229
Ratjen, Gustav 165
Rees, Mervyn 74
Reinhardt, Eberhard 53, 117 ff., 123 ff., 134, 169, 192, 229 f.
Reinhart, Peter 168
Renk, Ernst 191
Rhoodie, Eschel Mostert 72 ff., 225, 231, 239
Richner, Ernst 24 f., 230
Richner, Fritz 21 ff., 40, 79, 117, 124, 159, 180, 189, 230
Richner, Jean 23
Richter, Hermann 165
Ringier, Paul August 21

Rinn, Hans 165
Risch, Paul 110
Roesch, Carl 82, 89, 219, 230
Rogers, William 103, 125, 129
Rosholt, Mike 56
Rösselet, Albert 23, 56, 161, 187, 189, 191
Rudolph, Charles 93, 111
Rueff-Béguin, André 117 f.
Rupert, Anton Edward 52, 56 ff., 67 f., 70, 75 f., 184, 210 f., 231 ff., 236
Saager, Berta 20, 29
Saager, Emil Remigius 27 f.
Saager, Franziska 14
Saager, Hansjürg 14, 36, 61, 69 f., 174, 193
Saager, Hildy 20, 29
Saager, Max Rudolf 20, 28
Saager, Meta 20, 29
Saager, Rudolf 14, 36, 64, 69
Saager, Samuel 26 f.
Sacher, Paul 44
Sauerländer, Heinrich 27
Sauser-Hall, Georges 112
Schaefer, Alfred 16 ff., 23, 40, 43 f., 117 ff., 123 f., 127 ff., 131 f., 134 ff., 140 ff., 144, 157 ff., 180 f., 186 ff., 218, 221, 228 f., 233
Schait, Richard 64, 147, 155, 158, 169, 172, 183 f., 186, 213, 220, 233 f., 236
Schiller, Karl 60
Schindler, Alfred E. 53 f., 234
Schmidheiny, Ernst 53, 56, 215, 234 ff.
Schmitz, Dietrich A. 89 f., 127, 157
Schmitz, Hermann 81 ff., 89 f., 93, 95, 117, 157, 218 f., 222, 230, 235

Schmitz, Robert A. 126 ff., 157
Schrafl, Anton E. 55 f., 235 f.
Senn, Nikolaus 59, 64, 153, 155, 160, 180, 182 f., 186 f., 189 ff., 196 f., 220, 236 f.
Siragusa, Ross D. 106
Snyder, John I. 106
Spiess, Arnold 107 ff.
Spiro, Sidney 56
Spofford, Charles 129, 131, 135 f., 138
Staehelin, Willy Robert 53 ff., 223, 237
Stassen, Harold 156
Steiner, Karl 118
Stierlin, Harry 185
Stopper, Edwin 201
Strebel, Robert 187
Stucki, Walter 102
Sturzenegger, Hans 79 f., 90, 92, 95 f., 99, 108, 110 f., 115 f., 118 ff., 127, 132, 217, 219, 221, 235, 238
Sulzer, Georg 53, 55 f., 168, 186, 215, 238
Sutz, Robert 191
Teagle, Walter 86
Thompson, Julian Ogilvie 190
Tobacco, Rembrandt 57, 59 f., 232
Townsend, Dallas 121 f., 124, 129
Uhen, Leo 164
Vaterlaus, Ernst 54
Verwoerd, Hendrik 50, 239
Vierhub, Erich 116, 152, 165 ff., 238 f.
Vischer, Eduard 30
von Brauchitsch, Eberhard 165
von Finck, August 165

von Kaenel, Walter 110
von Planta, Louis 160, 192
von Sprecher, Theophil 61, 184, 237
von Tscharner, Friedrich 93, 119, 134
Vontobel, Hans 170, 173 f.
Vorster, Balthazar Johannes 72 ff., 76, 213, 225, 231, 239 f.
Waespe (Direktor Credit Suisse) 169
Waldesbühl, Theodor 53
Warburg, Paul M. 86
Wehrli, Ulrich 119, 128
Wehrli-Bleuler, Edmund 121, 140

Werner, Jesse 107
Wettstein, Hans M. 120, 134
Wilson, Charles E. 127 ff., 131, 136, 138, 157
Wilson, John J. 16 ff., 94 f., 120, 142, 146, 220
Winteler, Jakob 157 f.
Zehnder, Walter 47, 184 f., 221
Zinsser, Hugo 165
Zoellner, Albert 47
Zoelly, Charles A. 117, 124, 240
Zoller, Viktor 23, 56

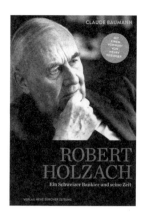

Claude Baumann
Robert Holzach
Ein Schweizer Bankier und seine Zeit

2. Auflage
304 Seiten, gebunden, Schutzumschlag
ISBN 978-3-03810-169-7

Robert Holzach zählt zu den herausragenden Persönlichkeiten der Schweizer Bankgeschichte. Fast 50 Jahre stand er im Dienst der Schweizerischen Bankgesellschaft (SBG).

«Der Wirtschaftspublizist und -journalist Claude Baumann würdigt mit dieser Biografie einen herausragenden Schweizer Bankier. Augenmass bewahren, über den Tellerrand hinausschauen und sich nicht von kurzlebigen Verlockungen blenden lassen sind Eigenschaften, die den Finanzsektor in jüngerer Vergangenheit vor manchem Unheil bewahrt hätten. Claude Baumann will das Rad nicht zurückdrehen. Er kennt die Herausforderungen des modernen Bankings. Mit der Berufs- und Lebensgeschichte von Robert Holzach zeigt er jedoch auf, dass Vielseitigkeit, Integrität und Verantwortungsbewusstsein keineswegs Tugenden von gestern sind. Das Buch beschreibt ein wichtiges Stück Schweizer Bankgeschichte.» *Hanspeter Frey, Finanz und Wirtschaft*

NZZ Libro – Buchverlag Neue Zürcher Zeitung
www.nzz-libro.ch